现代大学德育创新研究丛书
张耀灿思想政治教育学术研究基金资助
湖南省高校思想政治工作质量提升工程资助项目

现代大学德育创新研究丛书

张耀灿　主编

新时代思想政治教育内容有效供给研究

吴倩　著

人民出版社

总　序

大学德育是个常研常新的领域。这是因为大学是培养中国特色社会主义事业合格建设者和可靠接班人的摇篮，是为各行各业输送专门人才的阵地；学校教育必须坚持贯彻党和国家的教育方针，在德智体美劳诸育中坚持德育的主导地位，才能顺利完成立德树人的根本任务。随着国内外形势的发展变化，党和国家中心任务的与时俱进，随着大学生一届届毕业走向社会，一级级新生又入学，都必然要求大学德育适应新形势，研究新情况，解决新问题。为此，对大学德育理论和实践的研究，从来都受到学界的高度关注。

新中国成立以来，大学为国家社会主义建设各条战线培养输送了大批人才，许多大学毕业生在实践磨炼中成长为各行各业的精英或各级各地的骨干。在社会主义高等教育发展史上，大学德育作出了应有的贡献，也积累了丰富的经验。认真总结大学德育的历史经验和新鲜经验，能促进我们更好地认识和掌握客观规律，不断地加强和改进工作，从而推进大学德育的实践创新和理论创新。

思想政治教育学是一门应用学科，在重点开展应用研究的同时，也要注意加强基础研究。大学德育就是对大学生开展的思想政治教育，即对大学生开展的思想教育、政治教育、道德教育和心理健康教育的总称。正是由于大学德育的突出地位，所以，其在思想政治教育研究中长期受到重点关注。本套丛书专题开展新中国成立以来大学德育创新发展的研究，专题开展我国高等教育走向现代化的过程中的大学德育面临的新课题研究，其中《新中国高校德育史论》《现代大学德育创新论》《现代大学德育方法论》《新时代思想政治教育内容有效供给研究》侧重于德育基础理论研究，《大众文化影响下大学生生命价值观教育研究》《文化多样化背景下大学生志愿服务育人功能研究》《价值多元背景下大学生价值观引导研究》《大学生生态德育新论》《大学生道德认同与培育研究》《当代大学生精神生活现状及其优化研究》《非意识形态化思潮对社会主义核心价值体系的影响及其对策研究》《当代大学生友善价值观生成研究》等则侧重于应用研究。

本套丛书的各位作者长期在思想政治教育工作的第一线，坚持以马列主义、毛泽东思想和中国特色社会主义理论体系指导研究，特别注重以习近平总书记系列重要讲话精神指导新的实践和研究。习近平总书记高举中国特色社会主义伟大旗帜，在治国理政中提出了许多新理念新思想新战略，如“以人民为中心”的发展思想，“创新、协调、绿色、开放、共享”的发展理念，“两个一百年”的奋斗目标和中华民族伟大复兴的中国梦，“五位一体”的总体布局和“四个全面”的战略布局等。习近平总书记特别关怀大学生的成长，对大学生培育和弘扬社会主义核心价值观等也有直接的教导和深刻的论述。这一系列新理念、新思想、新战略既是我国高校德育创新发展的指导思想，也是现代大学德育重要的时代内容。在五大发展新理念中，创新居于首要和核心的地位。习近平总书记在2013年8月19日中央宣传思想工作会议上的重要讲话强调了理念创新、手段创新、基层工作创新；2015年2月19日在新闻舆论工作座谈会上的重要讲话中指出要以创新为要，实现理念、内容、方法、手段、体制机制等的全面创新。之所以如此强调创新，是因为我国的改革、发展进入了深水区和攻坚期，发展已从主要靠资源投入转向主要靠创新驱动转变。高校的改革、发展同样要适应和顺应经济新常态；在经过世纪之交大学扩招的规模急速拓展之后，同样需要通过全面深化教育改革，重点抓好结构优化调整和质量效益提升的工作,因此,同样应当重视创新,主要要靠创新驱动发展。创新从来就是事物发展的不竭动力,在"大众创业、万众创新"的时代更加如此。因此,大学德育及其研究也要以创新为要,推进理念创新、手段创新和基层工作创新,适应新常态,引领新常态,推进新常态。本套丛书便是为此而作的一次新尝试。

当今在校就读的大学生基本上成长于新的世纪,在新的时代进入大学学习,面临着新的使命和新的考验。在国内外复杂多变的形势下,在国家仍将处在社会主义初级阶段,仍要坚持基本经济制度的背景下,公有制为主体、多种所有制共同发展,必然反映到观念上层建筑领域,思想文化、价值取向也必然呈现"一元主导,多元并存"的态势,大学生也不例外。因此,以社会主义核心价值体系和核心价值观引领现代大学德育创新发展就显得十分重要;提高德育的实效性也势必对德育创新提出了新要求。相信本套丛书的出版,将会对高校干部、教师有所启迪。

"现代大学德育创新研究丛书"的编撰出版,是我所在的华中师范大学思想政治教育研究所加强思想政治教育学科建设的又一个重点项目。研究所自1994年成立以来,为社会培养了一大批思想政治教育专门人才,有的已经成为各级思想政治教育管理部门的领导,有的已经成为思想政治教育学科领域的中青年专家,更多的成为思想政治教育实践领域中的优秀工作者。在学校110周年校庆之时,我的学生罗爱平捐资设立"张耀灿思想政治教育学术研究基金",让我感到十分欣慰。正是因为有了该基金的资助,"现代大学德育创新研究丛书"才能得以顺利出版。当然,该丛书的出版也得到了学校和马克思主义学院领导的大力支持,得到了出版社诸多朋友的无私帮助,这是我们全体丛书作者不会忘记的。

张耀灿

2016年3月

目　录

序

值此思想政治教育学科创立四十周年之际,人民出版社出版《新时代思想政治教育内容有效供给研究》一书意义重大!

“思想政治教育内容体现了思想政治教育的性质,蕴含着思想政治教育的目的、目标和任务,规定着思想政治教育涉及的范围,制约着思想政治教育方法的选择。”①即便学界有着这样的认识,但相较于思想政治教育学科理论的其他问题,对思想政治教育内容进行系统深入研究的成果确实不够丰富。记得是在我主持的“桂子山思政名家讲坛”上,吴潜涛先生曾经向我提出过一个问题。他大概是这样说的:“思想政治教育内容十分丰富,与时俱进,为什么思想政治教育学科的学者、学生大多热衷于研究方法、载体等问题,而对思想政治教育内容研究的却很少呢?”至今我自觉仍然无法圆满地回答这个问题,但我直觉这应该与思想政治教育学科创立以来基础理论研究的范式有关,同时我也强烈意识到思想政治教育理论创新和实践探索都应该更重视思想政治教育内容问题。于是,我和我的团队开始将思想政治教育内容纳入我们近年来所有的研究问题当中,在明晰研究思路和确定研究框架时都将其作为一个不可或缺的重要方面。我们曾经在研究当代中国青少年精神生活发展问题

① 熊建生:《思想政治教育内容结构论》,中国社会科学出版社 2012 年版,第 16 页。

时，从优化精神生活的视角提出了当代思想政治教育内容拓展与体系建构的一些观点。在正在进行的“新时代完善思想政治工作体系研究”的重大课题研究中，也将思想政治工作内容体系完善作为重要研究任务之一。当然，在我大力推进的思想政治教育基础理论创新研究方面，我们也形成了从思想政治教育过程角度深化思想政治教育内容研究的设想，吴倩博士即将出版的《新时代思想政治教育内容有效供给研究》就是其中重要的阶段性成果。

教育内容的教授和传递，是一切教育活动得以发生和开展的基础和核心。《新时代思想政治教育内容有效供给研究》一书，首先回答了从“供给”视角研究思想政治教育内容的必要性、可行性和科学性问题，从过程和结果的双重维度对“思想政治教育内容有效供给”的内涵和衡量标准给出界定和评判，为深入研究思想政治教育内容有效供给问题奠定了必要的理论基础。该书坚持理论与实践相统一，过去、现在和未来相贯通，综合运用思想政治教育学、经济学、传播学、心理学、接受美学等相关理论与方法，对思想政治教育内容供给的过程环节和系统结构进行了理论分析，并从实践角度考察其实然样态与演进逻辑，在一定程度上揭示了思想政治教育内容供给的特点与规律。作为研究的重点，该书围绕“谁来供给”“供给什么”“如何供给”的逻辑主线，深入研究思想政治教育内容有效供给的主体建设、内容管理和方法优化问题，明晰了增强思想政治教育内容供给有效性的科学理路。应当看到，在具体论述中，作者坚持守正创新的基本态度，作出了一些新概括，提出了一些新观点。比如，综合运用思想政治教育学和经济学有关理论观点，从“量、质、价”维度理解、衡量“有效供给”，制定了评价思想政治教育内容供给是否“有效”的“两重六面”指标体系；在回答思想政治教育内容如何有效供给这一问题时，提出了增强供给主体三种意识（“把关意识”“受众意识”“效益意识”），提升供给主体三种能力（对对象需求的辨识和研判能力、对社会要求的领悟和转化能力、对供给内容的选择和呈现能力），以及加强供给内容的“科学化”建设、实施供给内容的“精品化”工程、推进供给内容的“一体化”融合和运用靶向式供给、分众化供给、融合式供给等多样化供给策略，等等。可以说，该书从有效供给视角初步建构了思想政治教育内容研究的一种新范式，研究思路和主要内容具有新颖性和创新性，值得学界同人关注。

花开自引百蝶舞。诚然面对这样一个很有难度的课题，以一个年轻学者有限的认知和探索，是不太容易在短时间内将其探明、论透的。但我相信，《新时代思想政治教育内容有效供给研究》一书的正式出版，一定会引来一些思想政治教育学科领域学人的关注！我们希望，学界同人能够对《新时代思想政治教育内容有效供给研究》一书给予批评、指正，同时也希望有更多的学者、学生参与到思想政治教育内容问题研究中来，共同为思想政治教育基础理论创新研究作出贡献！

2024 年 6 月 8 日

绪　论

中国特色社会主义进入新时代,既是当下思想政治教育发生的基本时空场,亦是当前开展思想政治教育研究的现实出发点。新时代的新变化、新挑战、新课题,要求新时代思想政治教育转换新思路、探寻新办法,“因事而化、因时而进、因势而新”。以供给侧结构性改革的新思维,审视研究思想政治教育内容供给的有效性问题,是新时代思想政治教育创新发展的应时之举和有益尝试。这对思想政治教育基础理论研究的推进、实践领域现实难题的破解,具有十分重大的理论价值和现实意义。

一、研究缘起及研究意义

对选题缘由进行追问辨明,对研究价值进行剖析澄清,是一项研究工作得以科学进行的开始。它由为什么研究、研究的价值意义何在、研究可以帮助我们推进或解决哪些方面的问题等一系列的追问和思考构成,是保证我们的研究具有科学性和价值性的基础。

(一)研究缘起

问题是时代的声音,也是研究的起点。“一个时代所提出的问题,和任何在内容上是正当的因而也是合理的问题,有着共同的命运:主要的困难不是答案，而是问题。因此，真正的批判要分析的不是答案，而是问题。”①习近平总书记亦指出：“从某种意义上说，理论创新的过程就是发现问题、筛选问题、研究问题、解决问题的过程。”②本书选取新时代思想政治教育内容有效供给作为研究主题，正是基于思想政治教育理论和实践领域问题导向下的理性思考。

追问一：为何聚焦思想政治教育中的内容问题？

之所以关注和聚焦内容问题，是由其自身在思想政治教育基础理论研究中所处的重要核心地位所决定的。教育内容的教授和传递，是一切教育活动得以发生和开展的基础和核心。对思想政治教育活动而言，“思想政治教育内容体现了思想政治教育的性质，蕴含着思想政治教育的目的、目标和任务，规定着思想政治教育涉及的范围，制约着思想政治教育方法的选择”③，是影响思想政治教育有效性的重要因素。从这个意义上讲，思想政治教育内容科学与否、呈现的好坏直接关系着思想政治教育活动的成败；对其理论研究也因此只能加强不能削弱。这一点从我们学科建立以来的教材和专著中均可体现，如绝大多数的原理类教材均会专辟章节对思想政治教育内容的构成进行集中探讨；随着学科的发展完善，基础理论研究的不断深入，熊建生教授等专家学者还以思想政治教育内容为研究主题，围绕其建构依据和原则、结构体系和关系、优化路径与方法等展开了系统讨论。但同时，我们也应看到，相较于思想政治教育内容研究在基础理论研究中的重要地位和作用，相比于基础理论研究中其他主题问题的关注度，思想政治教育内容方面的研究还远远不够，远远未能满足、跟进思想政治教育理论和实践深化发展的需要。这就需要我们的理论工作者，以更加自觉的态度、更多的时间精力和条件的投入，加强对思想政治教育内容问题的研究。

---

① 《马克思恩格斯全集》第40卷，人民出版社1982年版，第289页。
② 《习近平谈治国理政》第二卷，外文出版社2017年版，第342页。
③ 熊建生：《思想政治教育内容结构论》，中国社会科学出版社2012年版，第16页。

追问二:为何选取供给视角研究思想政治教育内容问题?

从供给视角研究该主题,是基于基础理论创新以及回应、指导、服务于实践工作需要的思考和选择。正如前面一部分所讲到的,聚焦和加强思想政治教育内容方面的研究,重要且紧迫,但从什么视角、维度着手以及具体研究内容领域的哪些问题,则反映和体现着研究是否有创新性和价值性。因而,有所创新、有所突破,有其用武之地是聚焦思想政治教育内容主题之后必须思考的重要问题。正如,"'供给侧改革'不仅是一种手段,而且更是一种思维。"①其在推进经济转型发展的同时,也成为一个具有方法论意义的范畴,对其他领域产生深刻影响,并逐渐成为哲学社会科学开展理论研究与实践创新的一种新的分析框架。"供给侧改革"所蕴含的具有普遍指导意义的思维路向,与我们思想政治教育内容相关问题的研究具有较高的契合性和匹配度。比如,从思想政治教育是一种以特定教育内容为载体中介,传递一定国家、社会、组织价值理念和规范要求的对象性实践活动本质来看,其活动的有效性就必然关涉教育内容产出供给与国家社会意志"要求"、对象个体或群体"需求"之间的匹配、适应与满足问题,亦即已经实质地内含着主体"供"与对象"求"这样一对关系。因此,从这个意义上讲,从内容供给视角聚焦"谁来供给""供给什么""如何供给"等,研究如何通过思想政治教育内容的主流供给、靶向供给、定制供给,激发、引领教育对象的精神需求,增强新时代思想政治教育内容的科学性和影响力、吸引力,以最终提升活动效果,是思想政治教育内容领域研究具备合理和合法性基础的创新尝试,必要且可行。

追问三:为何强调是"新时代"的思想政治教育内容有效供给研究?

新时代既是当前我国社会历史发展的新方位,也是当下我们思想政治教育进行的基本时空场,因而也理所当然地成为我们开展思想政治教育研究的现实出发点。并且,马克思主义基本原理也深刻揭示:发生在主体与对象之间

① 侍旭:《高校思政教育也应有"供给侧改革"思维》,《光明日报》2016年3月16日。

的这种供求矛盾和供求关系，它一定不是抽象的，而是历史的、具体的，在不同的历史阶段，呈现出不同的变化和特点。正如习近平总书记所言："当前和今后一个时期，我国经济发展面临的问题，供给和需求两侧都有，但矛盾的主要方面在供给侧。"①在中国特色社会主义进入新时代、社会主要矛盾发生变化的当下，思想政治教育内容供求领域的状况更是如此。高层次、高品质精神文化需求与不平衡、不充分供给格局和供给能力之间的矛盾日益尖锐和凸显；"需求变了，供给的产品却没有变，质量、服务跟不上。有效供给不足带来大量'需求外溢'"等现象在精神文化领域亦时有发生；供给主体在新时代呈现的新特点新需求，时代赋予供给内容和供给方式的新变化新要求等，都使得强调、定位新时代的思想政治教育内容有效供给问题成为必然之举，亦是使理论研究更具针对性的现实考量。

综上，基础理论研究对学科发展的基始性作用，思想政治教育内容在基础理论体系中重要却研究不足的实然现状，新时代社会主要矛盾转变在人们精神思想领域的反映和呈现，以及这种反映和呈现对高品质思想政治教育内容产出和供给的必然要求和迫切期待等，使得新时代思想政治教育内容有效供给研究论题跃然纸上，呼之欲出。

（二）研究意义

从供给视角系统研究思想政治教育内容选择、呈现、接受的有效性问题，具有十分重要的理论价值和现实意义。具体来说，主要体现在以下几个方面。

1. 全面丰富思想政治教育科学化内涵

在思想政治教育理论研究和实践探索中，如何把握个人与社会这一对范畴，处理社会价值和个体价值、教育者和教育对象之间的关系，体现着思想政治教育的价值取向和科学化水平。以马克思主义为指导，从"供给"的思路出

① 《习近平谈治国理政》第二卷，外文出版社 2017 年版，第 253 页。

发,研究思想政治教育内容问题,体现了新时代思想政治教育工作者对思想政治教育科学化的不懈追求与正确的思想路向。“供”和“给”,从词义本身就隐含强调了教育主体的主动权以及主导姿态,某种程度上,其传达代表的是国家和社会的意志、要求,暗含“我给什么,你才能有什么”的理论逻辑和客观事实,是思想政治教育根本目的和社会价值的体现。但同时,在马克思主义那里,“生产”与“消费”、“供给”与“需求”永远是辩证依存的互生关系,“生产”与“供给”对“消费”与“需求”的决定作用,是以认可“消费”及“需求”的反作用为前提,有效的供给必定离不开对对象需求的关注和分析。思想政治教育内容有效供给,既强调供给主体以实现根本目的、完成根本任务为导向,科学构建内容体系、合理选择教育内容、有效运用方式方法,把控内容的传递输出,以避免“降低标准和姿态”、一味迎合教育对象需求等基本要求;又强调内容供给应遵循人们思想政治品德形成和发展客观规律,针对其思想行为特点,对接其身心发展需求,以教育内容的靶向供给、精准供给、定制供给,满足、激发、引领人们坚定“四个自信”,不断提高自身的思想政治觉悟和道德文明素质。从这个意义上看,研究思想政治教育内容有效供给,体现了思想政治教育的本质要求,反映了思想政治教育实践的价值取向,是对思想政治教育合目的性与合规律性本质要求的坚守和遵循,必将全面丰富思想政治教育科学化内涵,并推进思想政治教育科学化水平。

2. 积极适应思想政治教育时空背景转换

“当今世界正处于百年未有之大变局”意指百年未有之机遇,又暗含百年未有之不确定性。一方面,从国际政治经济局势来看,西方文化霸权和文化殖民主义的强势入侵,民主社会主义、新自由主义、历史虚无主义和“普世价值”等社会思潮持续蔓延,意识形态领域的争锋集中表现为用什么样的思想理论武装人们头脑、铸魂育人;另一方面,我国进入改革发展克难攻坚的深水区,各种利益矛盾的深层暴露和凸显,市场经济的资本逻辑和实用主义、功利主义、消费主义等不同价值观念叠生激荡,共同构成当下思想政治教育环境的复杂交错格局。从供给视角研究思想政治教育内容的有效传输,突出强调教育者“供”和“给”的主体意识和主动作为,通过对“供给”内容性质的精准把控和靶向定位,用马克思主义、习近平新时代中国特色社会主义思想占领思想文化阵地,武装广大群众头脑,用社会主义核心价值观等主旋律、正能量的思想观念激发、引领人们的价值取向和行为选择,提高人民思想觉悟、道德水准、文明素养,培养能够担当民族复兴大任的时代新人。总之,研究思想政治教育内容有效供给,有利于积极适应思想政治教育环境的新变化、新特点,坚守主导性与多样性相统一的原则,发挥思想政治教育应有的作用和功能。

3. 有效破解思想政治教育实效性难题

正如效用尺度是人类实践活动的一项基本尺度一样,有效性意识也是人类实践活动内含的一项基本意识。思想政治教育作为一种特殊的社会实践活动,也不可避免地面临教育效果评估的问题。“教育效果不佳、实效性有欠缺”一直是横亘在思想政治教育工作者面前的现实难题,而“内容陈旧、方法落后”则是大家集中诟病之处,“虽然,我们应该从全方位、多角度考虑思想政治教育的实效性问题,诸如,方法和途径的改革,目的和规律的探究,环境与过程的优化,甚至于教育素养的提升……但是,不得不说,越来越多的问题还是指向了思想政治教育内容的选择上。”①从思想政治教育活动的动态运行过程来看,思想政治教育的方法问题,归根结底,指向归属的仍是思想政治教育内容呈现的方式方法问题。不同于原来着眼于静态内容本身,思想政治教育内容有效供给视角,敏锐捕捉并突出强调供给在供给与需求辩证共生关系中的主导作用,从内容产出和呈现的源头以及动态过程着手,深挖内容何以会“陈旧”“针对性不强”,以及究竟是内容的确立、选择、呈现哪个环节出了问题等,并以有效供给引领、激发对象实存或潜藏需求为导向提出系列解决方案,破解思想政治教育内容之困、方法之困招致的实效性欠佳现实难题。

---

① 郎晓东:《科学实践观视阈下思想政治教育内容研究》,人民出版社 2016 年版,第 1 页。

二、国内外研究现状综述

研究的每一次推进都建立在前有研究的积累之上。全面系统地分析、把握学界相关问题的现有研究现状，是科学开展研究的基础。本部分将从国内、国外两个方面，对思想政治教育内容有效供给所涉及的重要相关研究进行系统梳理、简要述评。

（一）国内相关研究现状

从供给侧改革视角研究思想政治教育的改革和优化问题，学界有过探讨并产出了一些理论成果，但以思想政治教育内容有效供给为主题的系统的、全面的研究则相当稀少。但鉴于“思想政治教育内容”和“有效供给”是本研究涉及的两个核心关键词，因而学界关于思想政治教育内容的研究，从供给视角研究思想政治教育以及教育、文化产品和公共服务的相关研究，均可作为直接相关成果，包含于我们的研究现状范围之内。同时，如前所述，从供给视角研究思想政治教育内容的有效性问题，除了涉及内容本身，还涉及内容选择和呈现方式方法问题，亦即通常意义上所讲的关于思想政治教育方法的相关研究也应纳入我们的考察视阈中。据此，对思想政治教育内容有效供给研究现状的考察可以分为以下几个方面。

1. 关于思想政治教育内容的研究

思想政治教育内容作为思想政治教育基础理论研究的重要组成部分之一，在学科三十多年的发展历程中，已形成一批具有代表性的理论成果。就教材而言，学科从 20 世纪 80 年代成立之始的第一本基础理论教材到目前最新版的“马工程”原理教材，均可见单独章节对其的理论探讨。就学术专著而言，已出版了以王兰垣的《新时期思想政治教育内容体系》（1990）、熊建生的《思想政治教育内容结构论》（2012）、朗晓东的《科学实践观视阈下思想政治教育内容研究》（2016）为代表的，从总体上研究思想政治教育内容体系及建构的著作共3部。同时，还有孙雁（2007）、郑敬斌（2013）、张玉霞（2014）、史广政（2014）、王君毅（2014）、邹立莉（2015）、蔡海粦（2016）、张丽红（2019）等，以高校及学生为对象群体的思想政治教育内容研究著作8部，以及周湘莲（2016）以中国共产党为对象群体的思想政治教育内容研究著作1部。除此，还有东北师范大学上官苗苗（2017）和张一璠（2017）的相关博士学位论文2篇，以及百余篇以思想政治教育内容为主题的核心期刊论文。通过对以上文献资料进行整理分析，我们可以将思想政治教育内容研究的历史进程大致分为经验直观、学理建构和哲学审思三个阶段。

一是思想政治教育内容研究的经验直观阶段。中国共产党对党员群众的思想政治教育工作，自其诞生之日起就蓬勃展开，但从学术的视角，有意识地对其及内容展开研究和讨论，却至少是在20世纪80年代思想政治教育学科建立以后了。在党诞生至学科创立的这段时间里，人们对思想政治教育内容的认识尚处于“是什么”“有哪些”的经验直观和朴素认知阶段，并主要以学习领会党和国家不同历史时期的相关政策文件，以转化形成对思想政治教育内容板块的认知为典型模式。党和国家在不同历史时期的工作任务和重心，也因此成为考察思想政治教育内容构成及演进的重要观测窗口。例如，出于革命形势发展和凝聚共识需要，1927年和1928年，毛泽东在《湖南农民运动考察报告》和给中央的报告中，分别提出对农民和红军士兵的“政治教育”问题；1934年，中国工农红军第一次全国政治工作会议指出：“政治工作是红军的生命线”①，由此明确“政治教育”是思想政治教育的首要内容。随着革命形势发展，为防止以政治批判代替说服教育，简单粗暴处理“人民内部矛盾”的极端做法，毛泽东在中共七大报告中指出：“掌握思想教育，是团结全党进行伟大政治斗争的中心环节。如果这个任务不解决，党的一切政治任务是不能完成的”②，“思想教育”正式成为思想政治教育的又一重要内容。新中国成立

① 《朱德军事文选》，解放军出版社1997年版，第156页。

② 《毛泽东选集》第三卷，人民出版社1991年版，第1094页。

以后,随着我党工作重心的转移,改革开放和市场经济体制建立,使得加强道德建设和法制建设,以化解矛盾纷争,成为经济社会发展的必然。道德教育和法制教育开始高频出现在此阶段的教育和思想政治工作系统的重要会议和文件报告中。1982年颁布的《中华人民共和国宪法》亦明确规定:"国家通过普及理想教育、道德教育、文化教育、纪律教育和法制教育,通过在城乡不同范围的群众中制定和执行各种守则、公约,加强社会主义精神文明的建设。"①由此,思想政治教育包含政治教育、思想教育、道德教育、法制教育四大板块内容的基本共识得以确立,为我们后期深入开展思想政治教育内容相关研究奠定了基础。

二是思想政治教育内容研究的学理建构阶段。20世纪80年代中期,思想政治教育学科的创立使得人们对思想政治教育内容的认识和研究进入学理建构阶段。具体来说,该阶段又可简单划分为两个子阶段。在学科创立发展的头一二十年中,老一辈的诸如陆庆壬、邱伟光、王礼湛、陈秉公、张耀灿、苏振芳等学科创始人和开拓者,基于前期"板块内容说"的理论基础之上,在学科早期一批具有代表性的原理类教材中,对思想政治教育的构成要素和具体内容展开了深入讨论,形成了关于思想政治教育内容的"三个层面",以及"五观""六观""七观"说等代表性观点。如一些学者所言,尽管在具体的内容构成上,大家有一些不同的观点,但只是分类方法不同导致的内容概括粗细有异,实属大同小异,并无原则分歧。② 21世纪初,随着学科的不断发展完善,人文社会科学的一些科学思维和方法被不断引入思想政治教育的基础理论研究之中。学界对思想政治教育内容的研究,也随之转入运用系统论的思维方法,分析其结构层次和体系建构的子研究阶段中。熊建生、周湘莲为这一时期的典型代表学者。他们于2005年前后发表了相关研究成果,并分别以思想政治

---

① 《十二大以来重要文献选编》(上),人民出版社1986年版,第224—225页。

② 陈万柏、张耀灿:《思想政治教育学原理》(第二版)高等教育出版社2007年版,第176页。

教育的内容结构和党的思想政治教育内容整体构建为主题,对其展开了深入持续的专题研究,并出版了个人学术专著。2010 年之后,王立仁、郑敬斌、朗晓东、张一璠、上官苗苗、张丽红等一批专家及中青年学者也相继加入此行列,从不同视角开展了以学校以及学生等重点领域和人群为对象的思想政治教育内容建构研究,取得一批较高质量的研究成果。思想政治教育内容研究进入学理建构的蓬勃发展期。

三是思想政治教育内容研究的哲学审思阶段。正如张耀灿先生所言:"许多学科都是发展到一定阶段才有条件回头,思考并加强元理论研究的。"①对思想政治教育内容研究而言,在经历着对其体系结构进行深入系统全方位研究的同时,开始思考与内容相关的一些元初、基始性问题,似乎正悄然成为近几年来学界关于内容研究的一个趋势和"潮流"。例如 2009 年,刘云林抛出了关于"思想政治教育内容合理性"问题的讨论和探析,并于 2015 年继续展开对于"思想政治教育内容形态及功能向度"问题的思考,提出思想政治教育的内容从表现形态而言,可以分为价值和规范两个方面,并因此逻辑地决定了思想政治教育的两重功能的观点。② 2019 年前后,金林南、戴锐、孙其昂、刘建军等专家学者则围绕思想政治教育内容的理论基础、变迁动力、结构形态、基本形态等问题展开了探讨交流,提出思想政治教育内容结构研究应构建宏观理论视域、中观生成机理、微观实践根据的多层次、立体理论基础系统③;建立思想政治教育内容变迁的 DDTS-T 社会动力模型④;基于思想政治教育主导内容—基础内容—通识内容在思想政治教育基本内容的位置、排列、组合等

① 张耀灿:《推进思想政治教育研究范式的人学转换》,《思想教育研究》2010 年第 7 期。

② 刘云林:《思想政治教育内容的形态及其功能向度》,《学校党建与思想教育》2015 年第 19 期。

③ 金林南、石晓岩:《关于思想政治教育内容结构研究的理论基础的思考》,《思想理论教育》2019 年第 9 期。

④ 徐菲、戴锐:《思想政治教育内容变迁的社会动力研究》,《思想教育研究》2018 年第 7 期。

差异,抽析出立体形态、扁平形态、中间形态三种基本形态①;思想政治教育内容包含心理情感、思想观念、精神品格、行为规范四种基本形态②等有创见性的学术思想和观点。董雅华2019年出版的学术专著《思想政治教育的基本哲学问题》研究,也助推我们对思想政治教育内容的研究进入哲学审思的新阶段。

如果说,以上对思想政治教育内容研究进程的分析回顾,侧重的是对思想政治教育内容研究基于时间维度的纵向把握,那么接下来,我们也从横向维度,对思想政治教育内容研究所涉及的主要问题域作一个系统梳理。

一是聚焦思想政治教育内容的一般基础性理论问题。这是与内容研究相关的一些基始性问题。经过这么多年持续深入的研究,大家对其"是什么"、"有什么"以及"要素及部分如何结构和作用关联"等基础理论问题有了较为深入的认识和把握,并主要体现在对思想政治教育内容内涵特性、具体构成以及体系建构等的理论研究方面。具体来说,对于内容的内涵界定,"体系说""组成说""信息说"应该是学界比较有代表性和影响力的观点。对于思想政治教育特性的理解,既有基于总体的把握,又有针对某一特性的深入阐发。就整体把握而言,"具有鲜明的阶级属性、民族色彩和时代特征,既有各民族、各个时代共同相通的一面,也有其差异区分的一面,既有在相承相继中连续稳定的一面,也有随着时代变迁不断发展变化的一面"③基本成为大家的普遍共识。刘云林、王传礼、沈壮海等学者还专门探讨了思想政治教育内容的合理性、科学性、有效性问题。如前所述,关于内容的具体构成,是从科学成立伊始,就备受大家关注的焦点问题。其具体包含三项、四项,还是"五观""六观"等,虽未能统一,但笔者认为,视"思想教育、政治教育、道德教育"为其稳定内

① 张建晓、孙其昂:《论思想政治教育内容结构的形态》,《思想教育研究》2019年第1期。

② 刘建军:《论思想政治教育内容的基本形态》,《思想理论教育导刊》2020年第9期。

③ 冯刚、郑永廷主编:《思想政治教育学科30年发展研究报告》,光明日报出版社2014年版,第195页。

核，具体涉及“世界观、人生观、价值观、道德观、法制观”五方面教育内容，应该是目前认同度较高的主流观点。随着研究的深入，关于思想政治教育内容的研究由单一讨论其具体构成跃升至关于其层次体系以及系统建构的思考，这也标志着思想政治教育内容研究逐步走向深化。概而观之，学界关于此的研究成果，集中在内容体系建构的依据、原则、内容、优化等方面，许多学者有过诸多研究和涉及。熊建生的《思想政治教育内容结构论》可以视为此方面集大成的代表性著作，对上述问题作了较为全面深入的探讨。

二是回应思想政治教育内容面向实践创新发展的理论需求。“坚持理论联系实际，及时回答时代之问、人民之问，廓清困扰和束缚实践发展的思想迷雾”①是基础理论研究必须坚守的方向和原则之一。因此，以开放融合的姿态，在调整、适应时代发展变化的要求中，在回应、服务社会重大关切的需求中，推进思想政治教育内容的创新发展，是思想政治教育内容研究的重要课题。例如，对于思想政治教育内容如何应对时代和社会的新挑战新要求，学者们从多维视角对其进行了研究，产生了一批有创见性和启发性的理论成果：孙其昂、韩兴雨探讨了思想政治教育内容适应现代社会需要转型过程中的“去政治化”和“再政治化”问题；李书吾、李春明、陈学雷分别研究了大众文化发展背景、全球化背景、和谐社会背景下思想政治教育内容的创新问题；万美容、曾兰探讨了“90后”大学生精神生活优化与思想政治教育内容体系创新问题；等等。同时，如何以社会主义核心价值体系实现对思想政治教育内容创新的引领也是大家集中研究的主题之一：黄蓉生、石书臣、刘先进等着重探讨了社会主义核心价值体系提出之于思想政治教育内容创新的价值和意义；以社会主义核心价值体系创新思想政治教育内容，需注重突出哪些方面内容，坚守哪些方向和原则等问题。

由上可见，社会发展新任务新要求固然是推动思想政治教育内容创新的

---

① 习近平：《在庆祝改革开放40周年大会上的讲话》，人民出版社2018年版，第26页.

重要驱动力，但是在社会转型背景下，对象主体需求的新特点、新变化理应也是推进思想政治教育内容创新的重要作用力之一，但就目前看来，从这个视角或者从两者结合的视角研究其内容创新的力度，还稍显不够，有待进一步加强。

三是探寻思想政治教育内容可参考可借鉴的思想资源。运用比较的方法，对历史上我国和他国的思想政治教育内容开展比较研究，是思想政治教育内容研究的又一路向。具体来说，一是立足于挖掘中国古代和中国共产党不同历史时期的优秀思想政治教育内容资源，以继承实现发展；二是通过对国外公民教育、道德教育内容的比较研究，学习其好的做法和经验，在借鉴中丰富自身。中国传统文化与思想道德教育领域的著名学者黄钊，在其系列著作中对中国古代的德育思想资源进行了深入探讨。王立仁、曾涛等专门对西周以及夏商时期的思想政治教育内容进行了探讨。还有金容彻、姜竹青、卢有志等以博士学位论文的形式对清朝与朝鲜时期、汉代的儒家礼学道德教育、思想政治教育内容进行了深入系统研究。李征、石云霞、孙来斌、郑永廷、赵国付、沈壮海等梳理了马克思、恩格斯、列宁、毛泽东、周恩来、邓小平思想政治教育基本内容方面的思想。关于江泽民、胡锦涛、习近平等党的领导人的思想政治教育内容方面的研究，学者们也多有涉及。在与他国思想政治教育内容的横向比较研究上，代表性学者苏崇德、陈立思、苏振芳、唐克军、周琪等均著有“比较思想政治教育(学)”或“比较公民教育”方面的专题论著，对不同国别的思想政治教育内容进行了比较研究，从而为当下内容研究的理论和实践工作提供了一批可参考、可借鉴的思想资源。

我们认为，在全面系统把握历史与当下、国内与国外在思想政治教育内容组成、体系建构以及呈现方式方法同与不同的前提下，加强问题意识，有针对性地寻找困扰当下思想政治教育内容理论研究和实践工作的难题，在批判和反思中继承和借鉴，应是未来从比较视野不断深化思想政治教育内容研究的主攻方向。

2. 关于思想政治教育内容有效供给的研究

正如大家所直观感受到的，目前直接以思想政治教育内容有效供给为主题，或者说与此相关的研究，还相当稀少，其部分主要散见于思想政治教育供给侧改革的相关研究成果之中。通过文献搜索筛选，我们发现，早在2009年，解放军信息工程大学吴一敏等就提出了思想政治教育的有效供给问题。① 2011年，复旦大学经济学院袁莉莉在《思想理论教育》第11期发表的《论高校思想政治教育资源的有效供给》一文，应该是真正意义上的、最早的从供给视角研究思想政治教育活动及其运行的理论成果。在文中，作者将思想政治教育内容视为一种纯公共产品或准公共产品，并指出思想政治教育工作者在教育实践活动中所进行的，提出正确价值观念、给出科学思想政治教育内容的过程就是她所讲的思想政治教育资源供给，同时对思想政治教育资源供给的现状及其有效供给的路径进行了分析研究。② 随后，从供给视角研究思想政治教育相关问题的理论成果以大概每年一篇的发表量微弱增加。

党的十九届五中全会中，以"深化供给侧结构性改革为主线"，"创新驱动、高质量供给引领和创造新需求"，"围绕举旗帜、聚民心、育新人、兴文化、展形象的使命任务，促进满足人民文化需求和增强人民精神力量相统一"③等字眼频繁跃入人们视野，对我们应对新时代的新挑战、新问题提出了新要求。而实际上，在2015年党的十八届五中全会以后，"供给侧改革"就引起了大家的关注并超越了单纯的经济手段，以一种思维理念的方式作用于人们的认知，迅速成为学界各大领域的研究热点。从供给侧改革视角研究思想政治教育的理论成果批量产出。例如，侍旭2016年发表在《光明日报》上的《高校思政教育也应有"供给侧改革"思维》一文指出，思想政治教育的特殊性奠定了思政

① 吴一敏、沈艺、王世枚：《经济学视野中军队思想政治教育的基本概念》，《南京政治学院学报》2009年第2期。

② 袁莉莉：《论高校思想政治教育资源的有效供给》，《思想理论教育》2011年第21期。

③ 《中国共产党第十九届中央委员会第五次全体会议公报》，人民出版社2020年版，第9、13—14、15页。

教育供给侧的特殊地位,要求思想政治教育供给侧具有足够强大的引领力,向受教育者提供高级的“产品”,引领或培养受教育者对“产品”的需求;具体到内容供给方面,要优化增量、盘活存量;提供“引领性”的教育供给、“精准性”的教育供给、“有效性”的教育供给,即“科学的供给”,以达到提高思政教育质量与效率的目的。[①] 李月玲、王秀阁指出,由于个体生命的有限性,社会的“历史积淀性”“时代蕴含性”等特征使社会不但具有社会政治个体化的需要,而且还自然而然地充当着满足个体政治社会化需要的“供给者”。思想政治教育的关键在于处理好二者的对接问题,将国家和社会的要求(对个体的供给)与个体的需求有机地融合。[②] 耿加进提出,应重新审视当前高校大学生思想政治教育内容与形式,在思想引领和组织保障上强基固本,主动占据高校思想引领的阵地,在大学生思想政治教育内容选择、形式拓展和精神内核凝练上实现主动的“供给侧”改革。[③] 另外,邹国振从需求识别、精准供给、数据治理的维度探讨了网络思想政治教育的供给侧改革问题[④]等。2019 年丁科的《精准供给:新时代思想政治教育提质增效的“硬核”》[⑤]一文,以及 2020 年中国人民大学张雷声教授的《思想政治理论课的思想理论性资源供给研究》[⑥]等理论文章,均是这一研究领域的代表作。这样一批从整体上对思想政治教育供给侧改革以及部分关于内容供给的理论成果,无疑为我们具体系统研究思想政治教育的内容供给问题提供了宏观指导和思维启发。

除了期刊上的相关理论成果梳理,笔者还通过国家图书馆及读秀学术电

① 侍旭:《高校思政教育也应有“供给侧改革”思维》,《光明日报》2016 年 3 月 16 日。

② 李月玲、王秀阁:《从“新供给”视角看思想政治教育有效性》,《理论导刊》2016 年第 7 期。

③ 耿加进:《高校思想引领“供给侧”改革省思——兼论高校思想政治教育的内容选择与系统优化》,《江苏高教》2017 年第 5 期。

④ 邹国振:《需求识别 · 精准供给 · 数据治理:网络思想政治教育供给侧改革之道》,《湖北社会科学》2019 年第 10 期。

⑤ 丁科:《精准供给:新时代思想政治教育提质增效的“硬核”》,《中国社会科学报》2019 年 12 月 11 日。

⑥ 张雷声:《思想政治理论课的思想理论性资源供给研究》,《理论与改革》2020 年第 1 期。

子检索到相关专著4部。张萍探讨了大学生思想政治教育的供给侧改革问题；李梁、王金伟、吕春艳等从理论和实践角度，对高校思想政治理论课教育教学供给侧改革展开了研究。同时，暂时未发现与此相关的博士学位论文，但硕士学位论文有7篇，主要围绕供给侧改革视角下的大学生思想政治教育创新和优化展开。

通过对以上的文献梳理，我们可以获得的一个整体感受是，作为一个新兴的研究视角，目前学界关于此的研究和讨论，还主要集中在以思想政治教育供给侧改革促进思想政治教育创新优化以及有效性提升的整体思考上，并表现出高度集中于高校和大学生群体的特点；专门针对思想政治教育内容有效供给的系统研究相当稀少。这意味着在研究意义和价值得到科学确认的前提下，该课题有较大的创新空间，同时也兼具相当难度，需要扩大研究视野，在充分广泛涉猎其他相关领域研究成果的基础上，作大量的创造性思考。

3. 关于商品、教育以及文化产品和公共服务等有效供给的相关研究

"供给"及"有效供给"这一概念学说源自经济学，但却因其在解决供需矛盾问题上的通约性，作为一种思维理念和研究视角应用于教育以及文化产品等相关领域的研究中，从而成为我们研究思想政治教育内容有效供给问题过程中可参考可借鉴的宝贵思想资源。

胡培兆、华桂宏以及他们分别出版的《有效供给论》和《有效供给与经济发展》是我国经济学领域研究供给理论比较有影响力的代表学者和代表性理论成果。胡培兆在其论著中指出："有效供给是指供给的量、质、价等都能够为需求者认可、所接受的供给……有效与无效之别，不仅看质、看价、还要看量。品质伪劣假冒，是无效供给；品质好，价过高，没有多少人买得起，是无效供给，品质好、价格也合理，但超过市场需求量，超过部分也是无效供给。"①而关于供给和需求关系的审视定位，华桂宏提出，强调有效供给在经济运行中的

① 胡培兆：《有效供给论》，经济科学出版社2004年版，第375页。

主导地位,并从生产决定消费、供给衍生需求和需求依赖供给三个层面来理解两者的关系,是供给理论的三个核心立足点。同时,他还指出,供给学派的这一理论并不是要抹杀需求在经济运行和发展中的独立地位和作用,而是把重点放在揭示有效供给与经济发展的互动关系上,并且这种分析以认可需求及其反作用为前提,同时强调供给有条件的作用,最终还是为了实现和达到两者的统一。① 这些观点,对我们明晰研究的思维路向、价值导向,科学界定研究主题的概念内涵,无疑具有极大的启发借鉴意义。

除此,在教育和文化、公共服务领域,吴宏超在其学术专著《义务教育有效供给研究》一书中,以教育供给为研究的切入点,从中国现实国情出发,综合运用制度经济学、发展经济学等经济学相关知识理论,深入研究和探讨了作为一般的教育供给的内涵、特征,以及作为个别特殊的义务教育供给的内涵界定等理论问题,同时还从实证考察和政策分析的维度,对我国义务教育供给的现状、有效供给不足的成因以及有效供给效果提升的方法策略等问题进行了多维思考和分析。② 齐骥在其国家社科资金后期资助项目中,专题研究了文化产业的供给侧改革,提出了协调文化产业供给侧与需求侧之间的关系,通过供给侧改革背景下的文化规划、文化空间重塑、文化集群创新、文化企业创新等措施重塑经济新动能等观点和看法。③ 舒建平、杨斌则梳理了休闲体育供给的理论研究成果,总结了目前我国休闲体育供给存在的不足、问题,在对休闲体育供给障碍的全面分析和原因挖掘的基础上,结合国外有效供给模式的经验和启示,提出了我国休闲体育供给的创新路径。④

人民日报媒体技术股份有限公司总经理叶蓁蓁在《人民日报"中央厨房"打造内容供给新模式》一文中提出"优质内容是第一生产力""内容永远是人

① 华桂宏:《有效供给与经济发展》,南京师范大学出版社 2000 年版,第 88—92 页。
② 吴宏超:《义务教育有效供给研究》,华中师范大学出版社 2013 年版。
③ 齐骥:《文化产业供给侧改革研究理论与案例》,中国传媒大学出版社 2017 年版。
④ 舒建平、杨斌:《我国休闲体育服务供给路径研究》,四川大学出版社 2016 年版。

类的刚性需求”等观点，并介绍总结了人民日报“中央厨房”瞄准用户对优质内容和服务的需求，尝试以新流程、新机制将媒体行业过剩的产能，转化为优质产品质量、有效产品供给的做法和经验。① 中国新闻社总编室欧阳开宇亦指出，在国际新闻信息的供给结构错配、“产能过剩”的形势下，借鉴经济领域的“供给侧结构性改革”思路，推进内容端“有效供给”是大势所趋；并从新闻报道的题材、体裁和文采等三方面论述了从内容端改进国际新闻传播的供给策略，更好地适应分众化、差异化的媒介市场，构建对外舆论引导的新格局。②

在借鉴吸收相关领域研究成果的同时，需要特别指出的是，学科之间的差异性以及理论本身所包含的严格适用范围和条件，使得理论在适用性上有自身的限度。因而，运用经济学供给思维、借鉴教育等领域供给理论成果分析研究思想政治教育内容有效供给问题时，应有清晰的界限意识，不忘思想政治教育学科专业自有的属性特点，避免不分对象、抹杀个性式的简单移植套用。

（二）国外相关研究现状

国外与思想政治教育内容供给相关的研究，除了我们一眼就能想到的经济学领域关于供给的理论（在后文中详细涉及，这里暂不展开），还会因对其不同侧面的解读，以及在对其剖析中可能涉及的具体点或内容，而直接或间接地与政治学、教育学、传播学以及心理学领域的理论相关或相连，以下仅就部分代表性的理论观点作简要介绍。

1. 政治学领域的相关研究

众所周知，“供给”与“需求”是成对出现的概念。研究“供给”，自然无法避开对“需求”的探讨。而本书中所论及的“需求”，又跟人们的政治生活、文化生活及精神生活密切相关。戴维·伊斯顿在《政治生活的系统分析》中，对

① 叶蓁蓁：《人民日报“中央厨房”打造内容供给新模式》，《传媒》2016 年第 18 期。

② 欧阳开宇：《从内容端加强国际传播的“有效供给”——以中新社对外报道为例》，《新闻战线》2016 年第 15 期。

“需求的一般内容”所作的“所谓需求,就是说需求实现以自我为核心目标,或者很可能是说意欲寻求某种政治决策,以便把各种职责和繁多的义务强加于系统的全体成员”①的界定,以及对“人们可能受攫取个人利益的欲望所驱使而提出需求,也可能为最大的公共动机所激发而愿意付出最崇高的牺牲”的需求产生动机来源的分析②,无疑为我们更好地理解本论题中的“需求”提供了启发参考。

同时,也正如有学者所指出的那样,政治社会化的需求和期待是思想政治教育缘起的动因。③ 西方政治社会化理论以个体政治观念形成为主轴,关注诸影响因素的系统合力作用,而不是仅局限于学校思想政治教育课程载体的影响与努力,都是值得思想政治内容供给活动有效开展予以借鉴与学习的。该理论一方面关注个体心理、心理发展阶段对政治认同接受的阶段性影响,如伊斯顿、丹尼斯、道森等在 20 世纪 70 年代,都系统论述儿童早期、儿童晚期以及青春期等个体心智发展的阶段性及其思想政治意识阶段性发展的关系。政治社会化理论普遍认为个体在不同的心智发展阶段所具有的认知、行为等能力差异,造成了接受内容、方式等的阶段性特征。如伊斯顿与丹尼斯曾提出了儿童因为自身心理、生理发展的不同阶段而导致的政治认识的发展模式,认为这个发展模式可以分为四个阶段:(1)政治化阶段,此阶段儿童开始对政治领域的事物发生兴趣;(2)人格化阶段,儿童开始通过几种权利形式接触政治制度;(3)理想化阶段,上述权利形式成为儿童价值判断的对象,儿童用理想化的眼光看待人格化权力并决定对它的情感;(4)制度化阶段,在这个阶段,儿

① [美]戴维·伊斯顿:《政治生活的系统分析》,王浦劬译,人民出版社 2012 年版,第 37 页。

② [美]戴维·伊斯顿:《政治生活的系统分析》,王浦劬译,人民出版社 2012 年版,第 37 页。

③ 李合亮:《解析与建构:当代中国思想政治教育的哲学反思》,人民出版社 2010 年版,第 125 页。

童不再单纯地看几种孤立的政治权力形式，而是观察已经形成的权力制度。① 另外，该理论还特别关注个体思想政治接受过程中的外在环境因素与个体成长的互动作用，关注影响接受行为的环境因素及其作用机制。赫伯特·海曼的《政治社会化：政治行为之心理研究》、肯尼斯·普瑞维特等的《政治社会化》、戴维·伊斯特和杰克·丹尼斯的《政治系统中的儿童》、斯坦利·穆尔等的《儿童的政治世界》等著作中，关注家庭、亚群体与亚文化、社会化因素与机构（包括学校、家庭、大众传媒、社会政治组织、政治符号与象征等）、社会化过程与政治制度的关系、社会化与民主政治的关系、重大实践对个体政治观念的影响、制度变革或社会转型背景与政治意识体系变革等对个体思想政治接受行为、内容及其机制的影响。该理论还认为儿童与青少年政治认识发展的重要特点，使政治认识的形成发展更直接、更经常地受到来自家庭背景隐私和个人经济因素的影响，这两个方面往往起着增强或抵消学校教育的作用等。

2. 教育学领域的相关研究

国外与此相关的教育学理论，主要体现在传递和教授教育内容的方法上，我们所熟知的便有社会学习理论、价值澄清法、隐形教育法等。西方还十分崇尚"learn to do by doing"的核心理念，不是依赖于课堂上传授，而是在自我体验中接受知识，这对我们思考思想政治教育知识内容的供给呈现方式有很好助益。例如，英国要求在校的研究生到孤儿院担任家教；法国会在课堂上运用新媒体的手段讲解、讨论、辩论等方式，激发学生思考社会伦理道德有关的问题；而在日本，"上山下乡"活动让学生到比较贫困的山区体验生活，培养吃苦耐劳的精神；美国则通过童子军组织，培养学员的素质和技能等。当然，这些方式方法在我们的教育体系内，也是被经常运用的。

除此，因"供给"以及将思想政治教育内容视为一种耗费了人的脑力的特

---

① David Easton, Jack Dennis, *Children in the Political System: Origins of Political Legitimacy*, New York: McGraw-Hill, 1969, p.117.

殊"产品"的视角,这里还涉及国外学者关于教育属性和教育收益的相关理论研究。

首先来看教育属性理论的代表性学者及其代表性观点。对这一问题的争议,主要集中在"教育到底是否属于公共物品"的讨论上。这是自1954年美国著名经济学家萨缪尔森提出"公共物品"这一概念开始,便产生、存在的。综观学者们的研究,在这一问题上,主要有如下三种不同的观点:第一种便是诸如巴罗教授等主张的"教育属于公共物品"。例如巴罗教授曾在1970年发表的一篇讨论美国地方学校财政效率的论文中,明确指出"教育是一个纯粹的公共物品"①。第二种则是与之相反的观点,认为教育只是一种私人产品。持此种观点的代表人物为华盛顿大学的巴泽尔教授。有意思的是,他这样一种完全相反观点的得出却是在巴罗的研究基础上引申而来的。第三种观点认为教育既不是一个纯粹的公共物品,也不是一个纯粹的私人物品,而是一种"优效品"或者准公共物品。

其次,在教育的收益问题上,西方学者则从收益分类、测算等方面,系统研究了教育的收益问题,形成了较为完备的教育收益理论。舒尔茨的《教育的经济价值》是其中的起点与代表之作。他认为,学校等教育机构虽然与传统工业在经济属性上有着较大差别,但从学校等教育机构可以增加学生将来收入这一点上来看,它是具有投资的经济性质的,因而,学校等教育机构是同时兼具"文化"性质和"经济"性质的。舒尔茨这一从经济学视角来考察教育可能涉及的经济问题思路与本论题的思维路向有相似之处。在教育收益问题上,W.W.麦克马洪将教育的消费性收益定义为在人的一生中由教育所带来的非货币回报。B.L.伍尔夫认为,对教育收益的标准估计不是教育的总收益,因为这类估计忽略了教育的其他两种收益:私人非市场收益和外部非市场(公共)收益。这里实际上就涉及了关于教育收益形态以及范围问题的讨论。埃

① Barlow R,"Efficiency aspects of local school finance",*The Journal of Political Economy*, vol. 12, No.5(April 1970), pp.1028-1040.

尔查南·科恩和特雷·G.盖斯克在《教育经济学》(第三版)中,则进一步对教育收益作了消费成分与投资成分、私人收益和社会收益、其他教育收益、代际效应等四个不同维度的划分。综合上述观点,实际上可以得出划分教育收益的两个最基本标准:按照是否为货币收益,可以分为教育的货币收益与教育的非货币收益;根据收益的范围,则可以分为私人领域的和社会领域的。如果对此进行不同的排列组合,教育收益就可能存在教育的私人货币收益、教育的社会货币收益以及教育的私人非货币收益、社会非货币收益等形态类别。具体来说,教育的社会货币收益可直接表现为对社会经济增长的贡献上;教育的非货币收益主要表现为成员的技能提升、幸福的感情源泉方面等私人非市场收益或外部非市场(公共)收益,以及发扬和促进民主自由、提供社会规范和培养为社会接受的行为、减少犯罪活动、增加社会凝聚力、促进技术变迁、改变收入分配等社会非货币收益。这些为我们树立思想政治教育内容供给活动的效益意识,思考"有效"的评判标准提供了启发和借鉴。

3. 传播学领域的相关研究

从思想政治教育既是一种教育活动,又是一种传播、宣传活动的角度看,国外传播领域的一些理论和研究成果,对于本研究也具有借鉴和指导的意义。

一是关于传播媒介的政治属性及隐性功能研究。正如马尔库塞所指出的:"人们当真能对作为新闻和娱乐的工具和作为操纵和灌输力量的大众传播媒介做出区分?"①那样,传播媒介不光不是中立的,而且可能是带有鲜明政治偏向的,甚至某种程度上,传播媒介实质充当着统治阶级实现思想引导和政治控制的一种隐性工具。所以梅尔文·德弗勒明确指出:任何价值理念要被大众所接受和认同,必须借助传播工具,否则任何价值观念只能是纯粹的、无

① [美]赫伯特·马尔库塞:《单向度的人——发达工业社会意识形态研究》,刘继译,上海译文出版社2008年版,第8—9页。

法被人感知的观念体系。① 这就道明了媒介与政治之间的隐秘关联，以及其所具备的思想观念传播、政治宣传和教育功能。对此，尼克·史蒂文森、詹姆斯·罗尔、尼尔·波兹曼等学者均有集中论述。例如，尼克·史蒂文森在《认识媒介文化——社会理论与大众传播》中，对当代社会理论试图探讨媒介在文化生产和文化再生产中地位的种种方法作了批评性的审视，并对诸如意识形态、结构和代理机构诸概念，以及媒介在道德准则和公民的权利与义务中的作用等问题作了再评价。② 詹姆斯·罗尔的《媒介、传播、文化——一个全球性的途径》主要探讨了大众传媒与信息技术、人类的传播模式和过程、不同文化的社会建设等问题，集中展示了现代大众传媒是如何与意识形态、情感、霸权、社会规则、权力、思想、文化等方面产生作用并相互影响的。③ 尼尔·波兹曼在其媒介批评三部曲中提出：人们无法回避媒介，它不仅给我们提供了认知的内容，而且影响着我们的认知渠道和方式，因此，媒介必须成为教育的主题之一，即培育受众的媒介素养这一重要命题。苏·卡利·詹森《批判的传播理论：权力、媒介、社会性别和科技》着重关注在自由民主的政治体制中，美国主流意识形态在媒介中的形成及合法化机制，分析了国际社会的传播资源和话语权。④

二是关于传播模式研究。这是传播学领域中的重要论题。西方一些著名的传播学者围绕此论题，曾提出了不少经典理论和假说。从最初拉斯韦尔在《传播的社会职能与结构》中提出的广为人知的"5W"模式以及香农、韦弗在《通讯的数学原理》提出的传播的"数学模式"等单向传播模式，到以奥斯古德

---

① Melvinl De fleur, *Milestones in Mass Communication Research*, Boston : Allyn and Bacon, 1994, p.225.

② ［英］尼克·史蒂文森：《认识媒介文化——社会是理论与大众传播》，王文斌译，商务印书馆2001年版。

③ ［美］詹姆斯·罗尔：《媒介、传播、文化——一个全球性的途径》，董洪川译，商务印书馆2005年版。

④ ［美］苏·卡利·詹森：《批判的传播理论：权力、媒介、社会性别和科技》，曹晋译，复旦大学出版社2007年版，第1—2页。

的“双行为模式”、施拉姆的“循环模式”和德弗勒的“环形模式”为代表的双向传播模式，再到以罗杰斯和金凯德的“辐合传播模式”为代表的互动传播模式，它们将传播过程中的一些重要元素和关键环节高度概括和抽象，并逐渐加入对系统与外部世界复杂关系的整体考量，对于我们深刻理解和把握传播过程的实质提供了理论模型。本研究中对思想政治教育内容供给过程和系统的模式建构和理论分析，就是建立在对以上理论的充分消化和吸收之上的。

三是关于传播效果的研究。对于传播效果的研究主要是实证研究，就其研究演进史来看，大致历经了一个从最初的强效果的魔弹论，到弱效果的有限和有选择的影响论、二级传播论，再到后来的适中的议程设置论、沉默的螺旋理论、培养理论、知识差距论等，对传播效果看法由简单到复杂、从短期到长期的演变过程。在传播效果的具体类型方面，英国学者戈尔丁和美国学者麦奎尔提出了一些颇具影响力的观点。例如，戈尔丁从时间（长期和短期）、传者意图（预期和非预期）两个维度出发，将传播效果分为短期的预期效果、短期的非预期效果、长期的预期效果、长期的非预期效果四种类型。① 麦奎尔在此基础上纳入了更多维度的考量，如他将传播的效果从传播者与接受者意图和动机角度，分为预期效果和非预期效果；从时间层面，分为长期效果和短期效果；从外在形态分为传媒的“效果”、传媒的“效能”、传媒的“效力”；从效果的内在性质角度分为心理效果、文化效果、政治效果和经济效果；从传媒影响的作用范围分为对受众个体的影响、对小团体和组织的影响、对社会机构的影响和对整个社会和文化的影响等。②

四是关于传播受众的研究。随着大众传播广泛而深入的发展，人们对于传播效果的追求不断提升，因而对受众的研究也越来越引起大家重视和关注。在这样的一个背景下，西方学者从不同角度提出了一系列假说和理论范式。

① 转引自郝雨：《新闻传播学概论》，上海交通大学出版社 2017 年版，第 175 页。

② 转引自郭庆光：《传播学教程》（第二版），中国人民大学出版社 2011 年版，第 173—174 页。

美国传播学者梅尔文·德弗勒于1975年,在其《大众传播理论》一书中,系统梳理了这些纷繁复杂的假说和理论范式,并将其大体归纳为四种:个人差异论、社会分类论、社会关系论和文化规范论。除此之外,后来出现的"社会参与论"和"使用与满足论"作为两种重要的受众理论,也引起了学术界的广泛讨论。[①] 提起受众研究,还有不能绕开的一位重要学者——丹尼斯·麦奎尔。他曾撰写《受众分析》一书,全面、系统地专题讨论了受众问题。在该书中,丹尼斯·麦奎尔不仅对受众这一概念及受众研究的历史发展进行了全面的回顾和梳理,还总结和分析了各种受众理论和受众研究的主要传统、方法和结果等问题[②],也因此使得该书成为受众领域的经典作品。受该领域研究成果的启发,在本书的主体建设章节,还特别增设了相关问题的探讨。

4. 心理学领域相关的研究

从心理学路径开展的相关研究,其首要的便是关于"态度改变"的研究,这与我们思想政治教育内容有效供给活动期待的目标有着紧密的关联。霍夫兰及耶鲁学派就是专门探讨态度的形成与改变的,其研究被公认为"态度改变研究最杰出的创举"。该研究起源于第二次世界大战后,其理论的主要结论大部分来自霍夫兰为美国陆军情报及教育署研究分局进行的一系列实证研究。在他们的研究中,大量涉及劝服的艺术,围绕传播的来源、传播的方式、传播的对象等方面展开大量而细致的实验,以致力回答用什么样的传播方式能够最有效地形成或改变人们的某种态度等问题。其在《传播与说服》一书中呈现的传播来源的可信度、知名度、动机,传播方式是采取一面之词还是两面之词、是先说还是后说、结论是由传者给出还是由受众得出、是采取理智型说服还是情感型说服,传播对象是什么类型的人格等因素,均会对说服效果产生

① [美]梅尔文·德弗勒、[美]桑德拉·鲍尔-洛基奇:《大众传播学诸论》,杜力平译,新华出版社1990年版,第188—217页。

② [美]丹尼斯·麦奎尔:《受众分析》,刘燕南等译,中国人民大学出版社2006年版,第4—5页。

重要影响的一系列实验结论的得出,对本书研究极具启发意义。随着研究的不断深入推进,心理学关于此方面的研究逐渐呈现出由个体向群体、由态度向行动的一个取向变化。自早期的学习理论取向和一致理论取向占主导地位的研究开始以来,态度改变的研究领域大大发展了。卡茨的功能理论发展起来,将这两种分歧的观点调和一致,他将人们的注意力吸引到改变态度所具有的自我防卫功能上。麦奎尔和帕帕乔吉斯的预防接种理论,一直致力于调查使人们抗拒说服的最佳方法,为很多态度改变的研究提供了很好的平衡方式。而费斯廷格则提出了一个重要的论点,即由说服性消息造成的态度改变是否伴随着真正的行为改变。自此,很多对态度改变的研究将对行为的测量与对态度的测量结合在一起。

总之,西方学术视野中与思想政治教育及内容有效供给直接或间接相关的一些理论和研究,虽有助于开拓我们的眼界和视野,帮助我们建立起一些理论分析框架,但因社会制度、文化背景、学术传统等方面的差异,还需要我们批判地借鉴和吸收,以避免不分条件和境况地机械套用和简单移植而造成的"水土不服"。

(三)国内外相关研究现状述评

通过以上的系统梳理,我们存有的一个大体印象和直观感觉便是,由于意识形态的差异,国外直接聚焦思想政治教育内容及供给的研究相对较少,亦即从与本论题的相关性和紧密度上来看,还显得有些分散,不是那么直接、集中。但国外在诸如政治、传播、心理等不同领域所展开的,针对某些问题的专深研究,却可能因其与我们研究论题在某些点与点上的关联,在研究思路、研究方法、研究成果等方面给我们很好的借鉴启发。而国内学界在思想政治教育内容以及相关研究上,则相对比较聚焦集中,也取得了诸多进展。从近年来不断涌现的一些高质量的论文和著作,以及对思想政治教育内容原初基础性、深层次理论问题的关注探讨,我们都可以清晰感知这种来自研究深度、研究层次上的聚焦和提升，是思想政治教育基础理论不断创新发展的一个生动写照。但同时，思想政治教育内容研究方面，也还存有一些有待探讨推进的空间和余地，需要我们在接下来的研究中进一步思考、聚焦和着力。

一是创新力度有待加强。通过对思想政治教育内容相关研究成果的梳理，我们发现，学界对这一问题的研究成果虽然丰富，但在具有创新性、新颖性的观念、思想的研究方面还有较大的挖掘空间。同时，个别研究还存在着扎堆的现象，导致了重复式的研究。当前，关于内容的概念、特征、问题、体系建构、内容优化等方面的研究，在整体上还停留在思想政治教育研究的现存框架之内，停留在相关理论问题、观念、范畴的单一探索之中，对思想政治教育内容理论如何同具体应用和实践结合起来，进行的创新性、应用性和可操作性的研究、探讨还很不够，在一定程度上影响着思想政治教育内容研究的可持续性和可积累性。

二是研究视阈略显局限。我们可以看到，由于历史上的学科归属划分以及历来学术的研究传统，我们总是习惯性地用教育学的思维思考和研究思想政治教育理论和实践领域的一些问题，以至我们的理论建构、对策给出都透出了浓浓的教育学意味，打上了“鲜明的教育学烙印”。没错，从更大的层面，甚至从“立德树人”“培育社会主义接班人”的学科职责和使命来讲，它就是一种从观念上培养人或者注重人观念培养的教育实践活动。但从学术研究应有的科学发展状态而言，光有这一个视角是远远不够的，它需要从多维视角和多重路径出发，以达到“殊途同归”的效果。综观现有的研究，虽也有对诸如社会学、政治学、心理学、管理学多学科视角和多理论维度的涉猎，但总的来看，无论在面上还是点上，其现有的广度和深度仍是远远不够的。需要我们抓住其中的关键核心问题，作出有创见性的理论构建和分析。

三是问题意识需更鲜明。讨论思想政治教育内容问题，不应只是封闭在概念、层次、体系中，而应是将其置于思想政治教育鲜活的“流动”过程中。而教育内容在贯穿活动以及与对象适配的过程中，具体又会存在或产生哪些问题，如何去解决这些制约活动效果的问题等，是我们在思想政治教育基础理论研究中，必须明确和树立的基本意识。而在目前看来，这在关于内容的研究中还远远不够，需要不断加强。

综上，在思想政治教育内容研究的推进中，我们需适当突破学科专业间的思想壁垒，以大人文社会科学的理念思维，自觉跟进国内外经济学、政治学、传播学、心理学等前沿理论和方法，发散运用其中一些可通约的理论分析框架和模型，深入推进和创新发展思想政治教育基础理论研究。同时，我们还要将理论研究置于我国独特的社会现实之下，从当前思想政治教育内容教授传导实践过程中的尖锐矛盾和现实问题出发，致力于既有一定学术前沿性，又有较强现实针对性的学术探究。

第一章　新时代思想政治教育内容有效供给的理论阐释

奥地利著名的心理学家弗洛伊德在其《精神分析引论》讲稿的开头曾这样写道:“我不知道诸位从阅读或传闻中可能已经获得了有关精神分析的哪些知识。不过我的讲题是‘精神分析引论’,顾名思义,我不得不假定诸位对于本题一无所知,要我从头讲起。”①如果把这段话的中心词“精神分析”,换成我们今天即将谈及的主题,我想,将同样适用。毕竟,无论是新授一门课还是新开始一项研究,正本清源,破除臆想;从源头基始开始,条分缕析,是我们稳妥科学地开展工作的第一步。

那么,思想政治教育内容有效供给研究究竟是怎样的一种研究?其科学性合理性何在,其是基于怎样的理论基础和理论假说之上?我们应该从何种向度对其核心内涵以及涉及的一些关键性问题进行科学把握?这是我们开篇必须首先给予准确回答的一些基础性理论问题,也是我们整个研究的立论基础。

① [奥]弗洛伊德:《精神分析引论》,高觉敷译,商务印书馆 2009 年版,第 3 页。

第一节 “有效供给”的理论假说及其适应限度分析

“供给”,这个带有浓厚经济学色彩的词语(概念),大概自出场现身于经济学领域以外的其他学科之时起,便无可避免、或多或少地招致人们对其使用科学性和可行性的怀疑:这样跨界运用分析是否可行?这无疑是从事科学研究应有的严谨审慎的态度和精神,也因此提醒我们从一开始便需要对这一问题的研究取向和价值旨趣进行澄清和辨明。

我们认为,思想政治教育作为一种以特定教育内容为载体和依托,传递一定国家、社会和组织价值理念和规范要求的对象性社会实践活动,其活动的有效性问题必然关涉教育内容产出、供给与国家社会意志“要求”、对象个体群体“需求”之间的匹配、适应与满足关系问题。从这个意义上讲,运用经济学的供需关系理论分析研究思想政治教育的内容有效性问题有其合理的理论基点。但同时,教育活动毕竟不同于以“利益”为核心的纯经济活动,其领域范围内所涉及的供给需求以及两者的关系变化,也不似经济领域般主要受市场机制的作用或主导,而更多体现了国家政府以及社会公众的导向、意志和需要,因而在理论的分析和适用上有其自身限度。

一、“有效供给”的理论溯源及蕴含的方法论意义

“有效供给”理论源自20世纪70年代兴起于美国经济学领域的“供给学派”。与从“需求”侧出发寻求经济增长动力的“需求学派”不同,“供给学派”认为,“从比较长期的观点来看,推动经济在几十年内增长的因素是潜在产出和总供给……而不是在于某一年总需求的特定位置”①,产品过剩、经济滞涨

① [美]保罗·A.萨缪尔森、威廉·D.诺德豪斯:《经济学》(下)(第12版),高鸿业译,中国发展出版社1992年版,第301页。

危机的爆发，并不是因为消费端的需求不足，而是生产端的有效供给不足造成的。① 因此，如何通过“供给端”要素的调控和配置，实现产品或服务的“有效供给”，最终达到引领和刺激消费，实现经济的增长，就成为“供给学派”致力研究的核心命题。这也是“供给学派”在凯恩斯主义需求管理政策失效、西方国家陷入经济“滞胀”之时，另辟蹊径，为西方经济发展开出的一剂“药方”。如果跳出供给理论原有单一局限的作用对象和作用领域，从哲学的高度，对其所蕴含的普遍的方法论意义作更高层次的抽象和概括的话，它对于我们的启发和指导作用，可能集中表现为以下两点。

一是逆向思维下，提供了一种从供给端思考问题解决的方法路向。亦即在我们思想政治教育实践领域实际存在或现实发生着的，对象群体对思想政治教育主体传导的教育内容表现出来的“接纳”“吸收”欲望度不高，甚至“拒斥”“不买账”等现象，某种程度上，可能不单是对象群体没有对该教育内容的需求或需求不足的问题，而更多反映的可能是教育内容的有效供给不足问题，这就好比日常生活中人们购买商品经常遇到的，商品价格太高、品质低劣、规格不合、款式陈旧等情况而导致的，想买的东西买不到、想花的钱花不出去的情况，是由有效供给不足造成的相应有效需求下降。亦即，经济领域的“有效供给”理论对思想政治教育内容有效性研究的最大理论贡献和价值就在于，它给我们提供了一个重新认识教育客体需求和教育主体供给关系的新思路，并将我们对思想政治教育内容结构层面静态研究拓展延伸至关注其产生、供给的动态过程研究。这对我们从教育内容产出的“供给”端调整供给内容的数量和结构，提升供给内容的品质，优化供给内容的呈现和传播方式，以引导和激发思想政治教育客体的需求欲望，增强思想政治教育内容“接纳”度和“吸收”度，从而增强思想政治教育的实际效果，有着积极的理论价值和现实意义。

① 陈二厚、齐中熙、韩洁：《中国供给侧改革》，中国言实出版社 2016 年版，第 4 页。

二是类比思维中,启发了人们关于无形产品、资源等的供给思考。从供给端考虑问题的发生和解决,一旦成为一种带有普遍意义的、可通约的思维方法和路向,就会引发人们对其供给内容和适用范围的进一步思考。随着认识的不断拓展,学者们对供给的研究也正突破经济领域的有形商品的范围,逐渐延伸至公共管理领域的公共产品服务、文化产业的供给侧改革,乃至教育领域的诸如高等教育、义务教育有效供给等无形公共资源领域。① 除此,笔者还注意到,2020 年《求是》杂志第 2 期,专稿刊发了中共中央办公厅法规局关于习近平总书记“以搞好制度‘供给侧结构性改革’为主线,全方位推进新时代党内法规制度建设”②的重要指示精神,将“制度”的有效供给问题提上日程,这也为我们研究思想政治教育内容的有效供给问题提供了合理性确证。

二、“有效供给”理论的适用限度分析

任何理论,即便再成熟完善,也不可能兼顾考虑到所有问题,自有其适用限度和范围。我们在运用“有效供给”理论分析思想政治教育内容供给问题的时候,尤其需要注意以下问题。

第一,“有效供给”理论自身存在的缺陷和偏颇。辩证法告诉我们,过分强调或看重某一方面,就有可能致使思维陷入片面和绝对化。正如习近平总书记 2016 年在省部级主要领导干部学习贯彻党的十八届五中全会精神专题研讨会上的讲话中所指出的那样:“我们讲的供给侧结构性改革,同西方经济学的供给学派不是一回事,不能把供给侧结构性改革看成是西方供给学派的翻版”,“供给学派强调的重点是减税,过分突出税率的作用,并且思

---

① 注:2010 年前后至今,学术界从有效供给视角,研究相关问题的学术著作涉及范围还是较为广泛的,如 2009 年岳军的《公共投资与公共产品有效供给研究》,2012 年孙浩的《农村公共文化服务有效供给研究》,2011 年、2018 年吴宏超和张意忠的《义务教育有效供给研究》《城乡家庭高等教育需求差异及其有效供给》,还有专门针对“供给制度”和“供给效率”的专题研究等等。

② 中共中央办公厅法规局:《推进党内法规制度“供给侧结构性改革”》,《求是》2020 年第 2 期。

想方法比较绝对，只注重供给而忽视需求、只注重市场功能而忽视政府作用”①。因而，对于理论本身，我们应取其科学合理之处，批判地借鉴和运用。关于如何辩证地处理“供给”和“需求”的关系问题，我们后面在剖析思想政治教育内容概念内涵时还会专题涉及，为避免重复论述，这里就暂且只作简要说明。

第二，理论通约应用过程中客观导致的适用性问题。运用“有效供给”理论研究思想政治教育内容的供给问题，其出发点是试图通过“供给”出发的新思路，破解思想政治教育实效性不佳的沉疴难题。但任何理论都有原生学科的独特属性，以及严格的适用范围和条件，即便是运用其中的可通约的部分，也应避免简单机械的套用和全盘照搬。比如，思想政治教育领域的教育内容供给与经济学范畴的商品供给的差异就在于，“教育机构不具有传统工业的某些经济性质，这是事实。除少数采取不当方法追逐金钱的学校之外，一般学校的组织管理都不是为了盈利的”②。亦即，思想政治教育活动并非一种纯经济活动，某种程度上它是一种政府行为或非市场行为，盈利不是思想政治教育内容有效供给的目标，教育内容的供给及教育对象对期待内容的需求更多时候是国家政府导向的产物，而非市场机制的自由发挥。在经济学“有效供给”理论中居于核心地位的市场机制、竞争、价格等因素对思想政治教育内容供需双方的作用非常有限，个别甚至是完全不适用的。因而，在研究思想政治教育内容供给时，我们会较少涉及经济学领域围绕“经济利益”展开的对生产要素投入和流动等的研究和分析，而着重从思想政治教育内容产品供给的过程系统、结构要素入手，以解决思想政治教育内容有效供给不足导致的思想政治教育内容接受度不高、实效性有欠缺问题。

① 《习近平谈治国理政》第二卷，外文出版社 2017 年版，第 251、252 页。

② ［美］西奥多·W.舒尔茨：《教育的经济价值》，曹延亭译，吉林人民出版社 1982 年版，第 15 页。

第二节　思想政治教育内容有效供给的相关概念

本书所指向的新时代"思想政治教育内容有效供给"到底指向什么呢?正如"科学最重要的任务,亦为长期的任务,就是要找到用作分析的正确概念"①。我们认为,要准确把握其核心内涵,需首先对其涉及的几个基本概念作必要的分析和阐释,以避免理解上的分歧造成的误读。

一、"有效供给"的概念内核与衡量标准

正如大家所直观感受的那样,"有效供给"一出场,便透着浓郁的经济学气息。要讲清楚它,还得从经济学的供需概念和供需理论说起。

1. 供需理论中的"供给"与"需求"

19世纪著名的历史学家和散文作家托马斯·卡莱尔曾诙谐调侃道:"培养一个经济学家是容易的,只要像教一只鹦鹉那样说需求和供给就可以了。"此言虽不乏夸张与戏谑的成分,但也确实道出了"供给"和"需求"这对范畴在经济学中的重要地位。根据经济思想史,"供给"和"需求"这一概念,由英国经济学家詹姆斯·斯图亚特第一次正式提出并使用,后经亚当·斯密、萨伊、大卫·李嘉图等不断丰富完善,逐渐成为被人们所熟知的经济学范畴。

在经济学里,"供给"一般是指在某一价格下,个人或厂商愿意出售的商品和劳务的数量,而市场供给则是在供给价格(或工资)下,各个厂商(所有家庭)愿意提供的总数量(劳动总量)。② 马克思在《资本论》中对其的解释是,

---

① A.R. Radcliffe Brown, *The Natural Sciences of a Society*, Illinois: Goranco Free Press, 1957, p.28.

② [美]斯蒂格利茨:《经济学》(上)(第二版),梁小民等译,中国人民大学出版社2000年版,第74—75页。

“处在市场上的产品，或者能提供给市场的产品。”①而“需求”则是与“供给”相对应的概念，它指一定时间和价格条件下，消费者对市场上所销售商品和劳务的具备支付能力的需要。由此可见，供给者和消费者的“意愿”和“能力”，是准确把握“供给”和“需求”内涵的两个关键要素。这就意味着任何只停留在“意愿”层面、没有供给或支付能力的供给与需求，或者有供给或支付能力，却没有供给或购买意愿的供给与需求，都不是经济学意义上的“供给”和“需求”。

供求理论即是基于这对范畴之上的，关于两者相互关系及运行规律的理论思想。对于供给与需求关系的认识，西方经济学史上曾产生过两个相对的理论学派，一个是主张“需求中心论”的“凯恩斯主义”，另一个则是主张“供给会为自己创造需求”的“萨伊定律”。诚然，这两种截然不同甚至是对立的经济理论，在经济发展的特定历史时期，都曾以经济政策或经济主张的形式，对当时国家或国际经济发展困局给出了自己的判断，开出了诊断的“药方”，对彼时的经济发展产生过一定的积极影响，“凯恩斯主义”甚至在很长一段时期内被奉为各国的主导经济政策。但显然，按照马克思的“供给决定需求，需求反作用于供给”的辩证唯物主义观点，无论是“凯恩斯主义”还是供给学派，这种将“供给”与“需求”对立起来，非此即彼的极端化、绝对化理解均是不科学和失之偏颇的。虽然它们两者的任何一方，在某一特定历史时间，都有可能成为影响经济运行的主要方面，但从长远来看，它们始终犹如一枚硬币的两面，是处于对立统一的矛盾运动中的不可分割的统一体。

2. 由“供给”与“需求”引发的拓展性思考

以上经济学关于“供需”的概念理解，以及马克思关于“供需”关系的辩证分析，无疑为我们进行经济领域以及其他领域的供给侧改革奠定了思想理论基础，同时也给我们带来如下启发和思考。

① 《马克思恩格斯选集》第2卷，人民出版社2012年版，第485页。

第一，无论是研究哪个领域的供给与需求问题，都需要兼顾考虑供给主体和对象群体的“意愿”或“能力”问题。现实供给活动许多问题的存在和发生，可能就是其中的某一或某几个方面出了问题。思想政治教育内容供给领域亦是如此。

第二，“供给”的可以是有形的商品或公共产品，也可以是无形的精神文化产品和服务——换言之，有需求的地方就有供给，供给的产品形态取决于需求的形态，有多样化的不同类型和形态的需求，就有多样化的不同类型和形态的产品供给。所以我们可以有商品和劳务的供给，也可以讲精神文化产品的供给。

第三，当我们讲其他领域尤其是精神文化等领域的产品供给时，对其“产品”属性的定义理解，指向的不是经济学通常意义上的来自工业化生产流水线上的“生产”和“制造”，而更多从其耗费了人一定的体力脑力，是人们经由脑力“创作”“加工”而形成的精神产物和智慧结晶这一角度来理解。因此，在本书研究中，当我们以“内容产品”的形式来指称、描述思想政治教育内容的时候，亦是基于此维度的理解。沈壮海教授在谈到思想政治教育内容有效性时，提出的教育者要实现两个层次的内容转化，可以说，就是从某种程度上确证了：我们传递供给给教育对象的思想政治教育内容，实际上不只是内容本身，而是经由教育者选择、转化、加工后的内容产品。

3.“有效供给”的提出与衡量维度

随着研究的不断深入，“有效需求”和“有效供给”逐渐进入经济学家的研究视野。如亚当·斯密在解释供需矛盾时，引入了“有效需求”的概念，他指出：“每一个商品的市场价格，都受支配于它的实际供售量和愿支付它的自然价格，或者说愿支付它出售前所必须支付的地租、劳动工资和利润的全部价值的人的需要量，这二者的比例。愿支付商品自然价格的人，可称为有效需求者,而他们的需求可称为有效需求。因为,这种需求也许使商品的出售得以实现。”①

既然“需求”有“有效”和“无效”之分,那“供求”又何尝不是?那什么样的供给才是有效的呢?对此,不同的学者有不同的看法和观点。例如,有学者认为“有效供给”是指供给能够出清(在一定价格条件下供需达到均衡),需求能够得到恰当满足的供给②;也有学者认为其是指由各个微观主体生产和提供的能最大限度地适应各类购买需求的总供给和供给结构③等。但不管是哪种观点,是否能够满足消费者的消费需求,以及其价格是否在消费者的购买能力范围之内,是“有效供给”的核心要义。亦即“有效供给是与消费需求和消费能力相适应的供给,用通俗的话说,有人购买的供给才是有效供给”④。这就为我们提供了衡量供给是否有效的最原初也是最核心的一个维度——以满足消费者需求为导向的“效用”维度。除此,学者们还提出了衡量“有效供给”的“效益”和“效率”维度。显然,这是经济行为追求利益最大化以及期待投入与产出成正比愿望理想的体现,是经济学研究思考经济问题必须考虑的重要因素,理应纳入。因此,我们可以综合研判得出,一个有效的市场供给,一定是一个以最小投入获得最大化收益的且匹配符合消费者需求和能力的供给。

而当我们试着将“效用”“效益”“效率”的评判标准,投向经济学以外的领域时,乍一看,似乎因其浓厚的经济学色彩而显局限,但仔细分析之后,我们发现,实际上,从大的方面看,这一标准对思想政治教育内容这种特殊产品的供给同样适用,只是两者在标准的具体指向上存在着差异区别。具体参见表1:

---

① ［英］亚当·斯密:《国民财富的性质和原因的研究》(上卷),郭大力、王亚南译,商务印书馆1997年版,第50页。

② 张耀辉:《我国供给调控的理论与政策研究》,中国财政经济出版社2000年版,第27页。

③ 刘诗白:《我国转轨期经济过剩运行研究》,西南财经大学出版社2000年版,第179页。

④ 刘青扬:《深刻认识和把握扩大有效供给》,《人民日报》2016年5月27日。

表 1 “一般商品”与“思想政治教育内容产品”有效供给基于效用、效益、效率评判标准的差异指向比对

标准＼类别	一般商品	思想政治教育内容产品
效用	致力于满足人们多种多样的付费需求	致力于满足人们对思想道德品质提升的精神需要
	需考虑对象群体的购买能力	大多不存在价格压力，但需考虑对象群体的接纳和消化能力
效益	突出的是经济效益，通过产品售出获利	讲求的是社会效益，通过产品供给实现引领人、培养人的目标
	利润最大化是其致力有效供给行为的主要内驱力	职业责任与操守是其致力有效供给的重要驱动力
效率	主要在经济投入与产出之间寻求平衡	主要在国家支持投入、社会期望与实际效果之间寻求平衡

但需要进一步指出的是，不管是“效用”标准、“效益”标准，还是“效率”标准，其均是从供给行为的“结果”维度去衡量。而要实现和达到这样的“结果”，需要我们从活动或行为的要素、过程入手，以要素、过程的有效性保障结果的有效性。这是沈壮海教授在进行思想政治教育有效性研究时，为我们提供的一个研究此类问题的科学分析框架，同时这也成为本书后文对思想政治教育内容供给的要素过程、系统结构进行剖析的逻辑缘由。

二、“思想政治教育内容”的经典释义与探讨性思考

对思想政治教育内容的正确理解，建立在对“内容”普遍性本质以及“思想政治教育内容”特殊性指向的综合把握之上。在本部分，我们试图以学界已有的研究成果为基础，对其作一些探讨性的研究和思考。

1. 内容释义

内容，是我们日常生活中会经常提及和频繁使用的一个词语。对于其含

义,“所包含、容纳之物”大概是人们对其最普遍直观的认识和理解了,这也基本抓住了它的核心内涵。根据《现代汉语词典》释义,“内容”主要有三方面的意思:“①物件里面所包括的东西;②事物内部所含的实质或意义;③哲学名词,指事物内在因素的总和。与‘形式’相对。世界上任何事物没有无形式的内容,也没有无内容的形式。内容决定形式,形式依赖内容,并随着内容的发展而改变。但形式又反作用于内容,影响内容,在一定条件下还可以对内容的发展起有利的促进作用。内容和形式是辩证的统一。”①由此可见,对“内容”的理解,具有基于日常意义和哲学层面的两种解读。而日常解读,又分为所包含的实体存在和所蕴含的非实体意义的双重指向。因此,当我们讲“我打开书包,依次取出里面的内容——一支笔和一本书”时,即是我们这里讲的“内容”含义的第一种指向;而当我说“这本思想政治教育学术著作内容丰富”,则显然属于“内容”含义指向的第二种了。

以上是“内容”的词汇学解释,而学术研究里的“内容”,通常是从“内容”的非实体和哲学层面来理解的,并且在不同的学科领域会有不同的具体指向。这就有点类似日本学者今井贤一在《情报化的社会》中所提到的那样,“内容对于不同的对象有着不同的含义,对于计算机工程师而言,内容意味着‘0’和‘1’;对于文学工作者而言,内容意味着故事主体、情节和感人的文字修辞;对于艺术者而言,内容意味着创造力和表现力;对于遗传学家而言,内容意味着染色体和 DNA。”因此,我们在谈论内容的时候,往往会在前面加一个定语,以限定内容的具体范围和指向。但在这样的一个信息化社会里,如果一定要对以上不同学科领域“内容”的普遍意义进行抽象的话,“内容,是为了满足特定需求的信息组合,其形式有文本、图片、音频和视频”②。笔者认为,这样的概

① 中国社会科学院语言研究所词典编辑室:《现代汉语词典》,商务印书馆 2002 年版,第 920 页。

② 赵子忠:《内容产业论——数字新媒体的核心》,中国传媒大学出版社 2005 年版,第 10 页。

括还是比较科学、有说服力的。它讲清楚了信息时代内容的本质，并从内容与形式统一的角度，对其进行了阐释说明。这亦是我们理解本研究中“思想政治教育内容”概念内涵的一个基点。后文我们还会具体涉及。

2. 关于“思想政治教育内容”的几种代表性观点

那么什么是“思想政治教育内容”？这在大多数人看来，似乎并不是一个多么高深莫测、让人困惑难解的概念或命题，好像简单到不用多解释，也能让人会意三分。然而事实是，即便是这样一个看似简单的问题，学界对其的看法和理解也并不统一。通过对它的系统梳理，我们发现，对“思想政治教育内容”这一概念的理解界说，可大致分为三类。

一是“组成说”。即侧重于通过明确概念外延限定其涵盖范围的方式，对思想政治教育内容概念作出界定。例如有学者认为，思想政治教育内容是“依据目标和教育对象的实际确定的，包括世界观、政治观、人生观、道德观、法制观、创造观和健康心理教育等七个方面”①；是指思想政治教育主体通过教育实践活动，作用于客体的理论化、系统化的意识形态体系，它由一定的思想观念、政治观点、道德规范等组成。②

二是“体系说”（或称为“系统说”）。持此类观点和看法的学者认为，思想政治教育内容是“由相互联系、相互作用的多种要素按照特定层次结构而组成的、具有提高教育对象的思想道德素质等功能的一个系统”③；是为实现思想政治教育目标而选择的思想、政治、道德方面的知识、理论、思想、观点、准则、规范等的总称④；是“要求思想政治教育对象接受的实现思想政治教育目

① 陈秉公：《思想政治教育学原理》，辽宁人民出版社 2001 年版，第 260 页。

② 刘先进：《试论社会主义核心体系与思想政治教育内容创新》，《兰州学刊》2007 年第 2 期。

③ 陈万柏、张耀灿：《思想政治教育学原理》（第三版），高等教育出版社 2015 年版，第 173 页。

④ 石书臣：《现代思想政治教育主导性研究》，学林出版社 2004 年版，第 239 页。

标的思想观念体系及其行为规范的总和”①等，亦即从系统论的视角，对内容和呈现出来的结构形态作总体性的描述。

三是“信息说”。此种界说立足于对思想政治教育内容这一概念质的规定性，揭示说明其作为“信息”的本质内涵，并对其具体指向的对象作了初步明确。例如，“思想政治教育内容是根据一定的社会要求和针对受教育者的思想实际，经教育者选择设计后有目的、有步骤地输送给受教育者的思想意识、价值观念和道德规范等信息”②，是“教育者根据一定阶级、社会、组织或群体的目的要求，针对社会发展和教育对象的思想品德实际选择、设计后，有计划、有组织地传输给教育对象的思想观念信息”③等说法，均属于此类的相似表达。

我们看到，以上几种对“思想政治教育内容”的概念界定，虽各有不同和侧重点，但亦不乏共通之处。例如，它们都关注了思想政治教育内容与思想政治教育目的、目标、任务的紧密联系；看到了思想政治教育内容之于教育主体和客体的中介桥梁作用；强调了满足社会与个体需要基础上，思想政治教育主体对内容选择的主动性，以及对教育客体的针对性；等等。这无疑对我们理解和把握思想政治教育内容在整个教育活动中的地位、作用以及其性质、特征等大有裨益。但如果从一个严谨概念所应具备或包含的要件——内涵和外延来看，“信息说”对思想政治教育内容的界定，既从质的方面，对对象的本质属性和特有属性进行了概括抽象，回答了“是什么”的问题；又从量的方面，对对象的边界和范围进行了界定划分，回答了“有哪些”的问题，相较而言更具科学性。这也与我们在本部分开头对“内容”信息本质的界定保持了一致。

3. 对“思想政治教育内容”内涵的一点探讨性思考

本论题中所讲的“思想政治教育内容”以及对其的认识理解，某种程度亦

---

① 孙其昂：《思想政治教育学基本原理》，河海大学出版社 2004 年版，第 131 页。

② 熊建生：《思想政治教育内容结构论》，中国社会科学出版社 2012 年版，第 16 页。

③ 郑敬斌：《学生思想政治教育内容体系整体建构研究》，吉林人民出版社 2013 年版，第 42 页。

是建立在“信息说”之上的。只是鉴于研究视角的独特取向，以及现实教育活动中对内容理解的“窄化”问题，这里更倾向于对其作更宽泛意义上的理解。正如几位持“信息说”观点的学者所认为的那样：“在这个过程中传递的‘一切信息’都是思想政治教育内容”①。那么，我们这里讲的供给视角中的“思想政治教育内容”可理解为：一切可以为思想政治教育实践活动所取所用的信息，它包括以思想、观点、观念等为表现形态的理论体系和价值规范，以史实、纪实、故事或文艺作品等为表现形式的文字素材，甚至包括具有某种社会意义或象征意义的符号、仪式或空间印象等。它既可以是语言的，亦可以是非语言的；既可以是文字的，亦可以是图像、音频、视频形式的；既可以是线上的，也可以是线下的；等等。

正确理解和把握这个概念，需要把握以下两点。

第一，作为互动桥梁和中介的信息内容，不一定必须是思想观念或价值规范本身，但一定是蕴含、隐藏或附带了这样一些东西的信息或资源。这涉及对此类“信息”“资源”的辩证理解，一方面它是宽泛的，不只限于我们通常理解的思想意识、价值观念、道德规范本身；另一方面它又不是无所限制、无所指的，它一定是为我们教育教学目的、目标服务的，承载着可利用、可转化的思想政治教育气息属性的各类信息或资源。也就是，说到思想政治教育内容，我们所想到的既要有以思想理论形态存在和出现的马克思主义理论、习近平新时代中国特色社会主义思想、新时代公民道德建设实施纲要等，很多时候，也要有看起来“毫无关涉”的非主旋律故事、电影甚至言语、符号等。理解这一点，对我们思想政治教育内容有效供给实践运行中诸多问题的解决有着重要意义。

第二，基于以上对思想政治教育内容这样的一个前提界定，我们可以进一步得出，这个对思想政治教育内容的理解界定，实质暗示了思想政治教育内容

① 刘璟、熊永兰、田黎明：《现代思想政治教育内容建构刍议》，《思想政治教育研究》2007年第1期。

的两种存在形态:旗帜鲜明地、直接地、独立地存在和婉转隐晦地、间接地、依附式地存在。目前,学界所研究讨论的既定内容的表现形式多样化问题,主要指向的是第一种形态的内容。而对于第二种形态的内容,则更多将其划归为信息、资源的开发和应用问题。而实质上,我们认为,在这种情况下,它的内容和形式是应该是统一的、不可分离的。比如故事就是故事,电影就是电影,这与前面所讲的将思想政治教育理论转化故事、影片形式是截然不同的两码事。①

以上是基于内容的信息实质,以及内容与形式的不可分离——内容的形态角度,对思想政治教育内容内涵作出的一点尝试性探讨。而要对思想政治教育内容的内涵进行科学的、全面的把握,仍需从思想政治教育内容自身特殊性的角度,对其要素构成有清晰的了解和认识。“从内容要素上讲,思想政治教育内容应包括意识形态内容(指马克思主义理论)、政治内容(指政治、法制、社会制度、党的路线方针政策及形势)、思想内容(指世界观、人生观、价值观、方法论或思维方式)、道德内容和其他内容(指心理、健康、消费等新内容)。因此,思想政治教育内容结构是以主导性内容、基础性内容、拓展性内容为经,以意识形态内容、政治内容、思想内容、道德内容和其他内容为纬的立体结构。”②这亦是本研究比较认同的基于思想政治教育内容内涵基础上的,对其层次结构的一个基本划分。

三、“思想政治教育内容有效供给”的概念界定与内涵把握

综合以上对“思想政治教育内容”以及“有效供给”的分析理解,我们认为,“思想政治教育内容有效供给”既指一定社会经济条件下,思想政治教育

① 注:我们这里的“转化”不是我们通常意义上的,对高深、“正统”理论在表现形式、风格上的多样化呈现,不是马恩选集中的马克思到动漫作品中的马克思转化呈现,而是其他非传统意义的“他类”信息、资源的思想政治教育价值挖掘和呈现。

② 孙其昂:《思想政治教育现代转型研究》,学习出版社 2015 年版,第 243 页。

者所能提供的，最大限度满足、适应与引导、激发对象思想道德品质形成发展需求的内容产品供给；又指思想政治教育者为实现这种供给，而根据教育目的要求和任务规定，对思想政治教育活动中的内容选择、呈现和注意、接受等环节有效性进行动态把控的过程。

该概念包含以下三层意思：

其一，思想政治教育内容有效供给具有结果维度与过程维度的双重指向。在本研究中，最大程度实现思想政治教育内容供给的效果、效益和效率是目标，有效控制把握思想政治教育内容供给的环节过程是手段。因此，我们理想中的思想政治教育内容有效供给应是对象需求得到恰当满足和激发，国家意志和社会效益得以最大程度实现；思想政治教育内容选择和呈现、注意和接受过程有效展开与顺利完成的完美结合，并且前者以后者为基础，后者以前者为导向。

其二，思想政治教育内容有效供给以需求为导向，但不仅仅是对需求的简单适应和满足，而且体现和致力于对需求的引领、超越。也就是，辩证理解“供给”与“需求”相关依存关系，看到对象需求在思想政治教育内容供给中的重要地位，是我们从供给视角研究思想政治教育内容问题不可偏离的一个核心主线。但在理解“供给”对“需求”的满足时，需要特别提出的是，这种“满足”，不应只是简单的，跟在其后的亦步亦趋，而应表现出超前引导性。这是由“供给可以创造衍生需求”以及思想政治教育内在的超越性本质属性所决定的。毕竟，很多时候，人们并不完全清楚或了解自己的潜在需求。对思想政治教育而言，“思想政治教育的目的性、实践性，内在地包含着思想政治教育的超越性。思想政治教育的超越性就是面向未来的发展性及对社会实践活动和人的行为的先导性。它是思想政治教育突出的本质属性”①，这就从根本上要求思想政治教育内容供给需突破现实与认知的局限，以实现对现实社会以

① 郑永廷：《论思想政治教育的本质及其发展》，《教学与研究》2001 年第 3 期。。

及生存于现实社会中的现实人的引领。

其三,思想政治教育内容供给既是一种过程,也是一个系统,对其有效性的分析涉及多重复杂层面。例如,当我们把思想政治教育内容供给理解为一种“过程”的时候,我们着眼于供给的动态运行程序和机制,考察内容从供给主体到供给对象得以顺利行进过程中的阶段环节,以及各要素间相互作用和相互影响的关系;当我们把思想政治教育内容供给解释为一种系统“结构”的时候,则是在更加综合的层面上,将思想政治教育内容供给看作一个复杂的“过程的集合体”,不但考察微观的、具体的供给过程,而且考察具体供给过程系统与其他社会系统实现有效物质能量交换的条件基础,从而对系统环境施加于要素、过程的影响,尽可能细致全面地作出分析。

以上,便是我们科学全面把握思想政治教育内容有效供给内涵的全部。下文我们将基于有效供给的结果取决于供给要素、过程的有效性以及系统环境的正向积极影响的基本逻辑,对思想政治教育内容有效供给的活动过程和系统结构作具体分析。

第三节　思想政治教育内容供给的活动过程

对事物的发生及运行过程的研究,可以有多维视角,但总结起来,最常见的不外两种:一种是历时性的考察,即按照时间序列考察思想政治教育内容供给活动从过去到现在以及未来发生和发展的历史演化进程;另一种则是共时性的考察,即对思想政治教育内容供给活动的要素、结构和运行阶段环节等进行解剖和分析。前者我们称为思想政治教育内容供给活动的纵向过程研究,后者则属于对其的横向过程研究。在这一部分,我们主要从第二种视角出发,对思想政治教育内容供给的微观过程作一个具体分析。至于思想政治教育内容供给活动的历时性考察,我们将会在后面的章节具体探讨。

一、思想政治教育内容供给过程的基本要素

美国著名的传播学家拉斯韦尔在其《传播在社会中的结构与功能》的论文中,曾提出了关于传播过程分析的经典的“5W”模式,将传播活动明确表述为由五个基本要素和环节构成的过程,即:Who(谁);Say what(说了什么);In which channel(通过什么渠道);To whom(向谁说);With what effect(有什么效果),为人们理解传播过程的结构和特性提供了具体的出发点。而假如我们以信息论或传播学的眼光来审视思想政治教育内容的供给活动的话,某种程度上,“内容”的供给亦是“讯息”的传递,是各种性质、类型、形式的内容在传递过程中的转换表达。因而,传播学过程分析的这一经典模式对我们分析研究思想政治教育内容供给的过程结构亦极具启发借鉴意义。

依此思路,如果抛开影响和制约思想政治教育内容供给活动的一些复杂因素,对其活动过程进行高度抽象描述的话,我们可以说,其思想政治教育内容供给过程实质就是思想政治教育内容由信息来源地(供给主体)向目的地(供给对象)行进流转的过程(如图1所示)。

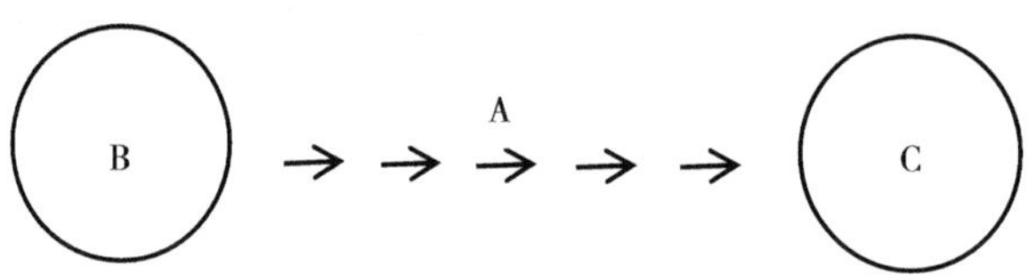

A=供给内容　　B=供给主体　　C=供给对象

图1　思想政治教育内容供给过程运行

那么,这样一个经高度抽象简化的活动过程包含哪些必不可少的要素呢?各个要素或各个组成部分在整个活动过程中的地位、作用,以及它们之间的关系和相互作用方式又是怎样的呢?结合思想政治教育活动自身特性,我们得出初步结论如下:

一是供给主体。指的是内容供给活动的引发者,即以给出和传递思想政

治教育内容的方式影响他人的人。从供给活动的实际发生来看，供给主体既可以是个人，也可以是某个群体和组织，并在大多数时候，往往指向对应的是思想政治教育活动的发起者、组织者和实施者。它既可以是教育系统内的教师及教师集体、党组织、团队组织、学生会等，又可以是党的组织宣传系统内从事思想宣传工作的个人、部门，还可以是非专职的家长、家庭、社会教育机关与文化团体等。但不论是个人或团体，专职或兼职，供给主体都是供给活动的主导者，主体性是其显著特征。在供给活动中，供给主体的主体性、能动性主要体现在其虽为供给活动的承担者、组织者、实施者，但他不是消极被动地传播主流意识形态和开展思想政治教育，而是积极主动地识别、选择、接受和采集合乎人性发展要求的思想政治教育信息，并自觉地进行信息加工、处理、检验、评价、储存和传播，使思想政治教育信息不仅影响供给对象，而且对供给主体本身的思维方式和行为方式也会产生影响。而且，从供给活动发生之始，供给主体的供给意识、供给能力以及自身影响力就外在地牵引着、把控着整个供给活动的过程和方向，是供给活动顺利、有效进行的重要作用力。

二是供给对象。指的是思想政治教育内容的接受者和感应者，供给主体的作用对象。受动性和非主导性是其主要特征。需要特别说明的是，在这里作用对象一词并不意味着供给对象是一种完全被动的存在。它的客体性，也并不等于被支配、被主宰，因为尽管思想政治教育内容供给主体是供给活动的发动者、实施者、承担者，但他无法直接控制供给对象对其所供给、传播价值理念的接受度，而且思想政治教育作为一种精神性实践活动，强制的方式显然难以奏效。在以主体的“供给”与对象的“接受”为主要表征的这样一种特殊活动里，供给对象的意愿和需求，对供给主体具体供给行为的决策有着重要的影响作用。一个完整有效供给活动的实施和完成，是建立在对供给对象特点和需求的科学分析和精准把握之上的，是决定其能否取得成效的基础。供给对象的非主导性则意味着，他能够认识自己正在被对象化、被塑造，但建立在他理解、认同或接受了思想政治教育内容供给主体所供给、传播的思想观念、政治观点和道德规范的基础之上，内含意愿和价值追求上的主动性。同上，供给对象可以是个人，也可以是群体和组织；群体和组织可以是正式的，也可以是非正式的。

三是供给内容。如前所述，供给内容是以思想、观点等为直接表现形态的，或以各种史实、文艺作品，乃至仪式、符号等为间接表现形态的，可以为思想政治教育教学或宣传活动所取所用各种信息、资源。它是将供给主体和供给对象连接起来的桥梁和纽带，是供给主体发挥自身及思想政治教育影响作用的媒介和载体。需要说明的是，在这一部分的分析中，我们没有把供给方式单独列出，而将其作为与供给内容一体的连接活动两端主体的桥梁和中介，主要是出于对供给过程的高度抽象化以便更好厘清其要素及关系的考虑。因为，我们讲的供给方式，实质是以"内容"为重心，围绕"内容"展开的，以内容的选择、呈现、传递为对象的手段和方法，某种程度上是由"供给内容"这一中介要素所衍生出的"二级"要素，因此，在这里，我们暂不将供给方式列为要素进行分析。

当然，构成与影响思想政治教育内容供给过程的因素，一定不只这么简单零星的几种，而往往是复杂多样且盘根错节的。而且即便是上面已列出的三种要素，一些也同上面所讲的"供给内容"要素一样，可作进一步的分解。且在很多时候这种分解是必要的，因为在对其作更细致深入的专题研究时，这种分解往往可能是解决整体功能和效用的关键。但在这里，我们只对其过程作最抽象的一般分析概括，以廓清一个具体的、完整的内容供给过程得以成立的基本条件，弄清哪些因素是缺一不可、必不可少的。

二、思想政治教育内容供给过程的运行阶段

恩格斯曾言，"世界不是既成事物的集合体，而是过程的集合体"①。毛泽

① 《马克思恩格斯选集》第4卷，人民出版社2012年版，第250页。

东在《矛盾论》中亦指出:“一切过程都有始有终。”亦即任何事物都是作为过程存在和发展的,而任何发生着、运行着的过程,都必有其开始、发展和结束。如果依据其开始和结束,对思想政治教育内容供给的运行过程作这种时间上的线性考察,便有了对思想政治教育内容供给过程运行阶段的认识和划分。

在一个系统中,以不同的要素为观测点,便会得出以该要素为核心,来看待和解释系统结构和运行的不同视角和观点。从“内容”视角来看,一次完整的思想政治教育活动,实际上就是供给主体和供给对象围绕思想政治教育内容的传递和接受而展开的主体互动过程。亦即从大的方面来看,思想政治教育内容供给活动可大致划分为思想政治教育内容的传递和思想政治教育内容的接受两大阶段和环节。前者主要由供给者发起并主导完成,是供给活动发生的起点,并占据整个供给历程的前半程;后者则是由供给对象在供给者的指导和影响下自主完成,是供给活动的目标指向和终点,构成供给历程的后半段。如果对此作更进一步的分解和完善的话,一场完备的思想政治教育内容供给活动可以包含思想政治教育内容的选择确定、思想政治教育内容的传递呈现、思想政治教育内容的注意选择、思想政治教育内容的认同接受四个阶段和环节(如图2所示)。

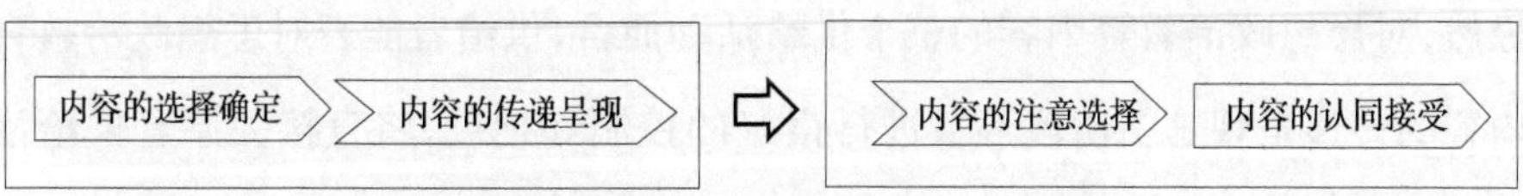

图2　思想政治教育内容供给过程的阶段和环节

接下来我们对以上四个阶段作简要分析如下:

第一,思想政治教育内容的选择确定。这是具体供给活动实质发生之时,所必经的首要阶段。单从程序上看,这就好比一个准备出发送货的快递员,送货行程开始之前,他得首先选择明确打算派送的是什么类型的哪件货物。对思想政治教育教育内容供给者而言,摆在他面前的,可以为思想政治教育活动可取可用的内容资源是类型多样、形态各异的,但具体到某一次微观的实践活动，他所能教授传递的内容却是十分有限的。同时，鉴于“学术化的思想政治教育内容不能直接应用于教育活动，思想政治教育内容只有经过加工和重组，以更加贴近人们的思想实际，才可以满足人们呼吸‘精神空气’的需要。如若直接用于宣传教育的思想政治教育内容仍停留在大道理、大原则的宏论而缺乏可操作的实际指导，则势必会对思想政治教育公信力构成影响”①。也就是，我们待供给传导给教育对象的一些思想内容，需要经过有效的选择加工。因此，无论是从客观可能性还是从活动的效率效果而言，他都必须对即将传递呈现内容的性质、类型、形态以及容量、程度等作出明确的判断和取舍。而如何取舍，则需要供给主体动用专业的知识和技能，通过对自我、对象、活动本身以及外在条件等综合研判得出。

第二，思想政治教育内容的传递呈现。这是思想政治教育内容供给活动过程的核心关键环节，也是最外显最容易引起人们注意、聚焦人们目光的阶段环节。具体来说，这一阶段涉及思想政治教育内容供给主体采取什么样的渠道、经由什么样的路径、选取什么样的方式方法对思想政治教育内容进行传递呈现等问题。这就好比快递员在选定派送货物之后，将接下来思考是选择人工还是机器投运，是采取空运还是海运、陆运，是走高速公路还是省道等问题。显然，对思想政治教育内容的整个供给活动而言，供给者能否对思想政治教育内容的传递呈现这一阶段环节进行很好的控制和把握，将直接关系着供给活动的成败和效果效率等关键问题，是我们整个供给活动需重点关注的中心环节。

第三，思想政治教育内容的注意选择。思想政治教育内容供给活动行进此阶段，就意味着进入了以供给对象为主体的、围绕供给内容进行的“接受”预阶段了。从心理学来看，经供给者审慎选择并传递的思想政治教育内容，即便在传递过程中未有损耗，也不可能完整地全部进入供给对象的头脑，为其全

① 向征：《论思想政治教育的公信力》，《马克思主义与现实》2013 年第 1 期。

盘认同和接受。也就是供给对象对供给主体供给传递的思想政治教育内容，在接受之前，也对其有一个引起注意与应需选择的过程。传播学认为，这受选择性定律中的选择性接触（又称选择性注意）的影响。无论是对信息的接受也好，理解也好，记忆也好，人们会因个人的意愿和需要，而对其表现出较强的“选择性”，即既可能在对信息内容的选择和贮藏上有所侧重、有所取舍，亦可能在对信息内容的理解和领悟上有所不同，甚至有所曲解，普遍遵从接触、理解和记忆上的“选择性定律”，从而保证即将纳入的信息内容与自己惯常的思维模式以及原有的价值理念能够融合一体。[①] 这就十分突出地显示了供给对象在内容供给活动中的重要地位以及自身的主观能动性，也可视为供给活动双向互动性的充分体现。

第四，思想政治教育内容的认同接受。这是整个供给过程的目标指向和活动归属，也是一场具体供给活动走向完结的主要标志。同样地，供给对象对经主体自主选择的供给内容的认同接受，也需经由一系列复杂的心理认知过程，既可能表现为仅对供给内容知识、观点层面的记忆存储，也可能是在此基础上进一步对供给内容所承载的思想、价值等层面的内化认同，乃至行为层面对其的外化践行等。总之，供给对象对供给者传递呈现的思想政治教育内容的认同和接受，是我们整个供给活动孜孜不倦、努力追求的活动效果和寄希望达成和完成的活动目标，是活动的收官阶段。

三、思想政治教育内容供给过程的主要特点

如前所述，思想政治教育内容的信息本质，决定了思想政治教育的内容供给过程。在某种程度上，亦可视作有特定类别和要求的信息传播的过程；而供给的这一特定研究视角，又将思想政治教育内容传播，不只限定在传统的教育实践活动隶属范围，而使其打上从产品的生产、流通来思考其内容加工、转化、

① 李彬：《传播学引论》（增补版），新华出版社2003年版，第141页。

呈现过程的独特色彩。因而,从这个角度而言,思想政治教育内容供给过程将势必包含、交织着一些存在、凸显于信息传播、教育实践以及商品流通活动过程中的显著特点,其主要体现在以下几个方面。

其一,思想政治教育内容供给过程是一个建立在信息编码、译码基础上的符号和意义的双向互动过程,注重意义的传达、感知和理解。前面我们在对思想政治教育内容供给活动过程进行高度抽象的时候,曾指出思想政治教育内容供给过程实质就是思想政治教育内容由来源地(供给主体)向目的地(供给对象)行进流转的过程。没错,从空间位移来看,是一个信息内容 A 由 B 去往、到达 C 的过程,但这里我们需要强调的是,它又不同于具象物品由 B 到 C 的给予和传递,不仅仅是一个空间的位移和转换。在传递、供给的过程中,它还经历了供给主体对传递内容的加工、整合、转化等符号建构、意义再造,以及供给对象对供给主体传递过来的这种符号和意义集合体的拆解和意义再生成过程。也就是,在这个过程中,符号信息中意义的传达、感知和理解是核心,是内容供给不同于其他有形产品供给的一个显著特征。从而也提醒我们要竭尽全力从思想政治教育内容供给的主体端、对象端,以及过程可能出现的干扰因素等方面作思考,以避免内容信息传播供给过程中的信息“失真”、意义误读问题。

其二,思想政治教育内容供给过程是一个暗含价值被传递、需求被满足、对象被影响的多重目标驱动过程,突出教育的价值和功用。这是思想政治教育内容供给过程所蕴含的教育性特征体现。我们知道,任何有意识的行进过程,都不是漫无目的或毫无章法的,一定有其方向驱使和目标驱动。思想政治教育内容供给过程与一般的信息内容传播过程相比,它可能不是简单停留在信息的告知、分享、传达乃至被理解、被运用,而是建立在这基础上的,试图通过价值传递、需求满足的过程行进,实现对人的影响、型塑与完善。用更能表现思想政治活动特质的话来说,那便是,思想政治教育内容供给过程亦是以价值观念的灌输引导实现铸魂育人的过程。在这个过程中,教育所应有的或者说被期待的社会和个体的功用与价值,被放在一个突出的位置。

其三,思想政治教育内容供给过程是一个供给双方愿望、利益、诉求不断磨合、趋近的两相博弈协调过程,强调产品思维和用户思维。思想政治教育内容供给过程以内容的供给为起点,以内容的认同接受为结束,以及供给双方的各自的立场、起点、能力及可依赖条件基础的不同,实际上就客观决定了内容的供给过程必定是供给双方的愿望、利益、诉求不断博弈调和的过程。在这个过程中,我们虽然立足供给端来思考分析问题,但这个供给主体主导性作用发挥,是建立在对对象主体性作用的充分认可、尊重和维护的基础之上的。虽然从内容供给的结果和效果来看,更多表现为供给对象向供给主体目标要求的一种趋近,但从内容供给的运行过程来看,一定首先表现为供给主体目标要求与供给对象合理愿望诉求的一个对接适应,以及基于其现有状态条件下的激发和引领。也就是,“对象”在内容供给活动的过程分析中具有重要地位和作用。因而,强调以用户为中心的用户思维,以及以优质产品更好满足、引领对象需求等在产品流通过程中的所具有的特征属性,也得以在思想政治教育内容供给过程中体现,并成为其有别于教育视角和传播视角下的过程特征之一。

第四节　思想政治教育内容供给的系统结构

思想政治教育内容供给活动具有明显的过程性和系统性。如前所述,当我们说思想政治教育内容供给是一个过程的时候,主要指的是供给具有动态性、序列性和结构性;当我们说它是一个系统的时候,是将其视作一个由相互联系、相互作用的各个部分(或过程)构成并执行特定功能的有机整体,其运行不仅受到它的内部结构的制约,而且受到外部环境的影响,与环境保持着互动关系。过程性与系统性,是理解思想政治教育内容供给活动的运动属性与普遍联系、相互作用性质的两个核心概念。

一、思想政治教育内容供给过程与供给系统的关系

“所谓系统是指由相互作用和相互依赖的若干组成部分结合而成为的具有特定功能的有机整体。所谓过程,则是物质的运动在时空上展开的形式。任何事物的存在,都既表现为横向的系统,又表现为纵向的过程”①。但在人们的普遍认知中,它们因为概念本身的极其相近且经常粘连缠绕,而很难被人们准确清晰地拆分开来。之所以这样说,一是因为系统都是变化发展的,系统本身就具有过程演化的特征,没有过程特征的系统将不再是系统;二是因为过程的阶段性其实质反映体现的就是系统运动性、序列性和结构性,是一个个更小系统片段的连接。那既然如此,在这里我们为什么还要分别使用过程与系统的概念呢?这与人们在研究中对这两个概念的使用倾向和习惯有一定的联系。

正如我们在本章开头所分析的那样,人们对微观的、单一的某一具体过程研究,往往主要关注聚焦的是活动内部的结构和运行机理,而并不重视对过程以外因素的考察,也就未能展示宏观的、综合的活动场景和过程。我们认为,考察微观、单一的活动过程是重要且必要的,但从科学认识、揭示活动过程的总体和全貌的角度来看,仅有这一个维度的考察显然是不够的。因为,在现实世界中的展开行进的任何一个过程,都不可能是在封闭的真空中进行的,其外界的众多的因素和条件都会对其行进阶段连接的顺畅度和效果度产生不容忽视的影响,过程内部的运行机制只是影响和制约其性质和结果的重要作用力之一。同时,每一看似单一的过程,其实也并不是孤立的,而是与其他过程相互连接与交织缠绕的。故恩格斯和列宁也曾分别指出,“关于自然界所有过程都处在一种系统联系中的认识,推动科学从个别部分和整体上去证明这种系统联系”②;“每种现象的一切方面(而且历史在不断地揭示出新的方面)相

---

① 陶富源:《唯物辩证论与实践智慧》,安徽师范大学出版社2016年版,第103页。

② 《马克思恩格斯选集》第3卷,人民出版社2012年版,第412页。

互依存,极其密切而不可分割地联系在一起,这种联系形成统一的、有规律的世界运动过程"①。

因此,考察思想政治教育内容供给的基本过程是理解思想政治教育内容供给活动的一个重要途径,但仅仅从过程本身或过程内部考虑问题,还不能揭示思想政治教育内容供给活动的全貌。只有用普遍联系和相互作用的系统观,从唯物史观的高度看问题,同时对思想政治教育内容供给活动进行中观和宏观的综合考察,才能对思想政治教育内容供给活动的整体作出全面科学的把握。

二、系统论模式下的思想政治教育内容供给结构

那么,系统论模式下,思想政治教育内容供给活动会呈现出怎样的结构样态呢？正如我们前面曾多次提到的,思想政治教育供给活动双方围绕"内容"展开的传递和接受互动,某种程度上类似于传播者与受传者之间的一种讯息互动过程。因此,美国学者赖利夫妇和德国学者马莱兹克关于传播及大众传播过程的系统分析理论可以为我们提供借鉴。接下来,我们将采用模式图解的方式,从供给双方的群集系统和供给活动的社会影响力系统两种不同视角来探讨这个问题。

首先是基于供给双方的群集系统模式(如图 3 所示)。

从图 3 中我们可以看到,任何一个思想政治教育内容供给过程都表现为一定的系统的活动,多重结构是其具有的本质特征,从供给双方的结构系统来看:(1)从事内容供给活动的双方可以被看作一个个独立的个体系统,彼此之间进行着内容的传递和接受;(2)每一个体系统又不是孤立的,而是分属于不同的群体系统,从而使得内容的传递接受活动形成个体与个体、个体与群体、群体与个体、群体与群体之间交错进行的多重复杂局面;(3)群体系统又从属

① 《列宁选集》第 2 卷,人民出版社 2012 年版,第 423 页。

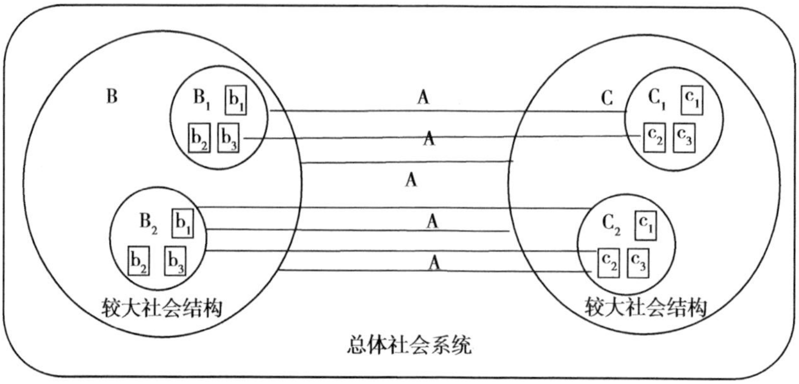

图 3　思想政治教育内容供给过程的系统模式 1

A＝供给内容

B＝供给者群体（B_1、B_2……代表供给者初级群体；b_1、b_2……代表供给者单个个体）

C＝供给对象群体（C_1、C_2……代表供给对象初级群体；c_1、c_2……代表供给对象单个个体）

于更大的社会系统结构，其运行深受社会总系统的经济基础（社会生产资料的占有方式、经济制度等）与上层建筑（社会的政治、文化、宗教、法律等）的影响和制约。以学校为主体的，发生在思想政治理论课教师与学生之间的内容供给活动，也不外是现代思想政治教育内容供给系统中的微小一种。

图 3 向我们呈现了思想政治教育内容供给从微观到中观、从中观再到宏观的包含多个层次和类型的系统结构。从这里我们可以看到，每一单个系统既是相对独立的个体，又与其他系统共存于普遍联系与交互作用的关系之网中。这种源自系统结构的多重性和交互的广泛性也就客观决定了思想政治教育内容供给活动的复杂性。因此，供给活动对供给对象的效果和影响也只会是多重系统或结构叠加的结果。这对我们思考解决思想政治教育内容供给中的现实问题有着重要的价值和意义。

其次是基于供给活动的社会影响力系统模式。前面基于供给双方群集系统的分析，为我们揭示出了思想政治教育内容供给活动是一个复杂的社会互动过程。并且，这一过程深受可见的、公开的有形社会作用力与隐匿于后的无形社会作用力的双重影响。图 4 就较为充分地展示了这一点。

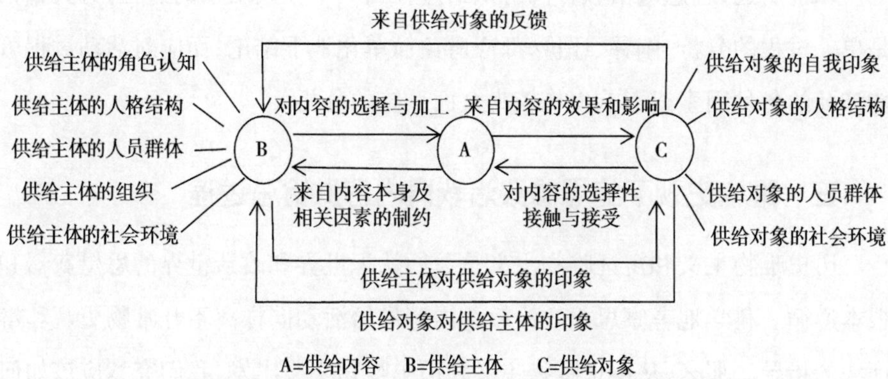

图4　思想政治教育内容供给过程的系统模式2

在图4的模式中，我们看到思想政治教育内容的选择和传递活动在包含社会心理在内的多种影响力的交互作用中进行，系统中的每个节点或环节的运行状态和行为表现，均是该场域作用力的产物。这些影响因素和作用力包括：

（1）影响和制约供给主体的因素——供给主体个人或群体对自我从事活动的角色意识和认知、自我的人格结构；供给主体所属群体和组织对其行为活动的规范和要求；供给主体所处的经济、政治、社会、文化和意识形态环境等的作用和渗透；供给内容本身以及背后连接的来自活动目的、目标、任务的制约；供给对象对供给主体的印象和供给内容效果的反馈；等等。

（2）影响和制约供给对象的因素——供给对象对自我的认知和要求、自我的人格结构；作为群体一员的供给对象（群体对个人价值观念和思维方式的影响）；供给对象所处的社会大环境；供给内容的效果体验或影响；等等。

（3）影响和制约内容的因素——主要有两个方向的来源：一是供给主体基于自身的理解和判断，对供给内容的所作的选择和加工。而显然，主体选择什么，如何加工，这可能产生内容发生变化的判断抉择和行为结果，可以说是供给主体背后的诸多因素叠加作用的结果。二是供给对象基于社会背景、自身特征以及个性需要，而对供给内容所作的取舍。

综上所述,思想政治教育内容供给过程是一个极其复杂的过程,对其哪怕是单一过程的分析、阐释、评价,都应避免简单化地下结论,而应对活动过程可能涉及的各种因素或影响力作较为全面系统的分析。

三、唯物史观下的思想政治教育内容供给总过程

历史唯物主义和辩证唯物主义是我们认识世界和改造世界的思想武器和根本遵循。科学地考察思想政治教育内容供给活动同样离不开唯物史观和辩证法的指导。那么,从辩证唯物主义和历史唯物主义出发,我们究竟应该如何看待思想政治教育内容的供给活动呢?对此,马克思主义的精神交往理论,为我们提供了两条重要原则。

“交往”,这个在马克思主义经典著作和理论体系中经常出现,并为人们所熟知的重要概念,作为核心概念被频繁使用并被集中阐释,是在《德意志意识形态》中。也正是在这部著作中,马克思恩格斯确立起了唯物史观,也因此使之成为马克思主义经典著作中具有里程碑意义的重要篇章,而对后世产生巨大影响。在文中,马克思和恩格斯虽然没有对该概念作出一个明确清晰的界定,但从他们的行文及论述中,我们依然可以发现,在马克思恩格斯那里,“交往”既指向“在生产力发展的一定阶段上的一切的物质交往”,也指向诸如“观念、思维、人的精神交往”等。因此,“交往”在马克思和恩格斯那里,可以看作一个体现人的总体活动之关系性的概括性范畴。中国人民大学陈力丹教授亦指出:“从马克思和恩格斯使用‘交往’这个概念论证的问题看,它包含了这个词的全部含义,指个人、社会团体、民族、国家间的物质交往和精神传通。因而,这是一个宏观的社会性概念。”①

并且,在马克思和恩格斯那里,“交往”是与“生产”有着同样地位和作用的重要范畴。他们认为,“这种生产第一次是随着人口的增长而开始的。而

① 陈力丹:《精神交往论——马克思恩格斯的传播观》(修订版),中国人民大学出版社2016年版,第2页。

生产本身又是以个人彼此之间的交往[Verkehr]为前提的。这种交往的形式又是由生产决定的。”①交往与生产，密不可分。没有生产就不会有交往，没有交往也不会有生产，两者相互依存、辩证统一。在《德意志意识形态》中，马克思、恩格斯对生产与交往的类别与类别之间的相互关系作了更细致、更进一步的阐释和划分。他们指出，无论是人类生产活动还是交往活动，都由物质和精神两大领域构成，亦即人类的物质生产和精神生产构成了人类生产活动的总体，而物质交往和精神交往则是人类交往活动的两个重要组成部分。这是对两者进行的类别上的进一步细分，而对于这更加细小类别之间的关系，马克思恩格斯则基于物质之于精神的决定作用以及精神之于物质的反作用原理，得出物质生产、交往对精神生产、交往的决定作用以及精神生产、交往之于物质生产、交往的反作用结论。同时指出，人类社会的总体运行便在这样的作用与反作用的矛盾运动中得以推进进行。这便是马克思主义精神交往理论的基本思想。这对于我们的思想政治教育内容供给研究而言，意味着：

一是要在人类交往活动的大系统中把握思想政治教育内容供给活动。根据前面对马克思恩格斯“交往”概念的内涵分析，我们得知，思想政治教育及其内容供给活动应该从属于以“观念、思维”等为表现形态的精神交往范畴，而人类的精神活动又是与人类物质实践活动密不可分的。因此，我们考察思想政治教育内容供给活动时，不能就内容供给研究内容供给，而应该将其放在人类生产和交往活动的总体(社会大系统)中去考察。具体来说，供给主体和供给对象之间这种以思想政治教育内容的传递和接受为连接的“精神交往”关系，也必然与社会一定历史阶段的精神生产力发展水平以及精神生产资料的占有方式密切相关，受生产力和生产关系矛盾运动的制约。从这个观点出发来观察思想政治教育内容供给活动，我们就不可能不考察精神生产力水平对思想政治教育内容供给质量的影响和制约；也不可能不考察人们在精神生

① 《马克思恩格斯选集》第1卷，人民出版社2012年版，第147页。

产过程中的地位，以及精神生产资料的占有方式对内容供给双方关系的制约作用。而且，按照马克思主义的观点，与物质产品不同的是，精神内容的生产还与一定的政治、法律、道德、文化、宗教和思想、观念、意识等意识形态相联系，这也是解析思想政治教育内容供给外在状态背后深层次原因的钥匙。

因此，我们考察思想政治教育内容供给活动时，不能片面孤立并将其置于抽象封闭的理论体系中，而应将其放在具体现实的社会历史条件下，放在与其实质发生交互影响作用的社会关系之网中去考察。这是马克思主义精神交往理论给予我们的方法论启示，也是我们考察思想政治教育内容供给系统及其运行规律的基本出发点。

二是要从物质交往和精神交往的辩证关系中把握思想政治教育内容供给活动。一定的精神生产和精神交往与一定的物质生产和物质交往相适应，这是唯物史观的一个基本观点。正如马克思和恩格斯所揭示的，“统治阶级的思想在每一时代都是占统治地位的思想。这就是说，一个阶级是社会上占统治地位的物质力量，同时也是社会上占统治地位的精神力量。支配着物质生产资料的阶级，同时也支配着精神生产资料，因此，那些没有精神生产资料的人的思想，一般地是隶属于这个阶级的。”①它提醒我们，研究思想政治教育内容供给活动，切忌无视或忽视精神生产资料占有方式以及社会制度之于内容生产和传递的影响制约作用。认识和理解这一点至关重要，否则我们将无法理解不同性质社会制度下内容供给活动存在的本质区别。但需要说明的是，这只是科学理解两者关系中的一个方面。马克思主义精神交往理论还告诉我们，物质与精神并不是简单的决定与被决定的关系，精神方面的生产和交往不只是被动的、被决定、被影响，亦有自身的能动性，遵循着自身运动和发展的节奏和规律，两者是一种辩证的相互作用的关系。也就是我们在考察思想政治

① 《马克思恩格斯选集》第1卷，人民出版社2012年版，第178页。

教育内容供给具体活动时，还必须重视其作为人类精神和心理活动的复杂性和特殊性的一面，即在重视物质生产和交往的基础作用同时，亦注重考察作为精神生产和精神交往的思想政治教育内容选择和接受活动的特殊规律。

综上所述，从唯物史观的宏观视角来看，思想政治教育内容供给过程是人类精神生产和交往过程的一部分，从属于人类社会总过程，其内容供给的结构反映和体现人类社会的结构，对其宏观把握应遵循和运用唯物史观的一些基本方法和原则。

第二章　思想政治教育内容有效供给的实践演进

如果说第一章对于思想政治教育内容有效供给的理论分析,是试图从理论上呈现出内容供给活动的应然状态;那么本章则致力从实践运行角度,回答新时代思想政治教育内容供给由何处来、正经由何种发展状态、将去往何处等重要问题,以厘清新时代思想政治教育内容有效供给的发展脉络与演进逻辑。而具体的实践既是历史的,亦是当下的,还应是迈向更好未来的;要实现达成未来新时代思想政治教育内容有效供给的理想状态,也需要从历史中汲取养分,从现实中发现问题。因此,本章将使用“过去—现在—未来”这样一个分析框架和观测视角,对新时代思想政治教育内容有效供给的发展脉络和演进逻辑作出如下分析。

第一节　新中国成立以来思想政治教育内容供给的历史回溯

为深刻理解现实,必要追溯回顾其历史;而我们总结反思过去,又总是为了更好地开拓未来。无论对历史特点的归纳,还是经验的总结,都是人们对已过去的社会实践的一种深刻反思。正如黑格尔曾经指出的那样,这种反思“意指跟随在事实后面的反复思考”①,是对已成“过去时”的经验所蕴含价值

① ［德］黑格尔:《小逻辑》,贺麟译,商务印书馆 1980 年版,第 7 页。

的一种发掘，是新的思想、理论得以产生出现的重要途径之一。故习近平总书记指出："历史是人类最好的老师"，"重视历史、研究历史、借鉴历史，可以给人类带来很多了解昨天、把握今天、开创明天的智慧"①。因此，需以清晰的历史意识为基础，通过认真、系统的理性反思和梳理，形成对思想政治教育内容供给历史进程的清晰把握，以及对其历史特点、经验的总结抽象，阐明新时代思想政治教育内容有效供给的历史逻辑。

一、新中国成立以来思想政治教育内容供给的历史分阶

从历史的视角，对事物的演进历程进行分期和阶段式的呈现，是我们宏观把握其特点趋势的通常做法。本部分我们将以新中国的成立为起点，以我国的重要历史发展阶段为节点，以党的思想政治教育史的阶段划分为参照，将新中国成立以来的思想政治教育内容供给活动，大致划分为社会主义革命和建设时期的思想政治教育内容供给（1949 年—1978 年）、改革开放和社会主义现代化建设新时期的思想政治教育内容供给（1978 年—2012 年）、中国特色社会主义新时代的思想政治教育内容供给（2012 年至今）三个阶段。② 为清晰展现这三个阶段思想政治教育内容供给的演进脉络，本部分将以图表的方式对其进行系统梳理。

通过翻阅、查找中华人民共和国国史、中国共产党党史以及党和国家关于宣传工作、思想政治教育工作、学校思想政治理论课等方面的文献汇编以及部分专家学者的相关教材、论著，我们可以看到新中国成立以来不同历史阶段，思想政治教育内容供给活动在内容、主体、途径方法方面呈现出如下样态，具体参见表 2。

---

① 《习近平致信祝贺第二十二届国际历史科学大会开幕》，《人民日报》2015 年 8 月 24 日。

② 此处关于思想政治教育内容供给历史阶段的划分，主要参考了中国共产党宣传工作史及党的思想政治教育史的阶段划分，并研究了相关学者关于思想政治教育内容历史演进的理论成果等综合得出。参见中共中央宣传部编著的《中国共产党宣传工作简史》（上、下卷）（人民出版社 2022 年版）；《中国共产党思想政治教育史》编写组编著的《中国共产党思想政治教育史》（第二版）（高等教育出版社 2018 年版）；沈壮海、佘双好等著的《学校德育问题研究》（大象出版社 2010 年版）第三章关于学校德育内容的历史演进的相关内容。

表 2　新中国成立以来思想政治教育内容供给历史分阶①

供给要素 / 历史阶段	供给内容	供给主体	供给途径方法
社会主义革命和建设时期的思想政治教育内容供给(1949年—1978年)	马列主义和毛泽东思想基本理论的教育②;国际主义、爱国主义教育③;过渡时期总路线的宣传教育④;社会主义教育⑤;共产主义道德教育;革命的政治教育	隶属宣传部门的各级政治教育处、时事宣传处、研究处、解放社; 学校系统的政治理论课教师、政治工作干部、政治辅导处	马列主义和毛泽东经典著作,文学艺术作品⑥,报刊等宣传印刷品,广播;生产劳动;政治运动; 理论宣讲,榜样示范⑦,专题报告,座谈,理论教学

① 考虑到中国共产党与学校系统内(尤其是高校)的思想政治教育活动,在整体思想政治教育活动中具有典型代表性,因此,本部分按照思想政治教育内容供给要素进行的相关梳理,主要涉及这两大领域。

② 新中国成立以来,关于马列主义和毛泽东思想等基本理论的教育,党和国家高度重视,于 20 世纪 50—60 年代,专门印发了面向各界人士、党员干部群体的,加强理论教育和学习马恩列斯著作和毛主席哲学著作的系列文件和通知,诸如《关于加强理论教育的通知》《中国人民政治协商会议全国委员会常务委员会关于展开各界人士思想改造的学习运动的决定》《关于一九五三——一九五四年干部理论教育的指示》《中共中央关于组织高级干部学习马恩列斯著作的批示》《中共中央关于县以上干部学习毛主席哲学著作的决定》等。以上文件参见《建国以来重要文献选编》第二册(中央文献出版社 1992 年版)、第四册(中央文献出版社 1993 年版)、第十七册(中央文献出版社 1998 年版)、第十八册(中央文献出版社 1998 年版)。

③ 这一时期的国际主义、爱国主义教育主要是围绕抗美援朝这一特定主题展开,具有特殊的时代内涵。

④ 围绕过渡时期总路线展开的宣传教育活动,亦是该历史发展阶段比较重要、鲜明的主题活动之一,被称为“建国以来规模最大、范围最广、时间最长、效果也最好的一次思想政治教育运动”,参见张耀灿:《中国共产党思想政治教育史论》,高等教育出版社 2006 年版,第 222 页。为此,1953 年,中央宣传部亦专门印发了《为动员一切力量把我国建设成为一个伟大的社会主义国家而斗争——关于党在过渡时期总路线的学习和宣传提纲》,参见中共中央宣传部办公厅、中央档案馆编研部编著:《中国共产党宣传工作文献选编:1949—1956》,学习出版社 1996 年版,第 664 页。

⑤ 新中国成立后的 20 世纪 50—60 年代,中共中央先后 5 次印发相关文件,以农村为重点区域和人群,在广大人民群众和青年学生中间开展了多次声势浩大的社会主义教育运动。

⑥ 文学和戏剧是这一时期比较有特色的思想政治教育内容供给方式,主要有以话剧、歌剧、戏曲为表现形式的,诸如《江姐》《红灯记》《红色娘子军》《刘胡兰》等表演作品,以及以《创业史》《红旗谱》《青春之歌》为代表的文学作品等。1958 年,中共中央还批转了文化部党组《关于大力发展社会主义新戏曲的请示报告》。

⑦ 这一时期雷锋、焦裕禄、王进喜等先进人物与典型事件的涌现与巨大影响力,使得榜样示范成为这一时期颇具特色的思想政治教育内容供给方式。

续表

供给要素 历史阶段	供给内容	供给主体	供给途径方法
改革开放和社会主义现代化建设新时期的思想政治教育内容供给(1978年—2012年)	"马克思列宁主义、毛泽东思想和邓小平建设有中国特色社会主义理论教育,爱国主义、集体主义和社会主义思想教育,党的路线方针政策和形势教育,民主、法制教育,人生观教育,道德品质教育,学风教育,劳动教育,审美教育,心理健康教育"①;精神文明教育;"三个代表"重要思想教育;基本素质教育②;科学发展观教育;中国革命、建设和改革开放的历史教育③;廉洁教育④;社会主义荣辱观教育⑤;基本素质教育	各级党政宣传组织部门以及群团组织的专职党务和思想政治教育工作者; 学校各级党政干部和共青团干部、思想政治理论课和哲学社会科学课教师、辅导员和班主任以及全体教职工	马列主义经典著作,先进人物事迹;报刊、广播、电视、网络等大众媒体和新兴媒体; 主题教育,专题讲座,理论教学,社会实践

① 1994年8月31日,《中共中央关于进一步加强和改进学校德育工作的若干意见》,以及1995年11月23日,国家教育委员会关于颁布试行《中国普通高等学校德育大纲》的通知中,均对以上内容作出了规定。以上参见教育部思想政治工作司编著:《加强和改进大学生思想政治教育重要文献选编(1978—2014)》,知识产权出版社2015年版,第144—156页。

② 2004年8月26日,《中共中央、国务院关于进一步加强和改进大学生思想政治教育的意见》中,除对前面提到的理想信念教育、爱国主义教育、公民道德教育等提出要求外,还对基本素质教育作出了规定。以上参见教育部思想政治工作司编著:《加强和改进大学生思想政治教育重要文献选编(1978—2014)》,知识产权出版社2015年版,第266页。

③ 2005年2月7日,《中共中央宣传部、教育部关于进一步加强和改进高等学校思想政治理论课的意见》中,除前述共同内容外,提出了加强"科学发展观教育,中国革命、建设和改革开放的历史教育"等内容。以上参见教育部思想政治工作司编著:《加强和改进大学生思想政治教育重要文献选编(1978—2014)》,知识产权出版社2015年版,第294页。

④ 2005年7月1日,《教育部办公厅关于在大中小学开展廉洁教育试点工作的意见》,以及2007年3月27日《教育部关于在大中小学全面开展廉洁教育的意见》中,均对以上内容作出了规定。以上参见教育部思想政治工作司编著:《加强和改进大学生思想政治教育重要文献选编(1978—2014)》,知识产权出版社2015年版,第324—326、353—354页。

⑤ 2006年3月12日,《中共教育部党组关于学习贯彻胡锦涛总书记讲话精神 切实加强社会主义荣辱观教育的通知》,以及2006年5月19日《中央精神文明建设指导委员会关于深入学习实践社会主义荣辱观 大力加强思想道德建设的意见》中,均对深化社会主义荣辱观的学习宣传教育提出了要求。以上参见教育部思想政治工作司编著:《加强和改进大学生思想政治教育重要文献选编(1978—2014)》,知识产权出版社2015年版,第336—337、339—342页。

续表

供给要素 历史阶段	供给内容	供给主体	供给途径方法
中国特色社会主义新时代的思想政治教育内容供给(2012年至今)	马克思主义理论教育;中国特色社会主义和中国梦宣传教育;爱国主义、集体主义、社会主义教育;马克思主义唯物论和无神论教育;社会主义核心价值观教育;国家意识、法治意识、社会责任意识教育;民族团结进步教育、国家安全教育、科学精神教育;社会公德、职业道德、家庭美德、个人品德教育;中国传统文化和革命文化、社会主义先进文化教育;法治教育;劳动教育;心理健康教育;党史、新中国史、改革开放史、社会主义发展史和形势政策教育;防范化解重大风险宣传教育;社会主义道德、法制和心理健康教育;形势政策教育①	各级党政组织宣传部门以及群团组织的专职党务和思想政治教育工作者; 学校各级党政干部和共青团干部;思想政治理论课教师;公共基础课程、专业教育课程以及实践类课程任课教师②;辅导员和班主任以及全体教职工	马列主义经典著作; 学生互动社区、主题教育网站、专业学术网站和“两微一端”等互联网思想政治工作载体③;党报党刊、电台电视台、都市类报刊和新媒体④;新时代文明实践中心、县级融媒体中心和“学习强国”学习平台等“两中心一平台”⑤; 主题教育,专题讲座,理论教学,文化活动,群众性主题实践、学生社会实践

① 2016年12月4日,《中共中央、国务院关于加强和改进新形势下高校思想政治工作的意见》;2019年8月,中共中央办公厅、国务院办公厅印发《关于深化新时代学校思想政治理论课改革创新的若干意见》;以及2021年7月中共中央、国务院印发《关于新时代加强和改进思想政治工作的意见》等文件中,均对以上内容作出了详细规定。以上参见中华人民共和国中央人民政府官网 https://www.gov.cn/zhengce/2017-02/27/content_5182502.htm;https://www.gov.cn/zhengce/2019-08/14/content_5421252.htm;https://www.gov.cn/zhengce/2021-07/12/content_5624392.htm 等网页内容。

② 2020年6月1日,教育部关于印发《高等学校课程思政建设指导纲要》的通知中,明确提出全国所有高校、所有学科专业的任课教师均有坚定学生理想信念,帮助其树立政治认同,培养其家国情怀、文化素养、宪法法治意识、道德修养等责任和义务。具体参见中华人民共和国教育部官网 http://www.moe.gov.cn/srcsite/A08/s7056/202006/t20200603_462437.html 相关内容。

③ 2016年12月4日,《中共中央、国务院关于加强和改进新形势下高校思想政治工作的意见》中,提出了此类方法、途径。具体参见中华人民共和国中央人民政府官网 https://www.gov.cn/zhengce/2017-02/27/content_5182502.htm 相关内容。

④ 2021年7月,中共中央、国务院印发《关于新时代加强和改进思想政治工作的意见》中,对此作出了明确。具体参见中华人民共和国中央人民政府官网 https://www.gov.cn/zhengce/2021-07/12/content_5624392.htm 相关内容。

⑤ 《中国共产党宣传工作简史》(下卷)第四篇章中,对新时代党的思想、理论、政策宣传教育的新载体新阵地作了如上总结概括。参见:《中国共产党宣传工作简史》(下卷),人民出版社2022年版,第750—759页。

二、新中国成立后思想政治教育内容供给的主要特征

科学的研究，纵然容易因视角和观测点的不同而“横看成岭侧成峰”。但如若始终沿着“内容供给”的思维视角和主线，却大致可以在上文呈现的丰富史实中，梳理出思想政治教育在内容供给方面的几个历史特征。

1. 内容供给活动紧紧围绕党和国家的中心工作展开

思想政治教育要服从于、服务于党和国家的中心工作，既是思想政治教育社会功能的体现，亦是思想政治教育需遵循的规律之一。通过供给和传导符合国家和社会需要的思想意识、价值观念和规范形态等内容，以实现对此功能的发挥和规律的遵循，这一点，在思想政治内容供给活动的历史进程中体现得尤为明显。对于如何处理两者的关系，党中央在新中国成立初期的宣传工作会议上，就曾专门研究讨论过这个问题，旗帜鲜明地指出“宣传工作必须与各级党委所定下来的中心工作密切配合，离开党的中心工作，宣传工作就会失败”①。

例如新中国成立初期，巩固新生政权、恢复国民经济、组织抗美援朝以及进行社会主义改造等是党和国家在这一时期的中心工作。在这些政治运动和工作中，思想政治教育紧随其后，在广大人民群众和青年学生中，广泛开展了针对知识分子、党员干部、人民群众的思想改造运动、整党整风运动和镇反运动；围绕抗美援朝进行以国际主义、革命英雄主义和消除崇美、恐美和亲美的爱国主义为主题的思想政治教育活动。随着人民民主专政逐步巩固、国民经济任务胜利完成，1953 年中共中央提出过渡时期总路线后，全国又掀起了学习宣传总路线的教育高潮。随后，针对思想领域的一些突出问题，又大力开展宣传唯物主义思想、批判唯心主义思想的活动等。这些主题的教育活动，为全

① 《建国以来重要文献选编》第一册，中央文献出版社 1992 年版，第 296 页。

面开展社会主义建设奠定了坚实的思想基础。党的十一届三中全会作出党的工作重心转移到社会主义现代化建设的决策之后，思想政治教育也随之确立为社会主义现代化建设服务的总方针，突出强调四项基本原则教育、党的基本路线教育、民主法制纪律教育、理想信念教育和科学文化教育等方面的内容。中共十四大之后，围绕建设有中国特色社会主义理论、社会主义市场经济体制和社会主义初级阶段的基本路线，提出对全党和全国人民进行包含爱国教育、道德教育和市场经济意识在内的精神文明教育等。党和国家历史上首批《爱国主义教育实施纲要》和《公民道德教育实施纲要》教育文本亦产生于此时期。

如果说以上是思想政治教育内容供给紧紧围绕党和国家的中心任务，为国家建设和个人发展提供思想武器和精神动力的正面支撑的话，那么，“文化大革命”时期的“十年浩劫”以及文化思想上混乱和“跑偏”，则是思想政治教育内容供给活动与国家政治生活关系“过近过密”极端化的反面确证。事实上，也正是它们二者之间的这种过于致密的关系，直接导致了这一时期思想政治教育内容的全面混乱：“思想政治教育内容不是以爱党、爱社会主义为主题，进行国情教育；不是以宪法为主题，进行民主、法制教育；不是以无产阶级价值观为核心，进行革命人生观教育，而是以大批判开路，大肆宣扬‘以阶级斗争为纲’、‘阶级斗争一抓就灵’、‘事事连着纲和线’等‘左’倾思想，大搞阶级斗争、路线斗争，‘斗私批修’，无限上纲，乱批乱斗，打倒党内走资派，号召全面夺权，成为思想政治教育的基本内容”①。思想政治教育这种与政治的密切联系是由其本质决定的，是必然也是必需，但究竟应该在怎样的一个合适的度量空间去看待它、把握它，也是历史留给我们的一个需要深思的问题，这或许某种程度上也成为我们日后思考、研究思想政治教育政治性和科学性关系问题的由来。

---

① 张耀灿主编：《中国共产党思想政治教育史论》，高等教育出版社2006年版，第257页。

2. 组织系统内的专职人员是其主要供给主体

任何事情的推动和执行都离不开作为社会主体的人。对思想政治教育内容供给活动而言,无论是从活动的具体发起和组织,还是从活动的结果成效考虑,我们党历来都十分重视依靠专职机构的专业人员,来开展思想政治教育的内容供给活动。从历史来看,总的包含两大类人员:

一是党的组织系统内的专职政工干部。由于思想政治教育从实质上说是党的政治工作,因此,从理论上讲,所有党的政治工作干部都应是思想政治教育工作者。也就是无论是从事组织工作、宣传工作、统战工作还是日常党务工作的政府部门、企事业单位各条战线的党务人员,都有责任向周围人员宣传党的主张,团结群众为党的事业而奋斗。而在所有政治工作干部中,党的宣传部门及其工作人员又承担着更为重要的责任。1949 年,新中国成立不久,党中央就在《中央人民政府成立后党的文化教育工作问题的指示》中,提出将原来由宣传部暂管的文化教育行政工作移交中央政府的文教部门来管理,"以便党的中央宣传部和各级宣传部能够摆脱行政事务,集中注意于党内外的思想斗争,党的宣传鼓动工作的领导和党的文化教育政策的制定"①。1951 年,又在《中共中央关于在全党建立对人民群众的宣传网的决定》中提出,"有系统地建立对人民群众的经常性的宣传网,即在党的每个支部设立宣传员,在党的各级领导机关设立报告员,并建立关于宣传员报告员工作的一定制度"②,并对宣传员的设置要求、能力素质、职责任务、工作方法、制度安排等作了具体规定。正如有学者所指出的那样,"专职政工干部是思想政治教育实施主体的中坚。经过几十年实践,我国各条战线已基本形成一支专职政工干部队伍。在部队,有连队政治指导员,在高校,有年级政治辅导员,在工矿企业,也有党务工作干部、工会工作干部专门负责思想政治教育,专职政工干部与基层党的工作者往往是二任一肩的,这有利于将决策主体、承运主体和实施主体系统

① 《建国以来重要文献选编》第一册,中央文献出版社 1992 年版,第 66 页。

② 《建国以来重要文献选编》第二册,中央文献出版社 1992 年版,第 2 页。

化，实践证明是有效的”①。

二是党的教育系统内的专职思想政治工作者。包括学校系统的党政和共青团干部、专职思想政治理论课教师、辅导员和班主任。② 思想政治教育工作者，尤其是思想政治理论课教师无疑是思想政治教育内容供给的主力军，肩负着对广大青少年这一重要群体持续地、系统地传播主流价值观念和意识形态的任务，是思想政治教育内容供给主体人员中不可或缺的专业力量，党和国家十分重视这一专业人员系统组织的发展和建设。1952 年，为解决高等、中等学校政治理论教师的师资水平问题，教育部指定中国人民大学和各大行政区具备条件的高等学校，创设马克思列宁主义研究班，为全国各高等、中等学校培养政治理论师资。③ 1953 年，《高等学校教师进修暂行办法出台》，为各高校教师提供了进修资源和平台。“文革”期间，正常的教育教学秩序被破坏，革委会、军宣队、工宣队等取代专职思想政治教育人员开展“文化大革命”和“阶级斗争”。但“文革”结束后又逐渐得到恢复。例如 1980 年，教育部、共青团中央联合下发《关于加强高等学校学生思想政治工作的意见》，指出学生思想政治工作，专职、兼职政工干部要做，业务课教师要做，特别是马列主义理论课教师和各科骨干教师应发挥重要作用，同时要求各高校建立政治辅导员制度或班主任制度。④ 1984 年、1993 年以及进入 21 世纪以后，教育部（有时联合其他部委）亦下发了关于高校或大学生思想政治教育及工作队伍建设的若

① 陆庆壬主编：《人的发展和社会发展：思想政治教育学基础理论研究》，同济大学出版社 1994 年版，第 267 页。

② 需要特别说明的是，因为学校系统的特殊性，故在此将属于学校系统的政工干部单独分离出来，与学校的思想政治理论课教师等合并构成学校系统的思想政治教育专职人员系统。因而，两类人员的划分，实质存在部分交叉。

③ 《建国以来重要文献选编》第一册，中央文献出版社 1992 年版，第 318—319 页。

④ 《普通高校思想政治理论课文献选编（1949—2008）》，中国人民大学出版社 2008 年版，第 83 页。

干文件①,不断巩固和完善教育系统专职队伍体系的建设。

由上可以看出,党和国家(以及分管机构和部门)是思想政治教育内容供给活动的主导者和把控者,决定着供给活动的目标、方向;各条战线的专职政工干部和教育系统专职思想政治教育工作者是具体供给活动的实施者和依靠者,他们共同组成了思想政治教育内容供给的高效系统。但显然,面对愈加庞大且日益分层的对象群体以及日益复杂的社会环境,仅仅依靠这些专职队伍是远远不够的,为此,构建家庭教育、学校教育和社会教育的立体格局,形成“全员育人”“多元供给”的合力也就势在必行。

3. 意识形态和政治方面的内容曾在较长时期内占据绝对比重

意识形态和政治方面的内容在整个内容供给体系中占据绝对比重,大概是长久以来,人们对思想政治教育内容供给活动最直接也是最强烈的感性直观,而且某种程度上,这似乎也成为思想政治教育意识形态性或政治性本质属性最直接的反映和体现。通过梳理,我们可以清晰地发现,这种局面不仅仅发生在我们通常最容易感受的党和国家稳固政治权力的新中国成立初期,以及政治运动频繁的“文化大革命”和拨乱反正时期,甚至在改革开放,党和国家工作重心转为以经济建设为中心以后,仍能感受到它隐约存在。

新中国成立初期,《共同纲领》第四十七条,在谈及各层次各类别的教育普及时,特别提出:“给青年知识分子和旧知识分子以革命的政治教育,以应革命工作和国家建设工作的广泛需要”②。1949 年 12 月的第一次全国教育工

① 主要有《关于加强高等学校思想政治工作队伍建设的意见》(1984 年,中宣部、教育部联合印发)、《关于新形势下进一步加强和改进高等学校党的建设和思想政治工作的若干意见》(1993 年,中组部、中宣部、国教委员会联合印发)、《关于进一步加强高等学校学生思想政治工作队伍建设的若干意见》(2000 年,教育部印发)、《关于进一步加强和改进大学生思想政治教育的意见》(2004 年,中共中央、国务院印发)、《普通高等学校辅导员队伍建设规定》(2006 年,教育部 24 号令)、《普通高等学校辅导员队伍建设规定》(2017 年,教育部 43 号令)等,参见《加强和改进大学生思想政治教育重要文献选编(1978—2014)》,知识产权出版社 2015 年版,以及教育部网站。

② 《建国以来重要文献选编》第一册,中央文献出版社 1992 年版,第 11 页。

作会议上，钱俊瑞指出："新区学校安顿以后的主要工作，是有计划、有步骤地在教师和青年学生中进行政治与思想教育，其主要目的乃是逐步地建立革命的人生观"①；"大学中学的课程必须继续改革。改革的重点是加强革命的政治学习，合理地精简现有课程"②。1958 年的《中共中央、国务院关于教育工作的指示》中指出："党的教育工作方针，是教育为无产阶级政治服务"③；"在一切学校中，必须进行马克思列宁主义的政治教育和思想教育"④。到了"文化大革命"时期，思想政治教育内容的政治性凸显几近顶峰。"'阶级斗争'成为教育内容的主题词和重要方面。学生思想政治教育内容的开展，围绕着'阶级斗争'这一主题词，强调政治动员、政治斗争、阶级斗争成为思想政治教育内容的重要任务，强调要在斗争中学习，强调要结合正在开展的政治运动学习，上层建设和阶级斗争被置于极其重要的位置，成为政治教育内容的重要素材"⑤。在这样的一个历史背景下，政治内容取代了其他一切类型教育内容，甚至某种程度上，政治就等同于教育。思想内容、道德内容和其他内容以融入和依附在意识形态内容和政治内容之中的形态存在。

那么"文化大革命"结束和改革开放开始以后呢？对此，孙其昂教授曾有过这样的评述："改革开放之后，经济建设成为中心工作，意识形态内容和政治内容在性质上和数量上的绝对优势有所下降，意识形态内容和政治内容本身也实现'拨乱反正'，恢复了正确的思想路线，在此之外思想政治教育内容结构中还分化出思想教育和道德教育等内容，提出建设社会主义精神文明新概念，初步形成了思想政治教育内容新结构。但值得注意的是，思想教育、道

① 《建国以来重要文献选编》第一册，中央文献出版社 1992 年版，第 91 页。

② 《建国以来重要文献选编》第一册，中央文献出版社 1992 年版，第 93 页。

③ 中共中央宣传部办公厅、中央档案馆编研部编：《中国共产党宣传工作文献选编：1949—1956》，学习出版社 1996 年版，第 109 页。

④ 中共中央宣传部办公厅、中央档案馆编研部编：《中国共产党宣传工作文献选编：1949—1956》，学习出版社 1996 年版，第 109—110 页。

⑤ 上官苗苗：《学生思想政治教育内容的系统研究》，博士学位论文，东北师范大学 2017 年，第 47—48 页。

德教育和其他内容仍然是决定于意识形态内容和政治教育内容的，因为，为经济建设服务是借助于为党的中心任务服务实现的，表面上是经济内容，本质上仍然属于'政治内容'和'意识形态内容'"①。当然，随着改革开放和社会主义市场经济的进一步发展，以及21世纪以来国际国内形势的剧烈变化，思想政治教育内容供给在思想及道德方面的内容明显增多，并根据时代的需求和发展，不断地刷新自身的范围和内涵，涵盖市场观念、公民意识教育、道德教育、职业教育、婚恋观教育、生命健康教育、法制教育、生态教育等诸多内容。但马克思主义理论教育等意识形态教育以及涉及党和国家路线、方针、政策的政治教育内容继续占主导地位，但不可否认的是，前者对后者的依附性逐渐减弱。

4. 课堂理论教授和主题活动传导是较为典型的供给方式

选择什么样的载体、采取什么样的形式实现思想政治教育内容的传递和灌输，是考察思想政治教育内容供给的一个重要维度。从纷繁的历史中，我们可以清晰地看到，课堂理论教授和主题活动传导，始终在思想政治教育的内容供给历史中占据重要地位，是思想政治教育内容供给活动长期以来较为常见和典型的供给方式。

说到思想政治教育内容供给的途径方式，我们首先想到的便是思想政治理论课堂的系统教授。面对思想政治教育工作的重点人群和重点对象之一的学生群体，党和国家始终将思想政治理论课作为大中小学思想政治教育内容供给的主渠道、主阵地，将课堂理论教授视为思想政治教育内容供给的主要方式的做法，一直延续至今。而且通过回顾追溯学校思想政治理论课内容设置和方案调整历史，我们可以清晰地看到，无论学校思想政治理论课历经多少次变革和调整，在历史的不同发展阶段，形成具备了多少种不同的课程、教学体系和课程、教学风格，将思想政治理论课作为内容供给的主渠道以及将理论教授作为内容供给的主要方式，始终是思想政治教育内容供给活动不变

---

① 孙其昂：《思想政治教育现代转型研究》，学习出版社2015年版，第245页。

的主基调。由此,足见课堂理论教授在思想政治教育内容供给方式中的主导地位。

此外,主题活动的传导也是思想政治教育内容供给比较常用、典型的供给方式之一。而谈起主题活动,在这里,不得不首先提起在特殊历史时期被广泛采用的一种特殊主题活动的形式——政治运动。按照《政治学辞典》的解释,“政治运动,指为实现一定的政治目标,在一段时间内兴起的有一定规模和声势的群众斗争浪潮”①,有时亦被称为“群众性的社会政治运动”或等同于“群众运动”使用。对中国而言,这是一种政治宣传和教育的形式,也是一段有着特殊意义的历史。美国政治学者汤森和沃马克就曾指出,“反复出现的群众运动是中共政治自 1933 年以来的一个特征,也是中华人民共和国成立以来政府运作的一种主要方式”②。这些政治运动包括政治领域的旨在巩固国家新生政权的“剿匪”运动、镇压反革命运动、内部肃反运动等;社会领域的以改造社会为指向的“土改改革”运动、农业合作化运动、人民公社化运动、爱国卫生运动等;经济领域的以发展生产力,尽快实现民族工业化为导向的“大跃进”运动、“增产节约”运动和“农业学大寨”运动等;思想领域的以纯洁队伍、改造思想为目标的“三反”运动、“五反”运动、“反右”运动、“文化大革命”、“批林批孔”运动、“破四旧”运动等。③ 即便是在改革开放以后,政治运动退出了历史舞台,但它仍以另一种运动——“运动式治理”④、“准政治运

① 王邦佐等编著:《政治学辞典》,上海辞书出版社 2009 年版,第 13 页。

② 詹姆斯 · R.汤森、布兰特利 · 沃马克:《中国政治》,顾速、董方译,江苏人民出版社 2007 年版,第 216 页。

③ 叶敏:《从政治运动到运动式治理——改革前后的动员政治及其理论解读》,《华中科技大学学报》(社会科学版)2013 年第 2 期。

④ “运动式治理”是指由各级政府、政府部门或领导干部发动的,以干部为主要的动员和参与对象,针对政府治理中遇到的重大和棘手问题而开展的一种突击性运动,与政治运动相比,运动式治理已经被剔除了意识形态和泛政治性,是一种“扬弃”中的“保留”。参见叶敏:《从政治运动到运动式治理——改革前后的动员政治及其理论解读》,《华中科技大学学报》(社会科学版)2013 年第 2 期。

动”[①]的形式延续存在着。因此,不忽视它在历史上的重要作用,亦不否认它曾因路线偏离导致的严重社会后果,在对其辩证理性的认识中发掘其价值和意义,似乎才是这段历史留给我们的特别礼物。

如果说政治运动形式容易让人将对其的联想,紧紧局限在那一小段的特殊历史范围之内,那么主题教育活动形式的范围则似乎宽泛得多。而且,两者之间似乎还存有“你中有我,我中有你”的理不清的牵绊和联系。因为,某种程度上,某些政治形式的运动,亦可看作某种特定主题的教育活动。新中国成立以来,以主题教育形式开展的思想政治教育内容供给活动应该有很多了。党内的,如社会主义革命和建设时期,以整顿领导干部作风、“三反”和党员普遍教育为主要内容的整风、整党学习和以解决内部矛盾为目的开门整风运动;改革开放和社会主义现代化建设新时期的“统一思想、整顿作风、加强纪律、纯洁组织”的全面整党运动,“讲学习、讲政治、讲正气”的三讲教育,“三个代表”重要思想学习教育活动,“保持共产党员先进性”教育活动,深入学习实践“科学发展观”教育活动等。[②] 党的十八大以来,党内还陆续开展了党的群众路线教育实践活动、“三严三实”专题教育、“两学一做”学习教育、“不忘初心、牢记使命”主题教育等。除此,还有面向社会、学生或广大人民群众的,人们广泛普遍参与的主题教育活动。例如,以抗美援朝主题教育为契机,开展的爱国主义、国际主义和革命英雄主义教育;围绕土地改造和合作社展开的社会主义主题教育;培养青年劳动意识和劳动能力的劳动主题教育;社会主义市场经济体制建立之下的集体主义、社会主义主题教育和道德教育等。即便是在当

① “准政治运动”指称的是改革开放以后,党和政府借助“运动的方式”处理问题的一种现象,这种准政治运动与改革开放前的运动有着本质的差异,如不再以阶级斗争为纲、不搞大规模的群众动员、不搞激烈的精神与人身迫害等等,但两者在排斥制度建设和理性化发展的倾向上,却有共通之处。参见王蔚:《现代化视野中的当代中国政治运动研究》,中国社会科学出版社2010年版,第274—275页。

② 王蓉:《新中国成立70年来党的主题教育演进历程及经验启示》,《中共福建省委党校学报》2019年第6期。

下，它仍有着很大的发挥空间。由此可见，主题教育作为一种理论教育为主，兼具实践属性的思想政治教育内容供给方式被很好地运用，并发展沿用至今。

三、新中国成立后思想政治教育内容供给的经验教训

由纷繁历史看来，新中国成立后的思想政治教育内容供给活动，又给我们当下及未来的内容供给活动带来怎样的经验教训呢？

1. 必须始终坚持以马克思主义为指导，确保思想政治教育内容供给的正确方向

“方向”和“旗帜”，涉及的是跟谁走、走什么样的道路以及“为谁培养人”“培养什么样的人”等根本性问题。这是思想政治教育内容供给活动开展之前，需要首先予以明确的原则和立场问题，必须立场坚定、旗帜鲜明，容不得半点含糊。1958 年 1 月，毛泽东在《工作方法六十条(草案)》中，就如何处理政治与业务的关系，提到“又红又专”的衡量标准。他指出：“红与专、政治与业务的关系，是两个对立物的统一。一定要批判不问政治的倾向。一方面要反对空头政治家，另一方面要反对迷失方向的实际家。”①“政治和经济的统一，政治和技术的统一，这是毫无疑义的。年年如此，永远如此。这就是又红又专”②。对于我们而言，“红”即是坚持高举马克思主义的伟大旗帜，坚定不移地走社会主义的道路，培养社会主义的建设者和接班人，这是由我国社会主义的本质决定的。2000 年，江泽民在中央思想政治工作会议的讲话中也指出，必须坚持社会主义方向，是苏联解体、东欧剧变，以及“文化大革命”严重曲折留给我们的历史教训之一；而坚持用马克思列宁主义、毛泽东思想特别是邓小平理论，武装全党和教育干部和人民，则是党宣传教育工作的历史宝贵经验之一。③ 进入新时代以后，习近平总书记在 2018 年的全国宣传思想工作会议上明确指

① 《毛泽东文集》第七卷，人民出版社 1999 年版，第 351 页。
② 《毛泽东文集》第七卷，人民出版社 1999 年版，第 351 页。
③ 《江泽民文选》第三卷，人民出版社 2006 年版，第 75—78 页。

出:“完成新形势下宣传思想工作的使命任务,必须以新时代中国特色社会主义思想和党的十九大精神为指导,增强‘四个意识’、坚定‘四个自信’,自觉承担起举旗帜、聚民心、育新人、兴文化、展形象的使命任务,坚持正确政治方向”①。但在这里需要特别说明的是,强调坚持正确的政治方向,需避免走向过度政治化、泛政治化的极端。“今天我们讲政治,绝不是又要回到‘文化大革命’中的‘政治挂帅’、‘以阶级斗争为纲’,搞极左那一套,更不是也绝不会去搞什么‘运动’”②;“讲政治,是要以政治观点去统率一切工作,反对单纯的事务主义,但不是以政治去代替一切具体工作。不能把讲政治沦为简单重复一些政治口号,不能把政治和具体业务对立起来,而是要做到‘又红又专’,把讲政治落实到党的领导、党的建设、党和国家各项工作中去,使政治同各项具体业务和工作紧密结合,保证一切工作沿着正确的方向更好更有秩序地进行。”③

对思想政治教育内容供给而言,坚持社会主义的正确方向,就是要坚持马克思主义理论在整个内容供给体系中的中心主导地位。新中国成立初期,中共中央印发的针对党员干部群体的《中共中央关于加强理论教育的决定的通知》(1951. 3. 20)、《中国共产党中央委员会关于一九五三年——九五四年干部理论教育的指示》(1953. 4. 23);20 世纪 60 年代中期印发的《中共中央关于组织高级干部学习马恩列斯著作的批示》(1964. 2. 15)、《中共中央关于县级以上干部学习毛主席哲学著作的决定》(1964. 8. 18)等④均围绕此展开。在学校领域,邓小平更是旗帜鲜明地提出:“学校应该永远把坚定正确的政治方向

① 习近平:《论党的宣传思想工作》,中央文献出版社 2020 年版,第 337 页。

② 严达:《讲政治要防止几个误区》,《旗帜》2017 年第 4 期。

③ 严达:《讲政治要防止几个误区》,《旗帜》2017 年第 4 期。

④ 以上文件分别参见《建国以来重要文献选编》第二册(中央文献出版社 1992 年版)、第四册(中央文献出版社 1993 年版)、第十八册(中央文献出版社 1998 年版)、第十九册(中央文献出版社 1998 年版)。

放在第一位”①。1980年的《关于加强高等学校学生思想政治工作的意见》中明确:“思想政治工作要旗帜鲜明地对学生进行系统的马克思列宁主义、毛泽东思想基本原理的教育”②,以及后来一系列的关于加强高等学校马列主义教育和课程的文件通知等,均对思想政治教育供给的内容提出了明确要求,牢牢巩固了马克思主义在思想政治教育内容供给中的主导地位,为党和人民提供了思想武器和理论武装。由此可见,思想政治教育内容供给活动的方向坚守好了,我国的社会主义革命和建设事业才能沿着健康道路发展前行,反之,则会遭受挫折失败。这是思想政治教育内容供给历史留给我们的宝贵经验,也是惨痛教训。

2. 必须始终坚持根据世情国情党情民情新变化,调整思想政治教育供给内容

恩格斯曾指出:“每一历史时代的经济生产以及必然由此产生的社会结构,是该时代政治的和精神的历史的基础”③,而与此同时,“人们的意识,随着人们的生活条件、人们的社会关系、人们的社会存在的改变而改变”④。作为以人们的意识、观念领域为主要作用对象的思想政治教育内容供给活动,它也以其真实的历史运行轨迹,向我们验证和昭示这一重要法则:一部思想政治教育内容供给活动的变迁历史,其实质就是一部供给内容与供给方式围绕着经济社会发展需要,社会、个人需求变化,不断磨合调整的适应史。也就是思想政治教育供给内容必须根据时代、社会和需求的变化,不断变革调整,与时俱进。

思想政治教育供给内容的与时俱进与变革调整,主要体现在两个方面:一

① 《邓小平文选》第二卷,人民出版社1994年版,第104页。

② 教育部社会科学司:《普通高校思想政治理论课文献选编(1949—2006)》,中国人民大学出版社2006年版,第80页。

③ 《马克思恩格斯选集》第1卷,人民出版社2012年版,第380页。

④ 《马克思恩格斯选集》第1卷,人民出版社2012年版,第419—420页。

是时刻注意将马克思主义中国化的最新理论成果,吸收纳入自己的内容供给系统。如我们所知,从毛泽东思想、邓小平理论到“三个代表”重要思想、科学发展观,到习近平新时代中国特色社会主义思想,每一种马克思主义中国化具体理论的产生,都是马克思主义基本原理同该时期中国具体实际相结合的重大飞跃,是党和人民集体智慧的结晶和实践经验的总结,是我们建设社会主义现代化事业的行动指南和理论武器。事实上,新中国成立以来,思想政治教育供给内容每一次重大调整,都与马克思主义中国化的理论革新密不可分,都是对其的及时跟进、调整和吸收,也是思想政治教育供给活动生命活力的彰显。因而,必须坚定不移地将马克思主义中国化的最新理论成果作为内容与时俱进的重要部分,始终贯彻其中。二是敏锐关注社会和个人的需求及其变化,不断丰富拓展思想政治教育内容供给体系。正如马克思、恩格斯所言:“一切划时代的体系的真正的内容都是由于产生这些体系的那个时代的需要而形成起来的”①。从思想政治教育内容体系构成来看,思想政治教育内容供给历史上,其供给内容由最初单一的政治教育内容,到后来思想教育内容、道德教育内容和法制教育、心理教育等板块内容的丰富和完善,即是这一思想理念的具体体现。从单纯的个体角度来看,政治生活虽然不是社会生活的全部,但对其内在心灵、精神的关注愈显重要和迫切。这也正如学者徐贲所言:“思想启蒙不只有关基本的政治观念、社会价值和群体目标,而且有关个人的心灵、精神、人性和良心”。时代发展变化之下,供给内容如何及时观照社会及个人必要、合理的精神需求,并努力实现与其动态对接和满足,是我们当下及未来需要重点关注的课题。

因此,国际形势、经济基础与社会条件发生深刻变化的历史背景下,主动根据我国社会主义现代化建设和社会发展新情况以及供给对象思想领域的新需求新特点,不断调整、更新思想政治教育的供给内容及结构体系,以适应现

① 《马克思恩格斯全集》第3卷,人民出版社1960年版,第544页。

代社会发展和人的发展需要,是历史上的内容供给活动留给我们的又一经验启示。

3. 必须始终坚持根据时代变化发展新要求,创新思想政治教育内容供给方式

古人以书简、羊皮刻字传递精神食粮,曾被视作人类文明史、传播史上具有跨世纪意义的非常创举。而倘若今天,知识传递依然如此这般,则大抵要被贻笑大方了。由此可观,一定的方式必定与一定的时代相连;时代既是活动的坐标背景,也是观照衡量其现实可行性的参照标准。时代变了,方法也必然跟着变。因此,根据时代变化发展新要求,创新思想政治教育内容供给的方式方法和途径载体,是思想政治教育内容供给历史的历史经验之一。

就思想政治教育内容的供给载体而言,新中国成立初期,报纸、广播电台甚至是面对面的演讲、报告、讲座等在思想政治教育内容的供给传递中发挥了重要作用。革命战争时期,"仅20世纪30年代初期在江西瑞金的中央苏区就有大小报刊34种。1940年,我们党在延安创办了第一个广播电台——延安新华广播电台,其任务主要是向广大民众宣传党的路线和政策,为解放全中国的伟大斗争服务"①。新中国成立之后,这一主干宣传力量体系就更为庞大了。在这期间,革命歌曲及样板戏、宣传单及宣传画等宣传方式也发挥了积极作用。改革开放以后,电视和网络的逐渐兴起,使得通过大众媒体和新兴媒体宣传党的政策主张、灌输社会主流意识形态等,成为新历史背景下思想政治教育内容供给方式的新要求。同时,其他形式的内容供给方式也取得较大发展,"逐步形成比较稳定的思想政治教育活动载体、管理载体、文化载体和信息技术载体。"②而从内容供给的具体方式方法来看,"在新中国成立以来的不同历史阶段,党的思想政治教育的形式和方法经历了从批评和自我批评、思想改造

① 周湘莲:《试论思想政治教育内容整体构建的历史经验》,《理论探讨》2005年第6期。

② 李斌雄:《新中国成立70年来党的思想政治教育的历史经验和科学价值》,《学校党建与思想教育》2019年第17期。

运动方式，到民主的说服教育的方法的转变；也经历了‘文化大革命’期间采用‘大鸣、大放、大字报、大辩论’那种急风暴雨般的群众性大批判运动形式；在向改革开放新时期转折过程中由‘大辩论’方式转变为‘大讨论’方式；在改革开放全面展开阶段进一步转变为‘据实讲解、透彻说理、从容讨论’的办法；到中国特色社会主义进入新时代后，党的宣传工作、思想政治工作、思想政治教育方法则实现了整体性的现代化、信息化和科学化。”①大数据时代思想政治教育内容的精准供给与精准推送，教育者单一课堂讲解到立体多样的图文、音频、视频辅助等等，均是这一历史宝贵经验在当下的继承和体现。而如果我们不能坚守供给方式革新与时代、个人需求的同步，我们将无可避免地被我们所教授、传导的对象无情抛至时代的洪流中。

第二节　新时代思想政治教育内容供给的现状审视

思想政治教育内容供给活动从历史行进至当下，在汲取过去经验教训、从历史中获得养分的同时，又面临着怎样的时代境遇和变化，呈现出怎样的实际样态与图景，暴露出哪些亟待解决的困难和问题，是全面考察思想政治教育内容供给实践运行，寄希望找到理想效果达成关节点、症结点，所不得不直面的重要问题。

一、新时代思想政治教育内容供给的时空境遇

按照马克思主义时空观和时空社会学的观点，“一切存在的基本形式是空间和时间，时间以外的存在像空间以外的存在一样，是非常荒诞的事情。”②

① 李斌雄：《新中国成立70年来党的思想政治教育的历史经验和科学价值》，《学校党建与思想教育》2019年第17期。

② 《马克思恩格斯选集》第3卷，人民出版社2012年版，第428页。

时间和空间是事物存在、运动的基本形式,亦是其运动发展的条件和基础。“空间中的活动受此空间的制约;空间‘决定’哪些活动可以发生,但这一‘决定’也受所处空间的限制。空间确立了其法则,这意味着确立了某种秩序,因而也会有某种失序。”①因此,审视当下思想政治教育内容供给的活动现状,必须首先对其所处的时代背景和时空境遇有清晰的把握和了解。

1. 进入“新时代”历史发展的新方位

2017 年 10 月 18 日,习近平总书记在党的十九大报告中明确指出:“经过长期努力,中国特色社会主义进入新时代,这是我国发展新的历史方位。”②这是对我国社会发展阶段和历史方位所作的重要论断,意味着我们的科学研究或社会实践的诸多设想诸多行动,均要以此为坐标和遵循,与之相匹配、相呼应、相适宜。那么,新时代究竟新在哪里? 它与我们之前经历、刚刚走过的历史发展时期又有何不同? 正如许多专家所解读的那样,新时代之“新”新在发展阶段——我国迎来由“富起来”到“强起来”的新的历史发展时期;新在奋斗目标——我们将开启社会主义现代化建设的新征程,到 21 世纪中叶,分两步走,将我国建成富强民主文明和谐美丽的社会主义现代化强国;新在国际格局变化——世界处于百年未有之大变局,中国正日益走向世界舞台的中央,由国际秩序的被动接受者,变为积极参与者、建设者和引领者;更新在主要矛盾的变化——中国人民终于告别缺衣少食、物质匮乏的历史时期,社会主要矛盾由原来的“人民日益增长的物质文化需要同落后的社会生产之间的矛盾”转化为“人民日益增长的美好生活需要和不平衡不充分的发展之间的矛盾”。这一切表明,中国当下社会主义现代化建设事业的阶段目标、战略安排、中心任务、标准要求等,较之过去都发生了明显变化,同时也意味着,新时代的这些新特点、新变化将是我们开展新时代思想政治教育内容供给的理论遵循与现实

① Henri Lefebvre, *The Production of Space*, Oxford: Blackwell Publishing Ltd, 1991, p.143.

② 习近平:《决胜全面建成小康社会　夺取新时代中国特色社会主义伟大胜利——在中国共产党第十九次全国代表大会上的报告》,人民出版社 2017 年版,第 10 页。

依凭,也是我们新时代内容供给活动展开的一个宏观历史背景。

具体来讲,一方面,基于“新时代”这一历史新方位的重要论断以及变化了的社会主要矛盾新论述,其本身就将成为待供给的思想政治教育重要内容,进入我们的内容供给活动中,通过对其科学合理的阐释,“引导人们澄清认识上的偏差,进而达成认识上的统一,为最终解决社会主要矛盾提供思想认识前提”①。另一方面,“新时代社会主要矛盾变化必然引起思想政治教育工作侧重点的变化。社会主要矛盾发展中,从原先强调对物质生活的需要转向现在强调对精神生活的需要,思想政治教育在面对社会群体多元化精神需求方面,也要更加注重发挥精神引领作用。”②同时,新时代社会主要矛盾中“不平衡不充分”的表述,也提醒我们在思想政治教育内容供给中需更加关注人民群众在思想和精神层面不平衡不充分的发展现实,注意其思想和精神需求的地区差异、群体差异,提高内容供给的针对性等。

2. 处于多时空压缩并置的情景域

海德格尔曾这样形容现代社会带给人们的时空的感受:“时间和空间中的一切距离都在缩小……人类在最短的时间内走过了最漫长的路程。人类把最大的距离抛在后面,从而以最小的距离把一切带到自己面前。”③而这一切,如今却似乎正在中国人民身上贴切上演。对埋头奔跑于现代化转型之路上的中国人民而言,用几十年走完西方用几百年完成的工业化、现代化历程,无论怎么挤压、赶超,却似乎难免“还未来得及脱下顶上‘传统’的帽子,身上却已披上‘现代’的褂子,旁边还有待试穿的‘后现代’袜子”等好似穿越般的荒诞与尴尬。用社会学的专业术语来讲,那就是“不同时间空间的东西,压缩着同

---

① 王朝庆、王刚:《问题与思路:社会主要矛盾变化下思想政治教育的新路向》,《学校党建与思想教育》2018 年第 7 期。

② 王永益:《问题与思路:新时代社会主要矛盾变化下的思想政治教育》,《湖湘论坛》2018 年第 2 期。

③ [德]海德格尔:《海德格尔选集》(下),孙周兴译,上海三联出版社 1996 年版,第 126 页。

时出现在我们面前"①。对当下中国来讲,就是"传统性、现代性和后现代性压缩在同一时空之中,三者不是取代关系而是包容关系"②,这种时空情境的多重性,就必然使整个中国社会呈现出传统、现代与后现代多重时空压缩并置的结构特征。其在经济层面就可能表现为农业的、工业的、知识的各种成分的经济并存,价值观念层面和心理层面则是传统的、现代和后现代的价值观念和人格特征共在等。

进一步讲,此种时空情境带来的现实问题在于,本来历时态依次出现于各种社会形态和结构中的矛盾问题,归属于不同文明中的规则理念等,可能叠加混合共时化出现于中国社会转型的时空中,并且彼此之间似乎很难找到可以融通的契合点。从思想政治教育的学科视野来看,就可能存在"传统习惯、现代性乃至后现代性的各种观念在新的时空结构中,不是一种融合,而是各自游荡甚至冲撞的状态。这种冲撞既存在实体生存的物理空间,也存在精神存在的价值空间。诸如不同阶层之间的利益冲突、价值取舍的忧郁和困顿、守住传统伦理与追求现代文明之间的一种精神人格上的分裂等等"③。诸如现代社会所需要的批判、反思的公民意识和素养,与人们千百年来于传统社会沿袭固化下来的习惯于集体听从、不善于质疑抗争等伦理人格的异质与不匹配;现代社会崇尚的公德弘扬与传统熟人社会"差序格局"的固守等,均可视为时空多重并置在人们观念精神领域的具体体现。当前中国社会及人们精神领域呈现出的这样一种状态,无疑对我们当下思想政治教育内容供给需聚焦解决伴生于人们思想领域的适应问题、调和问题、超越问题等提出了明确要求。

3. 位于多元文化碰撞激荡的信息场

早在20世纪80—90年代,互联网技术的迅猛发展,使得全球信息生产量

---

① 注:"时空压缩"是1989年戴维·哈维在其《后现代的状况》一书中提出的概念。

② 景天魁:《时空压缩与中国社会建设》,《兰州大学学报》(社会科学版)2015年第9期。

③ 卢岚:《思想政治教育在社会转型时期的困境与出路——一种时空观的分析视角》,《湖北社会科学》2017年第2期。

开始呈现几何式增长，我们随之进入名副其实的“信息爆炸”时代。据相关学者统计，21 世纪初期，“全球印刷信息的生产量每五年翻一番，《纽约时报》一周的信息量就相当于 17 世纪学者毕生接触到的信息量总和……近 30 年来，人类生产的信息已经超过以往 5000 年信息生产的总和。在过去的十年中，全球的信息、知识量正以每 18 个月翻一番的速度不断增长着。”[①]2018 年 11 月，国际数据公司发布的《数据时代 2025》白皮书预测：“到 2025 年，全球数据圈将增至 175ZB，是 2018 年 33ZB 的 5 倍多，相当于每天产生 491EB 的数据；每个联网的人平均每天发生 4909 次数据互动，是 2015 年的 8 倍多，相当于每 18 秒发生 1 次数据互动”[②]，全球的信息生产能力，早已远超我们想象。“我们身边充斥着各种电子设备：传呼机、手机、电脑、掌上电脑，以及所有的外围设备。这些电子产品能够让我们及时获取信息，并在任何时间和地点与任何人取得联系。与之前相比，我们接触的媒体数量更多，种类更丰富：电视频道由几十个增至数百个，电子网络搭构了全球信息高速公路。”[③]我们真真切切地经历着、体验着“信息如何改变我们的生活，信息又如何成为我们的生活”。

但同时，身处内容前所未有芜杂、观念价值前所未有多元的信息角逐场，是我们当下生存的又一样态。在人人都是信息接受者，人人又可成为信息发布者的自媒体时代，各种真的、假的，先进的、落后的，马克思主义的与各种非马反马的信息，鱼龙混杂，充斥眼球。如共青团中央维护青少年权益部、中国互联网络信息中心（CNNIC）2020 年 5 月 13 日，联合发布的《2019 年全国未成年人互联网使用情况研究报告》显示：“46.0%的未成年网民曾在上网过程中遭遇过各类不良信息。其中，遇到炫富类信息的占比最高达到 23.5%；淫秽

---

① 陶侃：《我们都是网中人：网络文化与人的发展》，北京交通大学出版社 2013 年版，第 28 页。

② 国际数据公司（IDC）：《世界的数字化——从边缘到核心》，见 http://www.199it.com/archives/848895.html。

③ ［美］丹尼尔·黑德里克：《追溯信息时代》，崔希芸等译，河北教育出版社 2016 年版，第 1 页。

色情、血腥暴力、消极思想内容的占比也均超过15%。”①意识形态领域更是错综复杂,形势严峻。“各种思想多种杂陈、各种力量竞相发声成为常态。一些错误思想观点特别是西方‘宪政民主’,新自由主义、历史虚无主义等仍然伺机冒头,妄图挑战马克思主义指导地位,攻击否定党的领导和我国政治制度、发展道路,竭力争夺意识形态话语权。”②在此背景下,思想政治教育内容供给如何在“杂音噪音”的裹挟中,以自身优质内容的高效供给,突破重围,实现对社会思潮的价值引领,达成“举旗帜、聚民心”的使命任务,就成为新时代思想政治教育内容供给的重要任务和重点工作之一。

诚然,这是一个面临“百年未有之大变局”,充满着变数与不确定因素的时代,但它同时又是让中华民族于夹缝中,仍不由自主期冀满怀、梦想横生的时代。中国共产党在长期执政过程中,摸索形成的道路优势、制度优势正日益彰显;新中国成立以来,特别是改革开放以后,党的历代中央领导集体奋发探索与励精图治,带来了生产力的高速发展、社会物资的极大丰富、人民生活水平的飞速提升,为当前民族复兴“接力大赛”的全力“起跑”积聚了丰沛能量,其从顶层设计所作的科学规划和制度安排,也为迈向社会主义现代化强国宏伟目标的实现提供了坚实保障。改革开放和社会主义现代化建设所取得的一系列历史性成就,使得“我们面临的新时代,既是近代以来中华民族发展的最好时代,也是实现中华民族伟大复兴的最关键时代”③;“今天,我们比历史上任何时期都更接近中华民族伟大复兴的目标,比历史上任何时期都更有信心、有能力实现这个目标”④。亦即,当前我们所面临的这样的一个历史时空境

① 共青团中央维护青少年权益部、中国互联网络信息中心:《2019年全国未成年人互联网使用情况研究报告》,见中国互联网络信息中心网站 http://www.cac.gov.cn/2020-05/13/c_1590919071365700.html。

② 中共中央宣传部编:《习近平新时代中国特色社会主义思想三十讲》,学习出版社2018年版,第215页。

③ 习近平:《在北京大学师生座谈会上的讲话》,人民出版社2018年版,第11页。

④ 习近平:《在文艺工作座谈会上的讲话》,人民出版社2015年版,第2页。

遇,在给新时代的思想政治教育内容有效供给提出挑战的同时,也为其有底气地展开,有说服力地深入,迎来了最好的历史发展机遇期,需要我们科学理性地辩证把握。

二、新时代思想政治教育内容供给的现实问题

现实带给我们的困惑与矛盾总是在于,当你懂得尊重历史,你便能从历史的经验中获取无穷的力量和财富;可当你因此拘泥其中,忘却了时代的变迁和境遇,那么你终将被历史的洪流抛弃。思想政治教育内容供给活动,在从历史走向当下的行进过程中,亦产生了诸如供给"滞后""泛化""离散"等问题,需引起我们的足够重视。

1. 内容供给中的"滞后"问题

"滞后",意指"(事物)落在形势发展的后面"①。对思想政治教育内容供给来说,这大概也是人们谈起其存在问题时,首先进入人们脑海的第一个印象和直觉了,是一个被称为"老生常谈"的问题。如果对其详作分析的话,思想政治教育内容供给中的"滞后"问题主要包括以下三种情况。

一是供给主体的思维未能跟上思想政治教育科学化的步伐。思想政治教育科学化首先意味着思维、理念的科学化,其在现代社会的一个突出表现是需要用复杂系统思维研究应对思想政治教育供给过程中的诸多问题。但是,正如有学者所指出的那样,教育系统内的以教育者为供给主体的内容供给似乎"深受现实社会的简单化思维模式误导,教育内容在一定程度上存在理性化倾向。理性是科学主义的产物,背后则是简单化思维模式的运行。在这种思维模式之下,有些教育者简单化处理教育内容问题,过于注重教育内容的模块建构,过于强调教育内容的体系划分,过于依赖教育内容的既定阐述,过于追求教育内容的客观效果,制约了教育内容的整体性功能与时代性创新,进而容

① 中国社会科学院语言研究所词典编辑室:《现代汉语词典》,商务印书馆 2012 年版,第 1682 页。

易产生诸如内容固化缺乏吸引力、内容僵化缺乏生命力、内容呆板缺乏鲜活力、内容空洞缺乏解释力等工具性效果,影响着思想政治教育的实效”①。显然,这种情况在宣传等其他内容供给领域中亦是或多或少存在的。

二是供给内容陈旧过时,落后于时代的发展。毋庸置疑,思想政治教育学科经过三十多年的发展建设,在内容研究方面,已经逐渐形成了一套科学、系统的理论体系,在对其确立原则依据、要素构成、层次结构,拓展优化等问题上,取得了相当研究成果,并形成一定共识。但在具体教育活动中,教育内容的与时俱进更新、转化方面,似乎始终存在梗塞不畅的难题。例如,“近几年,人们的文化素质不断提高,社会经历日趋复杂,独生子女、单亲家庭和家庭遭遇突变的人逐渐增多。青年对求知审美、处事、交往表现出浓厚兴趣,但当前的教育内容却很少设置社会学、行为学、心理学、美学等相关知识”②,即思想政治教育内容供给仍固守在原有、传统社会文化框架体系之内的现象还比较严重。

三是供给载体方式未能跟上日新月异的新变化。随着社会的发展进步,供给对象变化了,需求内容变化了,技术手段更新了,适应于供给对象新特点、时代环境新变化的供给载体和方式也应随之变化发展。就供给载体而言,多媒体、自媒体的蓬勃发展,使得内容供给需从传统载体向着将传统载体与新兴载体有机结合、有效互动的方向发展,以形成具有协同性的综合供给渠道。但事实在具体的供给过程中,供给主体对供给载体的运用以及呈现方式的选择,某种程度上表现出极大的单一性和分散性特征,思想政治教育内容供给通道的综合协同效用还未充分凸显出来。例如,“以课堂教学、讲座宣讲、理论讲授等为载体的传统教育手段往往由于各自的基本定位和内容设计分散在不同的教育环节之中;以学习讨论、社会实践、角色扮演等为载体的教育手段也由

① 李东坡:《思想政治教育复杂性及其创新发展》,《教学与研究》2018 年第 2 期。

② 杨生平:《当前思想政治教育中存在的主要问题及对策》,《首都师范大学学报》(社会科学版)2006 年第 6 期。

于承载教育内容的差异导致难以融合在一起；而以网络社区、微信微博、自媒体组织等为载体的网络教育手段在形式上实现调动学生积极性的同时，还存在内容上的深化、理论上的升华和运行中的协同等问题”①。

2. 内容供给中的“泛化”问题

“泛化”，用通俗的话来讲，就是将原本适用于某一具体或个别事物扩大至一般、普遍的范围。对思想政治教育内容供给来说，其主要指向的是内容供给的针对性问题。即“在思想政治教育活动中，思想政治教育主体的教育观念、教育内容、教育手段、教育方式存在被同化的现象，没有尊重思想政治教育客体的差异性，没有体现思想政治教育主体的教育个性”②等，在思想政治教育内容供给活动中，主要表现为以下几种情况。

一是供给内容的“大水漫灌”，群层不分。这里我们不是反对教育内容或思想理论的共性供给以及普适性宣传，很多时候这是必要以及客观条件造成的。而主要是从思想政治教育内容供给的对象群体、接受群体、消化群体是“人”，但它不是抽象的人，而是分属不同年龄阶段、性别、文化、职业，并且生活在不同组织群体中的“现实的人”“社会的人”这一层面来讲的。因此，这就客观决定他们在某些特定时段对自我精神发展的需求和要求是有个体诉求与群体差异的。例如，即便同样是讲社会主义核心价值观，但你供给给一个小学生和一个大学生、一个党的领导干部和一位普通群众百姓的具体内容或者具体的点，显然应该是不一样的，但事实上目前我们在内容的分众分群供给以及个性化供给方面做得还很不够，离细化到新媒体从业人员、自由职业者等新兴人员群体的分层供给就为时更远了。

二是供给方式的“以一当十”“千人一面”。思想政治教育内容包含政治的、思想的、道德的、法治的、心理的等多板块内容，那就逻辑地意味着，不同类

① 李东坡：《思想政治教育复杂性及其创新发展》，《教学与研究》2018 年第 2 期。

② 王仕民主编：《德育研究：思想政治教育学科 30 年发展报告 2014》，中山大学出版社 2014 年版，第 225 页。

型内容的供给方式必定受其所属内容板块性质及特定接受机理的约束，而不是某一种方式方法“包打天下”。但现实内容供给给我们的强烈感受却好像经常是，“理论形态的”“讲授式”的供给占据了大半江山——我们习惯了以讲解剖析政治理论和思想的方式，去传导那些本该用道德的、心理的方式来传导的内容，这就难免给人们造成全是“理论说教”的印象和感觉了。除此，内容供给方面的泛化还体现在不分人群的“千人一面”——我们甚至很少去思考，什么样的方式是一个不谙世事的孩童、一群思想前卫的青年，或者一位目不识丁的农民所能、所愿意、所喜爱接受的。

由此可见，在现实的思想政治教育内容供给过程中，还或多或少存在着简单化的趋势和倾向，即容易在某一供给模式在某一群体、某一领域、某一方面取得较好效果的时候，生发不假思索、简单化对待内容供给模式方式的冲动和心态，从而导致不分情况和对象的盲目推广和简单套用。我们知道，优秀的案例、成功的经验、有效的做法固然值得大家吸收和借鉴，但拿来主义式的推广、盲目跟风式的普及，则会因其罔视对象群体的群体差异以及所处的文化背景和技术条件的不同，而无法切中思想政治教育内容供给中的现实问题。

3. 内容供给中的“离散”问题

“离散”，意分散、不连续。我们这里讲的内容供给中的“离散”问题，主要涉及供给内容的向心力、供给主体的聚合力、供给过程的连贯性三个方面的问题。

供给内容的离散、向心力不紧，主要体现在两个方面：一是供给内容的碎片化，缺乏系统性；二是供给内容的不聚焦，缺乏向心力。大众传媒环境下，利用短暂的、通常不连续的碎片化时间，间歇进行的日常宣传式的内容供给，相较于学校系统的、具备一定连续性与持续性的思想政治教育内容供给，客观上就会造成供给内容的零散化拆解、碎片式传输等问题——亦即对象得到或感知到的可能只是一个个单个的知识内容片段，甚至它们在前后上下并无相应的逻辑关系，从而缺乏系统性，不利于供给对象知识理论、价值观念体系的整体构建。另外，受社会多元文化思潮的冲击裹挟，主流意识形态本身的引领力、凝聚力建设状态以及供给主体围绕或聚焦某个主题或某一问题组织、整合相关知识理论、内容素材的意识能力，都会极大影响供给内容的向心力。目前看来，这一块的建设还有待加强。

供给主体的聚合力问题，主要涉及的是不同供给主体之间的协同合作问题。这里所说的不同供给主体，既指同一系统中处于不同层级、阶段或部门中的思想政治教育内容供给主体，又指不同系统中从事相关工作，或者不直接从事相关工作但会对思想政治教育内容供给活动产生间接影响的一些工作群体。例如，我们现在经常提及、重点强调的思想政治教育和思想政治工作系统中的大中小学教师一体化合作，思想政治教育工作中的“十大育人”体系构建，党的宣传思想工作和文化建设、精神文明建设工作等同向同行、联合发力等，均指向供给活动中的聚合力问题。

最后，供给过程的连贯性问题。这可能是我们目前重视不够，也是最容易被忽视的问题之一。正如我们在第一章中所分析的那样，从微观上看，一个完备的思想政治教育内容供给过程应该包含思想政治教育内容的选择确定、思想政治教育内容的传递呈现、思想政治教育内容的注意选择，思想政治教育内容的认同接受四个阶段或环节，但在实际的操作过程中，还是事实存在着某一个甚至某几个环节“缺失”或“执行不到位”、环节与环节之间的“不连贯”甚至“中断”的情况。比如，我们经常批评的未建立在对供给内容认真选择、加工、转化基础上的“照本宣科”“囫囵吞枣”式的传递呈现；不考虑对象注意力、关注点所在和消化吸收、接纳认同度等为传而传、为宣而宣等。同时，从更大范围的宏观层面来看，不同阶段、不同层面思想政治教育内容供给活动过程在不同时间和空间的前后相贯、相继衔接等问题也是不同程度存在的，这均需引起我们的重视。

三、新时代思想政治教育内容供给问题的原因分析

任何问题产生的背后均有着深刻的原因。这些原因，或是经济、政治、文化和社会等外部因素多方汇集的结果，或是自身内部矛盾运动的外部体现；既可能是宏大笼统的，也可能是具体而微的；既可能因客观而起，亦可能由主观所致。在这里，我们可能不会对上面提到的这些方面作详细全面的分析，而仅就笔者有较深感知的几点谈一下自己的看法。

1. 对相关理论的研究不够，思想落后于现实

思想政治教育作为一个实践性很强的应用性学科，对其进行理论研究的一个重要作用或要求便是，以科学的理论指导工作实践。因此，从理论对实践的指导这一方面来看，思想政治教育内容供给实际活动中，"滞后""泛化""离散"等问题的出现与频发，实际上，也在某种程度上反映了思想政治教育在内容有效供给方面的理论准备与理论研究的不足。而这种理论准备与理论研究的不足，通常又与思想政治教育工作者对社会变化的感知不够、对相关前沿理论与本学科的勾连借鉴、应用转化不足有着密切关系。比如，对新时代社会主要矛盾转化在人们思想、精神领域的具体表现可能并不清晰；对改革开放、社会主义市场经济充分发展行进至当下，经济基础领域"卖方"与"买方"双方的地位与量级变动在思想、政治、文化等领域的折射与体现，体会感知并不深刻；对"我国不是需求不足，或没有需求，而是需求变了，供给产品却没有变，质量、服务跟不上"等从供给端来思考、解决此类共性问题的思维发散和借鉴转换能力尚常有欠；对当前社会发展阶段中，需求方在一段供求关系中可能有的超乎寻常地位尚未理解把握透彻；等等。这也就极大影响了人们对思想政治教育内容有效供给实践中，所存在问题的解决，可能发生问题的预测，甚至是从供给与需求这一思维路向来认识、研究思想政治教育问题的可能。除此，就供给的具体内容而言，对国家意志、方针政策、规范要求的研究阐释深度，对个人新变化、新需求的把握力度等等，都将极大地影响思想政治教育内容有效供

给的实际推进。因此，思想政治教育如何实现内容的有效供给和接受，实际是一个随着社会改革和建设实践发展需要，而不断被发现、提出、强化的过程。而在此过程中，则需要思想学术研究的不断创新，以为其实践运行提供强大的理论支撑。在理论准备不足或与现实背离的情况下，实际运行中的思想政治教育内容供给活动犹如失去灯塔指引的大海中航行的船，出现这样那样的问题也就在情理之中，不足为奇了。

2. 对对象主体性的认知不够，遮蔽多于尊重

正如我们在文章开篇所指出的那样，从供给端思考内容的有效性问题，不是对需求方的“放下”“不理”，而恰恰是把对象端及其特点需求放在一个更加突出的位置，是建立在对象特点充分把握和对象合理性需求充分预见与满足基础上的供给。也就是说，在思想政治教育内容有效供给的理想状态中，供给对象群体以及其感受、愿望、需求是处于一个被重点关注的核心位置，其自身的主体性应是被足够地看见、接纳、认可，甚至高扬的。那么，如果从这一理想状态与现实操作中的差距视角来看，实际思想政治教育内容供给活动中存在的，诸如不分对象的“大水漫灌”、群层不分，“以一当十”“千人一面”等“泛化”问题，其实质某种程度便可视作对对象个体尊重不够、主体性认知不足的结果。而上述提到的供给中存在的其他“滞后”“离散”等问题，虽不与其直接相关，但从最根本上，仍然与没有把作为对象的“人”视为一个有着自己自觉意识和独特需要的鲜活生命体，并且任何外在的引导与影响均需根据这种内在意识和需要的变化而不断进行调整和完善等密切相关。亦即，看似讲的是供给内容、供给方式的“滞后”，实际上是相对于变化发展着的对象需要而言，它无法匹配了，落后于主体对于供给内容和供给方式方法上的新标准和新要求了——事实地扮演着遮蔽、忽略甚至无视供给对象这种主体性的，对于“过时”内容或方法的固执坚守。而真实的情况，却可能正如有的学者所言：“经历了40年的改革开放和社会主义市场经济的发展，当今中国大众已经由新中国成立初期高度同质化、一体化的整体主体（当然也存在城乡二元结构内，或全民所有制与集体所有制范围内的同质整体),逐渐在社会的现代化、所有制的多重化发展中,分化为在统一的中华民族、中华人民共和国国家共同体框架内,具有更加多元的经济、社会和政治权利性的个体主体。"①他们处于一个主体意识普遍觉醒、主体身份快速形成、主体能力不断增强、交往关系日趋广泛,能够自由自主地选择、创造自己生活的社会环境之中,是能够在社会生活中自主平等地从事经济、政治、思想文化活动以及各种信息的选择、享受、交流、创造的自觉个体性主体。如果我们不从根本上认识到这一点,便无法从根本上扭转思想政治教育内容有效供给活动中,事实存在的"滞后""泛化""离散"等问题。

3. 对现代传播格局把握不够,依赖多于变革

思想政治教育内容有效供给中的一个关键核心问题,也是实际供给活动过程中容易被人集中诟病的一个突出问题,便是供给的呈现方式问题。这实际与我们对现代传播格局的把握不够、对传统供给传播方式的依赖多于变革有关,是思维惰性的反映和体现。我们知道,在改革开放前,思想政治教育内容供给的主要渠道是教育系统的学校以及党的组织、宣传等单位组织部门机构。在那样一个年代,大多数特别是体制内的社会成员存在的一个普遍情况是,与单位几乎一体,对单位组织高度依赖,终其一生可能就服务于一个行业或部门,"铁打的营盘亦是铁打的兵",职业的流动性相当低。加之当时信息传播渠道有限,主要为广播及少量的报纸,以及信息技术手段的不发达,单位组织机构的这种正式的、标准化的"组织传播",也就事实上成为思想政治教育内容供给的主渠道。但伴随着社会结构的变化和现代科学技术的发展,日益多元、灵活的人才政策加速了人才的流动,弱化了员工与单位的联结;各部门、单位将工作重心逐渐转移到经济建设上来,也致使原来依赖单位组织机构开展政治理论学习和传达的传统越来越弱了(据某学者在北京、上海等地所

① 裴雅彬:《新时代的思考:高校马克思主义大众化研究》,吉林大学出版社 2019 年版,第 84 页。

作的关于“企事业单位开展政治学习的频次”的调查结果,调查之时的被调查单位每周开展一次政治学习的仅占 13.6%。这个比例,相对于在改革开放前单位每周一次的政治学习频次,已经是相当低了①)。这表明传统的、极度依赖单位组织传播内容供给渠道被逐渐弱化了。而与此同时,现代信息技术的飞速发展,使得传播渠道从报纸、广播、电视等传统传媒,飞速拓展到以互联网、移动通信为支撑的“自媒体”“融媒体”等现代媒体。以社会性传播渠道为主的“社会传播”在现代社会迅速崛起,呈现出与组织性传播渠道为主的“组织传播”并驾齐驱、平分秋色之势,这在大大拓宽思想政治教育内容供给路径的同时,也极大地考验着我们在新传播格局中的内容供给能力。但显然由于长期以来形成的对严密组织化路径和手段的惯性依赖,因着思维的惰性和惯性,有的人就可能本能地对多媒体、自媒体、融媒体等新兴渠道的发展兴盛产生抵触、排斥心理和情绪,久而久之,自然而然便会暴露出对新渠道方式的不契合、不适应以及对其的创新力、发展力不足,对网络媒体、移动通信等新兴领域应对经验和实践经验的缺乏等问题。

第三节　新时代思想政治教育内容有效供给的理想达成

回顾了历史,审视了当下,我们便会自然而然、不由自主地想象、憧憬:未来,我们的思想政治教育内容有效供给究竟将往何处去?或者,我们理想中的有效的思想政治教育内容供给究竟是怎样的一种供给?它有着怎样的判断标准或目标预设?只有明确这个问题,新时代的思想政治教育内容有效供给建设才可称为走在有法可依、有章可循的科学发展道路上。同时,这也是后文新时代思想政治教育内容有效供给优化方案给出的目标指引和价值遵循。而关

① 刘少杰:《当代中国意识形态变迁》,中央编译出版社 2012 年版,第 247 页。

于这个问题,实际上,我们在第一章思想政治教育内容有效供给的理论阐释中,已从理论层面,对“有效供给”的标准问题,有过“效用、效益、效率”维度的简要分析探讨。在这里,我们将顺着前文对“思想政治教育内容有效供给”概念界定所借助的过程和结果双重维度视角,对思想政治教育内容有效供给具体实践所应达到的目标,或者说新时代思想政治教育内容有效供给的判断标准,作出如下分析。

一、新时代思想政治教育内容有效供给的结果维度

就结果评价而言,人们通常习惯用“好的”“坏的”这样的字眼,对需要评判的对象给出类似直截了当却有一锤定音之效的结果判断。而在这里,主题词只不过是换成了“有效”或“无效”的字眼。那么,对于新时代的思想政治教育内容供给而言,什么样的活动结果才能被称为是有效的呢?或者说满足实现了什么样的愿望或结果,才可以说这样的供给是有效供给?我们认为,从供给主体的愿望达成度、对象的需求满足度以及社会效应的实现度来看,其主要的衡量指标或者判断标准大致可以是以下几个方面。

1. 国家主导意识形态认同接受得以顺利实现

无论是从思想政治教育的国家主导意识形态灌输和教化的本质来讲,还是从思想政治教育应有的政治功能以及肩负的社会职责来看,成功传导国家的主导意识形态,并使之被对象群体顺利认同接受,都应是思想政治教育内容供给结果有效的首要衡量标准与显著标志之一。在新时代,国家主导意识形态认同接受的顺利实现,就具体表现、细化为:对象群体对“中国特色社会主义道路自信、理论自信、制度自信、文化自信”的坚定,对中国特色社会主义道路、理论、制度、文化为什么好、为什么能、为什么行等具有较为清醒的认知;对我国国体、政体的知晓、了解与较高认同;对中国共产党领导的坚持与维护,对党的路线、方针、政策的知会、理解、拥护和执行;对民族和国家“两个一百年”奋斗目标和“中华民族伟大复兴中国梦”的认可响应和奔赴投身;对“富强、民

主、文明、和谐,自由、平等、公正、法治,爱国、敬业、诚信、友善”社会主义核心价值观的认同、倡导、落实;对抗疫精神、航天精神、西迁精神、抗美援朝精神等中国精神发自内心地赞同、发扬和传承;对《新时代公民道德建设纲要》和《新时代爱国主义教育实施纲要》等必要性、重要性的领会与坚决贯彻实施;对香港问题、台湾问题、新疆问题、西藏问题等坚定一贯的中国立场;对不良社会思潮和不良社会现象的坚决反驳、批判和抵制;等等。如果说,有效的商品和服务的供给,从结果上表现为对市场同类商品市场的占领和垄断,以及对消费者形成的超强依赖和不可替代,那么有效的思想政治教育内容供给,则从结果上首先表现为,具有强大引领力、凝聚力的社会主义意识形态,将牢牢占据人们的头脑,成为人们看待问题、分析问题时自觉调动的思想武器,从而让不良社会思潮和反党、反社会主义言论等无缝可入、无机可乘、无立足之地。全民族、全体中国人民也因此成为具有强烈家国情怀,对国家社会具有高度认同感,对外敌对势力言论有着清醒认知和判断,对内能鼓足干劲搞建设,对外能齐心协力抵外侮,在思想精神上能显示和爆发出磅礴力量的中华民族共同体。

2. 对象群体高阶精神发展需求得以次第满足

每个人既是庞大社会关系之网中的一员,也是有着独特个性的独立生命体。社会政治化的普遍规范和要求之下,每一不同层次、不同生活领域的个体会因着自己所处社会阶层、地位以及所历经人生的阅历、体验不同,而在精神发展水平和精神产品需求上,表现出千差万别、或高或低、或超前或落后、或丰富或单一的差异性和多样性。但不管是相对于社会普遍标准的暂时的“低”也好,还是一时“落后”或略显“单一”也好,相对于个体的精神发展轨迹和精神需求曲线来讲,对大多数情况下的大多数人而言,它一定在总体上保持前进和上升的趋势。并且,按照马克思主义物质生产和物质交往决定精神生产和精神交往的基本理论,整个社会的物质生产和交往是不断扩展、发展和壮大的,因而,无论从社会的总体进步而言,还是从个体精神发展的总体趋势而言,更高层次的精神发展需求一定是不断被需要、被提出和被要求满足的。为此，党的十九大也提出要“满足人民日益增长的美好生活需要”的论断和要求。从过去的“吃饱、穿暖”到如今的“吃要吃得天然、绿色、有机、健康，穿要穿得有个性、有格调、有品位”，社会物质生产能力的急剧扩大和物质产品的极大富足，使得人们的关注焦点和愿望需求被迅速转移和扩展放大，不再拘泥于简单、基本的“衣食住行”的保障和满足，而赋予了其更多文化的、精神的色彩。同济大学廖小琴教授曾对这种物质生活愈富足坚实，精神生活便会愈远离其物质性，从而愈展现出更纯粹文化性和精神性的动态特征和发展趋势作过深入分析。她指出，以物质生活为基础，人的精神生活结构呈现由内而外的圈层结构：内层是包括饮食、家居、衣着、性文化以及本能求知等在内的物质——文化性精神生活层；中间层是包括交往、道德、人际、情感、政治生活和制度法规遵守等在内的关系——价值性精神生活层；外层也是最高层是包括科学文化、艺术审美、思想价值观念、生活目的与意义、理想信仰、终极关怀等在内的文化——价值性精神生活层。这种逐渐由内而外拓展发展、由低级阶段向更高级阶段不断进阶的过程，也是人日益摆脱物质生活局限，离动物界越来越远，使人之越成为其本身的过程。① 改革开放以来，中国迎来了从站起来、富起来、到强起来的历史飞跃，新时代人民取得的“脱贫攻坚”伟大胜利以及“全面建成小康社会”的系列历史性成就，都昭示着、预示着人们精神生活需求领域的可能发生的随之而来的变化，这也就使得觉察、正视并尽最大可能去激发、引领、满足人们的这种逐级进阶的精神需要，成为新时代思想政治教育内容有效供给的必要、必需以及重要衡量标准。同时，某种程度上，这也是新时代内容有效供给不同于以往内容有效供给的表现之一。

3. 国民素质和社会文明程度得以跃升新高度

思想政治教育内容有效供给的“有效”，不仅涉及供给主体愿望的达成

---

① 廖小琴：《人的精神生活质量研究》，江苏人民出版社2009年版，第71—72页。

度、供给对象需求的满足度,还事关供给社会效应的实现度,亦即对社会发挥了应有的影响和作用,实现了思想政治教育的社会价值和功能等。如果从更具体的层面来讲,思想政治教育内容有效供给正向、积极社会效应实现的一个集中、显著的表现应为国民素质和社会文明程度得以跃升新高度。这在党的十九大报告中,也是作为一个要求和目标被提出的——“要提高人民思想觉悟、道德水准、文明素养,提高全社会文明程度”①;到 2035 年基本实现社会主义现代化时,“社会文明程度达到新的高度”。2020 年,党的十九届五中全会拟定的“十四五”经济社会发展主要目标中,亦对此作出了进一步强调:“社会文明程度得到新提高,社会主义核心价值观深入人心,人民思想道德素质、科学文化素质和身心健康素质明显提高……”②这一点,在党的二十大报告中也是被专题、明确提出的,亦即通过“实施公民道德建设工程,弘扬中华传统美德,加强家庭家教家风建设,加强和改进未成年人思想道德建设,推动明大德、守公德、严私德,提高人民道德水准和文明素养”③。这就从国家政策纲领的层面,对新时代思想政治教育内容有效供给之“有效”的社会效应层面提出了明确要求。那么,接下来需要进一步追问的是:这个国民素质和社会文明所要达到的“新高度”究竟是怎样的一个表现形态或存在样态呢?如果借用丁元竹等的观点,那大概便是新时代个体与群体“真善美”品质与品格真实的再现——真诚对待别人、诚实守信、实事求是、追求真理、脚踏实地,善待他人、善待自然、关心社会、与人为善,热爱生活、追求品位、追求卓越、崇尚人文,以及人们由全面建成小康社会步入社会主义现代化强国建设新阶段而生发的,不止步于自身生活体验的获得感、幸福感、安全感,还有更多的来自更高文明程

① 习近平:《决胜全面建成小康社会　夺取新时代中国特色社会主义伟大胜利——在中国共产党第十九次全国代表大会上的报告》,人民出版社 2017 年版,第 42 页。

② 《中国共产党第十九届中央委员会第五次全体会议公报》,人民出版社 2020 年版,第 10 页。

③ 习近平:《高举中国特色社会主义伟大旗帜　为全面建设社会主义现代化国家而团结奋斗——在中国共产党第二十次全国代表大会上的报告》,人民出版社 2022 年版,第 44 页。

度和文明风尚的便利感、温馨感、舒适感。它可能具体表现为:“人们在文明社会能够积极创建他们的社区,使社区环境、生态卫生、公共安全、邻里关系得到改善,人与人之间和谐、友好、友爱,生活品质得到提升,社会矛盾减少;人们通过协商方式解决日常生活问题,减少冲突,形成文明生活……环境的人性化水平不断改善,住宅、公寓、商店等各种活动场所能够聚集在一起,使人们有机会进行社会交往,开展社会活动,社会生活充满魅力和活力”①等等。显然,国民素质的培育加强、社会文明程度的建设提升,无法一蹴而就,只会永远在路上。离现代化的国民素养与文明程度尚有较大距离,是摆在我们面前的一个客观情况,新时代的思想政治教育内容有效供给需将此作为其中的重要衡量标准,努力改善之、提高之。这大概也正是诸如《新时代公民道德建设实施纲要》等纲领性文件颁布的用意所在。

以上便是我们从结果维度,对新时代思想政治教育内容有效供给的判断标准或目标预设作出的分析思考,那么接下来,我们将从活动的过程维度,对这一问题继续深入。

二、新时代思想政治教育内容有效供给的过程维度

如果说思想政治教育内容供给的结果“有效”,是从活动最终展现的成品或活动任务的完成度、目标的达成度、愿望的实现度视角,对结果的“有效”作出评判和衡量。那么思想政治教育的过程有效,则侧重从供给过程中的要素点、环节链、情境场的自我强化与动态适配角度,对过程的“有效”给出评判指标和衡量标准。

1. 供给要素的硬强化

既然要素是存在于过程与系统中的要素,要素也是过程行进发生的承载者、彰显者、作用者,那么活动过程的有效性确立以及系统功能的发挥,就必然

① 丁元竹、江汛清:《推动社会文明程度达到新高度》,《前线》2021 年第 2 期。

逻辑地依赖于要素自身的有效性以及其对于所在活动系统、过程所具有的积极效能——尽管思想政治教育内容供给要素有效，并不意味或等于思想政治教育内容供给过程的有效，但它却是思想政治教育内容供给过程有效性得以确定、实现的基本前提。在第一章中，我们曾从高度简化抽象的角度，分析得出思想政治教育内容供给活动过程必不可少的三个基本要素：供给主体、供给对象、供给内容。那么，思想政治教育内容供给过程的有效便首先建立在供给主体、供给对象、供给内容自身的高能有效之上。思想政治教育内容供给主体的高能有效与硬强化，主要表现为内容供给过程中，供给主体能凭借自身之于活动的强大组织力、控制力和执行力，在供给活动中能够“站得稳”“接得了”“立得住”。这就对供给主体的主体意识、主体素质和主体能力提出了较高要求。这也正如马克思所言：“如果你想感化别人，那你就必须是一个实际上能鼓舞和推动别人前进的人。”①亦即供给主体需要真实、实际地拥有过硬的供给能力和供给本领。供给内容的有效与硬强化，则强调信息内容在真实、准确基本要求之上的更加科学、更加契合与更加有用，是对供给内容自身的性质、结构以及与对象、活动的契合性、功用性等提出的全方位的要求。其在整个思想政治教育内容供给要素系统的有效中占据十分重要、显著位置。这就如同劣质产品供给对整个经济活动产生的破坏作用和不良影响，是最显而易见，也是最致命的。因而要确保思想政治教育内容供给过程的有效性，必须致力供给内容自身的高品质建设。最后，对于供给对象而言，其有效性则主要表现为具备“接受可能”条件基础上的自觉、积极的主观能动性的发挥。这也正如“只有音乐才能激起人的音乐感；对于没有音乐感的耳朵来说，最美的音乐也毫无意义”②；“不愿意明白的人是不可能明白的”③。有效供给过程的实现也是建立在有接受条件对象的积极配合之上的。而在这三个基本要素中，供给

① 《马克思恩格斯文集》第1卷，人民出版社2009年版，第247页。

② 《马克思恩格斯全集》第42卷，人民出版社1979年版，第125—126页。

③ 《列宁全集》第46卷，人民出版社2017年版，第201页。

主体的有效性不光自身对整个活动过程的有效性产生影响，还对供给内容的有效性以及供给对象主观能动性的发挥具有重要的影响作用；同时，供给内容本身的品质以及供给对象原本的状态，也会反过来对供给主体的有效性发挥产生影响。

2. 供给环节的强连接

供给过程中各阶段、环节的充分展开、顺畅连接与次第完成，是思想政治教育内容供给过程有效的集中体现和基本保障。思想政治教育内容的选择确立、传递呈现、注意选择、认同接受，是构成一场完备思想政治教育内容供给活动的必备阶段和环节。缺少任何一个子过程，或者任何一个环节的中断，都会致使思想政治教育内容供给过程失去完整性，而无法完成思想政治教育内容供给任务，无法达成思想政治教育内容供给目标，也就无从谈起思想政治教育内容供给活动的有效性。因此，思想政治教育内容供给过程的有效性，首先是建立在思想政治教育内容供给过程诸环节的充分展开基础之上。其次，光有单个阶段环节的自展开、自运行是不够的，还要保证思想政治教育内容供给阶段与阶段、环节与环节之间的顺畅过渡与有力连接，任何一个阶段与环节的卡顿、滞塞或弱化不力，都会对整个供给过程的质量和效率产生影响。也就是，必须善于从整体和全局的高度把握供给过程的阶段，如供给内容选择确立与传递呈现不能单纯只从各自小阶段的任务目标出发，为了选择而选择，为了传递而传递，或者完全从供给主体自身的主观愿望和条件出发，仅凭自己的擅长或喜好对供给内容作简单化孤立的处理，而丝毫不考虑或很少考虑是否会对后续阶段、环节与此的连贯性和顺畅性造成障碍。同样地，供给对象对供给内容的注意选择和认同接受，也并不是一个仅仅与自身思想心理活动相关的孤立单元，其单个过程阶段的顺利完成与有效性实存，与前阶段的实施完成情况是密不可分的。除此，我们还应避免认知不到位造成的对某些环节的轻视、忽视或不重视等情况的发生，尽可能使思想政治教育内容供给各阶段、各环节处于一个均衡受力的强连接状态。

3. 供给情境的高适配

不同于供给要素和供给环节的具象、实体,看得见、摸得着,供给情境则更似一个既夹杂着客观物质条件基础,又缠绕着主观精神氛围创设的朦胧“感知体”。思想政治教育内容供给情境,作为弥散于思想政治教育内容供给活动之中的,肩负着供给双方关系确立、互动进行任务的,物质的同时也是精神的纽带和载体,一方面,它建立在思想政治教育内容供给活动展开所必需的设备、场地等物质条件基础之上,具有客观物理属性;另一方面,它又因要渗透、体现思想政治教育内容供给活动的目的、内容,欲诱发思想政治教育内容供给对象的参与行为,而以一种精神氛围的方式被营造、被创设,体现出浓郁的主观预设性。毋庸置疑,一个高能有效的思想政治教育内容供给,必须具备并自始至终萦绕这样的氛围、气息,使供给对象能够浸润其中,觉察、感知到其“诱人的”弥漫香气,进而激发、产生使其参与活动的意愿、动力和行为。具体来说,这种供给情境的高适配,一是来自思想政治教育内容供给系统与外部所处政治、经济、文化等环境大系统的同向融合,二是来自思想政治教育内容供给活动内部小氛围的自洽契合。思想政治教育内容供给系统与外部环境的同向融合又具体体现为,较高的精神文明水平、良好的社会道德风尚和积极正面的公众舆论导向等社会“大气候”的共育;家庭、社会、单位、社区等健康向上文化活动开展等区域“小气候”的共养;网络舆论生态治理与清朗协同一致的共进;等等。思想政治教育内容供给活动内部小氛围的自洽契合,则重点指向思想政治教育供给情境对于供给活动目的、内容的高度涵容性,即需要我们每一内容供给活动时间、地点的选择,设备、途径以及方式的选取,神态、话语、姿势甚至动作的展现都若有若无,看似无意、实则精心地始终围绕活动目标任务主线进行,体现内在的自洽性、契合性与贯通性。这些来自思想政治内容供给系统外部和内部的对于供给情境的高适配要求,对供给对象进入和完成供给活动发挥着重要的引导、感染作用,是决定思想政治教育内容供给过程是否有效的隐性标准。

第三章　新时代思想政治教育内容有效供给的主体建设

思想政治教育内容供给主体，在思想政治教育内容供给活动中占有重要地位，发挥着主导作用。作为供给活动的发起者、实施者和承担者，其不仅决定着思想政治教育内容供给活动的存在和发展，还"牵引着""把控着"整个供给活动的方向和效果。因此，新时代背景下，加强思想政治教育内容供给的主体建设，就成为提升供给活动有效性的题中应有之义。本章将从增强主体的角色意识、提升主体的供给能力、生成主体的综合影响力三方面展开对此问题的探讨。

第一节　增强思想政治教育内容供给主体的角色意识

角色是"个人社会关系的定位"①。"个体在特定社会关系中的身份反映了个体在社会关系中所处的地位，它是个体的社会职能、权利和义务的集合体。每种社会身份都伴随所规定的行为规范和行为模式，当个体产生为自己

① 程东峰：《责任伦理导论》，人民出版社 2010 年版，第 86 页。

的社会身份所规定的行为和行为模式时,便充当了某种角色。”①因此,生存在“社会之网”中,为各种社会关系所维系、牵绊的个人,总是多重社会角色身份的集合体,面临着社会成员对其特定身份所持有的角色期待。对于教育者而言,即便只是在单一的教育过程中,他也扮演着多重角色。我国台湾学者林生传先生认为,教育者在现代社会中至少扮演着5种重要角色,即传道者角色、授业者角色、选择者角色、辅导者角色和协商统合者角色。② 鲁洁先生指出,信息时代教育者还应兼有领航者和示范者的新角色等。③ 习近平总书记对此则要求教育工作者应努力成为塑造学生品格、品行、品位的“大先生”,成长成才的指导者、引路人和知心朋友等职业定位和角色期待。而显然,要扮演好这些角色,其首要任务无疑是增强角色主体的角色意识和角色认知。

对思想政治教育内容供给主体而言,无疑其第一角色就是教育者的角色。如前所述,关于这一角色应有的角色认知和角色规范的研究,可以说是相当丰富了。因此,在这里,我们将不对其作重复性的论述,而着重从思想政治教育内容是一种特殊的精神产品,以及维系和达成对这种特殊产品有效供给的视角,对其应具备的角色意识和角色认知作一些探讨性思考。我们认为,一个优秀的思想政治教育内容有效供给主体的形成,亟须重点培养或增强供给主体的“把关”意识、“受众”意识和“效益”意识。

一、增强供给主体的“把关”意识

“把关”(gatekeeping)是源自传播学和新闻学的概念范畴,最早由传播学四大先驱之一的心理学家卢因,于《群体生活的渠道》(1947年)一文中首次提出。他通过化用英文中的“守门人”——gatekeeper一词,形象了描绘了信息传播过程中实质存在的,传播者对信息进行自觉或不自觉地筛选、过滤的过

① 王大顺、张彦军主编:《发展与教育心理学》,陕西师范大学出版社2015年版,第334页。
② 吴康宁:《教育社会学》,人民教育出版社1998年版,第195—221页。
③ 鲁洁:《德育新论》,江苏教育出版社2002年版,第445页。

程。“在实际交流过程中，除少数个人或机构，……大多数成员和单位往往既扮演着‘传播者’的角色，又同时充当着‘守门者’的角色。”①也就是只有他感受到的或者认可的信息才能继续流通，否则就只能待在“门外”，尽管有时这些举动甚至是潜意识或者无意识的。卢因的“把关”概念好似茫茫大海中的灯塔，虽然自身亮度有限，却为被黑暗笼罩的船只指明了航线。

自卢因的把关概念提出后，许多研究者受它的启发，由此深入开掘出一些重要理论。怀特的把关研究就是此方面的集大成者，被奉为传播学的经典研究之一。这项为人们所津津乐道的著名研究，其实也并不复杂，它主要是通过一个简明扼要的公式：输入信息-输出信息=把关过滤信息，以及一系列来自报业编辑的实证实验数据，精确呈现了“把关”是如何在信息输入和输出之间发挥作用并形成其数量差异的。后续研究者麦克内利和巴斯，则对怀特把关理论中的单一主体假说进行了修正与发展，认为在信息传播流通到最终受众中的整个网路通道中，并非只有一个关口，而是存在经由众多“把关人”对经由信息不断筛选、过滤的系列“把关”过程。但不同于麦克内利模式中每个“把关人”地位的等量齐观与平起平坐、不分主次，看不清一系列前后相继把关过程中哪个关口最重要、最需引起注意；巴斯的“双重行动模式”，将新闻媒介的把关过程分为新闻采集阶段与新闻加工阶段两个部分，并认为第二部分的把关即新闻加工比第一部分的把关即新闻的采集更有决定性。由此可见，经过新闻媒介的双重把关之后，一幅人为的现实图景便基本完成了，而它同世界的真正面貌并不是一回事，也不完全一致。这也正如李金铨所言：“大众媒介中的大部分音讯从来源地到目的地，都是历经沧桑，而失去本来面目的。任何一个大众传播组织，都没有办法避免守门人的干扰；所以，没有一家大众传播媒介，不管报道网如何普遍，设备如何完美，态度如何真诚，有办法把世界的本来面目，十分真确地表现出来。”②这是因为处于传播链条各个关口、节点的

① 周晓明：《人类交流与传播》，上海文艺出版社 1990 年版，第 354 页。
② 李彬：《传播学引论》，新华出版社 2003 年版，第 174 页。

信息传播者，都会自觉或不自觉、有意或无意地根据自己的个人喜好、价值判断或社会潜在要求，对经由面前的信息流进行“筛选”和“过滤”，以至最后摆在大众面前的信息，只不过经传播者“加工”“处理”后的，可以让读者或愿意、希望读者看到的信息。这对社会而言，无疑是有其积极意义存在的。如有人就曾对此作出过形象的比喻：把关，犹如寻常百姓家安装的纱窗，既挡住了苍蝇蚊子，又呼吸了新鲜空气。的确，健康、积极、优质的传播环境，需要把关人的存在，但也正如某些学者所言，这种对于把关人、守门人的渴求，却可能不只在新闻与传播领域，“当平台越来越成为数字时代整个社会和每一个人必不可少的关键基础设施，‘守门’的任务和使命就不仅仅是新闻与信息，而已经关乎到社会、经济、文化、生活和政治等各个维度的‘守门’”①，以及数字时代人类的安身立命。

思想政治教育内容的供给和传播，隶属于社会大的信息传播系统，因此，其内容的供给主体也就自然而然地应兼具“把关人”的角色意识和认知。只是，对新闻媒体从业人员而言，他们更多侧重于对传播内容真实性、准确性、时效性、价值性、趣味性等作多方面、全方位的把关。而对思想政治教育这种特殊信息内容的传播供给而言，供给主体的“把关”意识，更多体现在严把内容供给的政治关、导向关和品质关等方面。

一是把好内容供给的政治关。思想政治教育活动之所以成为一定社会、阶级和集团众多实践活动中的一种必要和特殊的存在，其根本就在于“思想政治教育活动的特殊‘天职’，就是为一定的社会、阶级和集团从思想政治上‘组织’和‘调动’队伍而完成其社会历史任命（从‘社会历史任命’这一术语的中性意义上讲）”②。而这种“组织”“调动”显然必须经由政治的、意识形态的内容传导来完成。这就决定了思想政治教育内容供给主体作为内容传导活

① 方兴东、钟祥铭：《“守门人”范式转变与传播学转向——基于技术演进历程与平台治理制度创新的视角》，《国际新闻界》2022 年第 44 期。

② 蔡成效：《关于思想政治教育基本结构的哲学思考》，《甘肃社会科学》2008 年第 2 期。

动的组织者、实施者,"既不是'自然人'又不是一般意义上的'社会人',而是作为一定社会势力的代表以思想政治教育工作为'天职',充当一定的社会、阶级和集团的'化身'出现的;而该'社会角色',要求他必须忠实于其所代表的社会势力要求传播、教育的'思想政治意识'这一内容,即要求他把其内容变为自己的思想言行的'灵魂'而通过一定的教育形式使被教育者接受——否则,他就尚未完全进入甚至完全尚未进入其角色,也就不便称为真正意义上的该项活动的主体了"①。因此,对拟传导的思想内容进行"筛选""过滤""把关",与社会所倡导的主流价值体系保持一致,是思想政治教育内容供给主体成为主体的"生命线"和"灵魂"。习近平总书记在2013年的全国宣传思想工作会议上的讲话中指出,"宣传思想部门承担着十分重要的职责,必须守土有责、守土负责、守土尽责"②,也是对宣传和教育工作者应有的责任意识和把关职责的突出和强调。

二是把好内容供给的导向关。把好内容供给的导向,就是要通过供给内容的清晰定位,明确什么是我们所主张倡导的、什么是我们批判反对的。习近平总书记在党的新闻舆论工作座谈会上,就对一些人提出的"新闻发布只是一种信息发布和信息传播,有什么就报道什么,无所谓导向问题"等观点进行了批驳,明确指出:"任何新闻报道,都有导向,报什么、不报什么、怎么报都包含着立场、观点、态度。新闻报道既要报道国内外新闻事件,更要传达正确的立场、观点、态度,引导人们分清对错、好坏、善恶、美丑,激发人们向上向善的精神力量。"③一方面,积极正能量是社会发展需要;同时就一般人性而言,相对于社会中的阴暗、晦涩,人性本能地更趋向于阳光、积极的一面。因此,以社会发展中光明、积极、健康思想为主旨的正向内容供给,是时代和社会最需要呈现的内容,也是广大受众最希望看到的东西。这就要求供给主体必

① 蔡成效:《关于思想政治教育基本结构的哲学思考》,《甘肃社会科学》2008年第2期。
② 习近平:《论党的宣传思想工作》,中央文献出版社2020年版,第18页。
③ 习近平:《论党的宣传思想工作》,中央文献出版社2020年版,第185页。

须始终坚持“以正面供给为主”的方针，把握社会生活的本质和主流，弘扬改革时代的“主旋律”。这需要供给主体有大局意识，要以对党、对国家、对人民、对社会高度负责的精神，牢牢把握正确的供给导向，鼓舞和启迪一切为国家富强、人民幸福和社会进步而奋斗的思想，将广大群众的注意力引导到贯彻落实党的路线、方针、政策上来，引导到弘扬真善美、抵制假恶丑上来，引导到促进社会稳定、强化社会主义民主和法制建设上来。另一方面，还要敢于同错误思潮作斗争，坚决反对和自觉抵制以任何名义否定党的领导、否定我国社会主义制度，鼓吹西方宪政的言行，以及歪曲、丑化、否定党的历史、中华人民共和国历史、党领导人民进行伟大奋斗的历史，解构经典，抹黑英雄，颠覆主流价值观的言行，在对错误言论的批判斗争中，弘扬正气，坚守立场。亦即坚持内容供给的正确导向，就是在思想政治教育内容供给实践中，要善于用正确的思想内容引导人、激励人，不断巩固和壮大积极健康向上的思想舆论氛围。

三是把好内容供给的品质关。如果说政治意识、导向意识，已或多或少在思想政治教育内容供给主体那里形成共识，并逐步得到巩固和加强，那么如工匠般珍视追求产品品质的意识和精神，我们还相当缺乏。而实质上，这又恰恰不可或缺，并与思想政治教育内容产品对供给对象的吸引力、引领力密切相连。以媒体从业人员的话说，内容同其他产品一样，如果它不能以高品质赢得受众认同和青睐，那么它将会被受众抛弃。因此，媒体从业人员要将内容当成一件产品来对待，在制作之前，考察市场的需求，使内容能契合受众的需要，同时还要在设计、包装、营销等环节下功夫，力求决策精准、受众广泛。习近平总书记在党的新闻舆论工作座谈会上也要求，要“努力推出有思想、有温度、有品质的作品”①。可见，“品质”要求已成为新闻媒体等宣传工作人员的职责使命和任务担当。而如开篇所述，从耗费了人一定的体力脑力，是人们经由脑力“创作”“加工”“转化”而形成的精神产物和智慧结晶这一角度来看，思想

① 《习近平谈治国理政》第二卷，外文出版社2017年版，第334页。

政治教育内容也是一种特殊的精神产品，那么，追求产品的高品质就成为思想政治教育内容有效供给的题中应有之义。只不过这里对内容的高品质要求，不同于媒体人员的获取流量而赢利，却是其能为对象接受、认同并最终发挥内容价值作用的首要前提。因此，这就某种程度上，需要我们以营销人员对待内容产品的态度，对待摆在自己面前的各种思想资源、理论体系，以高品质的内容整合和架构，做价值的引领者，而不只是思想政治理论的简单“搬运工”，或党和国家方针政策的机械“传声筒”。

二、增强供给主体的“受众”意识

主体意识觉醒和张扬的时代，个体比任何时候都更加注重自我的感受和需要。以至，教育学从教育双方地位平等、双主体乃至主体间性视角对教育对象主体性所作的强调，似乎都远远未能充分言尽对象群体这种渴求“被看见”“被关注”的强烈诉求。也以至，我们好像必须得借助“受众”意识、“用户”思维这样的极致表达，才能反映出新时代条件下，将对象群体的感受和需求摆在突出位置的极端重要性，而这恰恰也是处于供给端的思想政治教育内容供给者，实现、达成有效供给、满意供给，所必不可少的思维和意识。

“受众”，在《中国大百科全书·新闻出版卷》的解释是，接受信息传播的群众。它在有些地方又被称为受传者、接受者、传播对象。如果从宽泛的意义上理解的话，那就是有信息流动、传播的地方就有与之对应的受众。思想政治教育内容供给活动其实质也是一种信息的传播，因而它的对象群体就是它领域范围的“受众”，因而适用传播学关于“受众”的相关理论分析。那么传播学中关于受众的理论又有哪些呢？有趣的是，人类的认识活动很多时候就如同一个钟摆，当在一边摆至最高点时，就必然地摆向另一边。传播学中对于受众的认识，也是如此。在 20 世纪 60 年代以前，人们对传播中的受众的理解，从前面提到过的拉斯韦尔的 5W 的经典模式中，其实可窥一斑。在拉斯韦尔这一模式里，传播者的地位和权利被放置了至高处，主动权几乎完全掌握在传播者手里:信息由他发出,媒介由他选择,传播由他操控,而受众则似乎只是一个除了俯首听命、消极接受信息而别无选择的“被动客体”。在这样的一种受众认知之下,坚信媒介能够极大程度左右和影响大众观点、态度和行为的“魔弹论”或“靶子论”的传播效果假设应运而生。那这种以传播者和媒介为攻方、受众为守方,以媒介施加影响、受众接受影响为基调的受众理论,便是人们对受众认识的第一阶段。如前所述,当钟摆向传者第一的方向摆到极致的时候,便有研究者开始反其道而行之。也就是他们则将这种攻守之势完全颠倒了过来,即把受众变为主动者,而把媒介视为被动者;认为受众不再是传播活动中通常认为的被动接受者,而是信息的主动寻求者。开始从受众怎样寻求和使用信息,而非信息如何传给、给予受众的角度做文章,由此学界进入了对受众认识和研究的第二阶段。对这一研究取向变革起着决定作用的是哈佛大学心理学家鲍尔在1964年发表的一篇名叫《固执的受众》的理论文章。在这篇文章中,鲍尔关于以往的研究总是问“讯息如何作用受众”,而现在的研究则应问“受众如何处理信息”的观点,直接标明和指向了一种迥然不同的研究取向——将受众的地位和需求放到首位,认为不是讯息影响受众,而是受众驾驭信息。由此打开了受众研究的新天地,一大批学者开始致力于受众如何使用媒介以及动机何在等,被统称为“使用与满足”受众观的研究。

那么,“使用与满足”的受众理论究竟讲了什么呢?施拉姆对此曾有过一个形象而准确的比喻。这个比喻是说,受众参与传播,就好比在自助餐厅就餐,摆在他们面前的种类繁多、五花八门的菜品就如同媒介所提供的林林总总的讯息,而至于受众吃什么、吃多少,则由每个人根据自己的喜好、口味及当天的食欲来决定,媒介除了尽可能地丰富菜品,尽可能地优化服务,能做的其实相当有限。也就是,信息不是强加于诸受众,像把饭菜硬塞进人的嘴里,而是经由受众自行选择、自行处理的。这样一种将受众的地位和需求放置突出地位的受众理论,对离开了需求谈供给将什么也不是的思想政治教育内容供给活动来说,无疑具有十分重要的启发和借鉴意义。因此,我们在讲完供给主体首要具备的“把关”意识之后，将供给主体的“受众”意识提到了特别重要的位置。总的来说，强调思想政治教育内容供给主体的要有受众意识，就是要求供给主体在供给方向得到保证的前提下，竭尽所能站在供给对象的角度，思考供给如何对接合理需要被满足的问题。这一意识的形成与增强，在我们具体的思想政治教育内容供给实践活动中，也许可以尝试通过供给主体持续、经常的心理“角色代演”来完成。

主体“角色代演”，即处于成对角色体的一方，在实际中或心理上，与对方进行角色互换，将自己看作他人，站在对方的角度考虑行为动因。思想政治教育内容供给主体代演供给对象角色，也就是代演过程中，供给者不再是供给者，而是需求和偏好需要“被看到”、被感同身受的“对方”“他人”。如此，才能很好地避免思想政治教育内容供给主体在进行内容供给活动时以自我为中心。比如，以自己的需要、兴趣去代替对象的需要与兴趣，以自己的主观愿望去构想可能产生的供给效果等，从而使供给的内容以及内容的呈现形式，尽可能接近供给对象的实际，真正受到供给对象的欢迎。具体来说，思想政治教育内容供给主体的角色代演主要有以下三种情况：一是条件允许情况下现实的角色置换，即供给主体将自己真实地置身于对象所处的现实客观条件中，去充分感知、认识、了解对方可能有的需求愿望及行为动因；二是条件不具备情况下的心理上的虚拟角色预演，即供给主体在心中把自己置换成供给对象，根据自己对对象的观察以及自我的经验、阅历等来思索、判断“如果我是他，我会有什么样的需求以及作出什么样的选择”等问题，从而“想象”“模拟”出对方可能有的需求愿望及行为动因；三是现实与虚拟代演的结合，即部分地在真实情境中去感知，部分地在心理上进行合理预设。这种现实与虚拟代演的结合，因其既尽可能地做到回到或还原对方的真实情景，又考虑到客观条件不能满足情况下的补充弥合，而更显合理性和操作性，是我们日常比较容易操作，又能比较理想地达到了解对象愿望需求目的的代演模式。

但显然，仅通过心理上的想象、模拟或者短时真实情境的角色置换，来感知和体验供给对象的心理和行为，往往是不够或不充分的。因为，在很多时候的思想政治教育内容供给主体，可能与供给对象存在着主观上无法逾越或克服的天然差异，比如一个在妇联从事思想政治教育工作的男工作人员，与妇女对象群体就存在着性别差异；在小学工作的青年或中年思想品德教师，在年龄上也与对象有很大不同。因此，在此种情况下，通过对对象群体的直接调查、访谈来认识和体验其角色心理和行为，就显得更为重要和可行。

最后，需要特别说明的是，一方面，在思想政治教育内容的有效供给中，由于供给与需求的互生关系，我们需要将对象的需求放在异常突出的位置，并由此特别强调供给主体的“受众”意识；另一方面，我们仍需明白，无论将其怎样高扬，对象的能动性仍是相对的、有限的，是在社会条件、结构，文化、意识形态以及自身条件和能力的制约之下的，这是我们分析看待问题应有的唯物史观和辩证思维。

三、增强供给主体的“效益”意识

现代社会的一个重要特征便是高效率、快节奏。因此，在以探索人的现代化著称于世的美国学者英格尔斯那里，现代人被描述为有“效能感”的人，即非常讲求工作的效率、效果和效益。但在现实生活中，谈起“效益”，人们的第一反应便是将其与经济活动联系在一起，甚至认为，效益就是有效产出与投入之间的一种比例关系，属于经济学范畴，其他领域根本不存在或不需要讨论效益问题。也因此，“一直以来，学界对思想政治教育效益存在偏见，认为效益是经济范畴，对效益进入思想政治教育领域持否定态度，从而导致学界关注思想政治教育功能、价值的多，关注思想政治教育效益的少。”①然而事实上，人类的任何实践活动都会存在投入和产出的效益评判问题，只不过在“效益”指标的具体指向上有所差异。毕竟“只顾耕耘，不计收获”的做法终将无法久行

① 王升臻：《思想政治教育效益简论》，《理论月刊》2011 年第 5 期。

并致远。

树立思想政治教育主体的效益意识，重视内容供给的效率、效益，固然是社会主义市场经济体制在人们思想观念上的反映和需要，更重要的是它蕴含着较强的务实思想和实干精神。因此，邓小平也曾说道："现在摆在我们各级党组织面前的事情，就是要鼓实劲，要切实解决问题，要踏踏实实地工作。一句话，就是要落在实处。追求表面文章，不讲实际效果、实际效率、实际速度、实际质量、实际成本的形式主义必须制止。说空话、说大话、说假话的恶习必须杜绝。"①它深深地启迪人们，思想政治教育工作也必须讲究效益。从思想政治教育自身的情况看，主体效益意识淡薄甚至缺乏效益意识，会直接影响思想政治教育活动实际效果。中国人民大学刘建军教授在界定思想政治教育的实效性的内涵时，亦指出思想政治教育的实效性应包含教育效果、工作效率和社会效益三方面的内容，即"不但要看学生是否接受了我们的教育，还要看到底是接受了多少教育；要把这种效果与我们在这方面的投入作一下比较，看看是否相称……受教育者在接受了思想政治教育后究竟对社会的稳定、进步和发展起到了什么作用，产生了什么样或多大的社会效益"②。

思想政治教育内容供给的是经主体转化、加工、整合的精神产品，也就意味着它是有成本投入的，只不过其成本投入不单是通常意义上的金钱、财力的物质投入，更多地指向思维力、情感、人格力量等精神方面的投入，并且这些投入贯穿于思想政治教育内容供给活动的始终。"尽管思想政治教育的实际效益的计算公式不能像经济效益那样可以用货币、公式来表示和运算，但其效益的客观性和必然性是毋庸置疑的。如何用少的人力、物力、财力和时间，选择有效的方式方法，最终使思想政治教育产生最佳的实际效益，这是思想政治教

---

① 《邓小平文选》第二卷，人民出版社 1994 年版，第 99—100 页。

② 刘建军：《论思想政治教育的科学化》，《教学与研究》2011 年第 3 期。

育从经济学角度必须考虑的问题。"①对兼具经济学视角的思想政治教育内容有效供给来说,对其是否"有效"的考量,就内在地包含着内容供给的"效益"评判问题,只不过这里的"效益"不似经济上的"通过产品售卖"获取其经济效益,而指向的是"通过内容产品的供给接受"实现"引领人、培养人"的社会效益。

那么说到这里,还需要顺带强调思想政治教育内容供给主体效益意识树立过程中,对于"效益"与"效率"之间关系的把握和处理问题。正如人们所直观感知的那样,"效益"与"效率"两者是内容指向有不同侧重却又密切相关的两个近似概念。一般来讲,效率侧重从量的角度来衡量活动结果,关注的主要是活动的过程,强调主体在单位时间内完成的工作量;效益则更多地从质的角度对其进行衡量评估,直指的是活动的结果,关注的是活动最终带来的效用和利益,有个体的和群体的、经济的和社会的等多重维度的衡量。在一些情况下,两者可能是一致的,对其中某一个的追求也潜在地意味着对另一个的运行状态提出要求。比如,从思想政治教育内容供给活动的效益获得来看,一定场景或一定时空范围内的思想政治教育内容供给活动,虽然锚定的是活动最终的实际效用、效果,但其显然对活动的效率也是有要求的,一场没有或不计效率的,拖沓的、冗长的内容供给活动,显然是无法和好的效益挂上钩、沾上边的。同时,在另一些时候,或者说更常见的一些时候,两者却又可能是相互矛盾的。比如,一场有着好的效益产出和释放的思想政治教育内容供给活动,它必然要求主体花更多的时间、精力,在诸如供给对象的特点、需求分析;供给内容的选择、筛选,浓缩精练或者形象化、具象化;供给模式的设计、运用之上,也就是从整个供给的过程环节来看,好的效益的取得,几乎必然意味着投入的加大和增多,也就事实上存在着与效率讲求相违背的一面。由此可见,对思想政治教育内容供给活动效益的讲求,在实际的操作过程中,还面临着如何平衡和

① 范国华:《时代变迁与思想政治教育的现代转型》,天津人民出版社 2016 年版,第 282 页。

把握“欲速则不达”与“虽往却低效”的关系问题。这在一定限度上,可能需要供给主体通过提升自身的供给能力素养以及掌握现代化的供给方式方法等予以平衡和解决。接下来的行文中,我们也会专题探讨。

第二节　提升思想政治教育内容供给主体的供给能力

能力是一个多方位的系统结构,立足不同的观测维度,会得出不同的内容体系。对思想政治教育内容供给主体而言,从思想政治工作者或教育者的角度看,对其所需的能力素质,从政治、道德、心理、业务等各方面作综合系统研究的成果已经相当丰硕。那么,在这里,我们将从内容供给的过程视角,对供给主体顺利完成内容供给活动、应具备的一些核心能力素养作一简要探讨。

一、提升供给主体对对象需求的辨识和研判能力

对思想政治教育内容供给活动来说,对供给对象需求的精准辨识和科学研判是有效供给得以实现的前提性基础,因而,提升供给主体对对象需求的辨识和研判能力,就成为供给主体能力建设的首要内容。那么,基于对象的需要究竟是怎样的一种需要,有着怎样的特征;主体又可以从哪些方面去把握它、研判它,并基于此作出理性反馈;等等,是思想政治教育内容供给主体辨识和研判能力提升,需要深入思考和回答的一些基本问题。

一是要把握“需要”的总体特征与时代趋向。总的来说,促进个体的社会化进程,满足个体的精神发展需要,是思想政治教育对象基于思想政治教育内容的共同需求和期待。但在不同时期、不同阶段,对象群体需求的具体内容虽有承接但并不完全相同,而是各有侧重,并因其具体多样而呈现结构性、系统性的特征。亦即在一般的、基础性的共同需要之下,每个个体还拥有一套相对独特的需要系统,它由不同层次类别的需要构成,并因构成内容的不同,以及

各种需要对主体的不同意义而在需要系统中的位列不同,而呈现出独特的不同于他人的多样化、差异性结构。并且,对象的这种需要系统并不是固定、一成不变的,而是一个在动态中生成和发展的状态。新的需要会在旧有需要得到满足之时,应运而生。马克思就曾指出:“由于人类本性的发展规律,一旦满足了某一范围的需要,又会游离出、创造出新的需要。”①思想政治教育对象的需要,也是如此。这在思想政治教育对象的阶段性需要、情境性需要方面表现得尤为明显。纵观中华民族的发展史,中国人民的需要就曾在较长历史时期内,停留在吃饱穿暖等基于生存需要满足的较低阶段,精神领域的需求无暇顾及,也更无从谈起;改革开放后,生产力水平的极大提高和物质生活条件的全方位改善,使得人们的需求由马克思所讲的第一层次的生存性需求,跃居至第二、第三层次的享受性和发展性需求,精神上的充盈和富足成为人们的向往和追求;时至当下中国特色社会主义进入新时代,社会主要矛盾的转向,人们在思想价值领域的需求亦转化、体现为对美好生活等更高层次、更丰富内涵、更多样化满足的追求,“认同、尊重、自我价值实现、理想信念等较高层次的需要正进入生活视野,成为人们追求的重要内容。”②武汉大学项久雨教授也直接指出,新时代的大幕徐徐拉开,“人民日益增长的美好生活需要”成为我们所应关注的现实课题;这种美好生活需要必然涵盖和包含着利益、情感、精神三种向度。“从利益逻辑来看,这种美好生活需要涵盖了马克思语境下的享受性利益需要和发展性利益需要。在经济上,人们追求更丰富、更健康的饮食,更优渥、更富足的物质条件,更便捷、更优质的消费环境;在政治上,人们向往公平正义、更加完备的政治权利、更加有序的政治参与;在文化上,人们渴求更好地享受文化发展的成果、更为广阔的文化活动空间;在社会上,人们呼唤更优质的教育、更坚实的社会保障、更健全的医疗服务;在生态环境上,人们期

① 《马克思恩格斯全集》第 32 卷,人民出版社 1998 年版,第 223 页。

② 李辉、孙晓辉:《精准思政:必要与可行》,《思想教育研究》2020 年第 6 期。

盼更清新的空气、更宜居的生活环境，等等。”①

另外，即使需要的内容不变，需要系统也会因需要结构的变化而变化。随着社会的变化、时代的发展，原来很迫切的需要可能逐渐退居为次要需要，而原是潜隐的、不经常的或少数人才有的需要会上升为自觉的、大众的普遍需要等。例如当下，我国社会主要矛盾发生新变化，人们的需要由一般普遍性、整体趋同性，走向复杂多样性、个体差异性；中国日益走近世界舞台中央，疫情之下的严峻国际态势等，就使得立足于人们当下现实情境的，被共性遮蔽的个性化需求，或曾经不在中心视野范围内的，类似如何看待世界和中国等来自科学世界观和方法论的指导需求，日益凸显，这就需要思想政治教育内容供给主体对此要有足够的感知能力和把握能力。

二是要借助大数据技术等现代化信息手段。如果说对需求总体特征和时代趋向的把握帮助供给主体形成了对对象共同需求的“整体印象”，那么借助大数据技术所进行的深度分析，则可以实现对对象具体需求的“精准描摹”。“大数据时代将要释放出的巨大价值使得我们选择大数据的理念和方法不再是一种权衡，而是通往未来的必然改变”②，正如有学者所讲的，“作为一种新兴的技术，大数据为思想政治教育者提供了全新的观察材料和研究视角。大数据使思想政治教育者摆脱小样本数据的束缚，实现对全部数据的观测；使人们从结构化的数据展现方式中摆脱出来，实现对数据多样化、个性化的聚集、处理和查询；将文字、方位、沟通都通过数据予以‘量化’，为思想政治教育者提供了前所未有的审视现实的视角”③，大数据技术的运用，可以有效改变以往对对象需求把握主要来自肉眼观察、主观感知和经验总结的局限性，通过科

① 项久雨：《利益·情感·精神：个体第一需要与德育认同的三重逻辑》，《南京师范大学学报》（社会科学版）2021年第4期。

② ［英］维克托·迈尔-舍恩伯格、肯尼思·库克耶：《大数据时代》，盛杨燕、周涛译，浙江人民出版社2013年版，第76页。

③ 李辉、孙晓辉：《精准思政：必要与可行》，《思想教育研究》2020年第6期。

学的方法和先进的信息处理技术，将对供给对象的特点分析和需求研判建立在客观具体的数据样本分析之上，从而得出既能从宏观层面洞察对象群体特征和趋势，又能从微观层面描绘个体习惯偏好、需求倾向的理性文本，从而成为思想政治教育内容供给主体科学、精准辨识研判对象需求的“利器”。当然，未来无论大数据平台如何发达，网络化、智能化程度如何高，我们永远无法百分之百采集、记录全世界上所有事件的细节和信息，但从另一个角度来说，只要我们尽可能多地对一些重要的、关键的信息进行采集和分析，就有可能对某些我们无法直觉和感应，或者尚未发生的一些事件趋势进行更加清晰、准确的呈现和预测，这是身居现代社会的我们可以借助的有力工具，也是智能时代人们的优势所在。

三是要对“需求”作科学研断与理性应对。通常，思想政治教育内容供给主体对了解、捕捉到的需求可能存在三种态度：(1)漠视：对供给对象的需求不予理睬，完全根据自己的愿望、需要和认识进行内容供给，哪怕对象的需求是正当合理的。(2)迎合：对供给对象的需要不加分析地一味满足。(3)引导：这种引导是基于对供给对象的需要进行分析基础上的，分为两种情况，即对于合理的，尽其所能给予满足并引导其向更高层次上发展；对于不合理的，则进行限制并引导其向正确方向发展。显然，第一和第二种情况是我们需要极力避免的，第三种则是我们思想政治教育内容供给所希望达到的。这就需要思想政治教育内容供给主体，不仅要了解、知晓对象的“需要”是什么，对其进行精确捕捉抓取，还需要供给主体对了解到、抓取到的“需要”是什么样的“需要”，作出科学的研判和理性的应对。“需要”的类型和种类很多，我们这里对其“是什么”的研判，主要就它是合理的还是不合理的而言。根据马克思主义的唯物史观，对象的既有需求，不管是合理的还是不合理的，其需要的内容和需要水平都是一种客观的存在，漠视和迎合都不是科学的态度，而是要从发展的观点来看待对象的需求，对其进行引导，使其更合理、更完善、更充实。这种引导就具体表现为抑制不合乎社会规范的需要。引导建立合理的需要结构以及提高对象对高层需要的自觉程度等方面。供给主体只有同时做到了这几点，才可以说其具备了较强的对对象需求的辨识和研判能力。

二、提升供给主体对社会要求的领悟和转化能力

思想政治教育的特殊属性，决定其供给的内容产品，一方面应是立足于对象多样化需求的“个性化”产品，另一方面又应是符合国家意志、社会共性要求的“公共性”产品。这就同时对思想政治教育内容供给主体提出了正确领悟国家社会要求，并科学实现对其转化的能力要求。要提升供给主体这两方面的能力，需从以下两方面着手。

首先要研读、吃透文本，把握思想理论的精髓要义。“统治阶级的思想在每一时代都是占统治地位的思想。”①一个国家社会的意志要求总是通过其占主导地位的思想来体现、表达。而正如马克思主义经典著作是马克思主义伟大智识和思维成果的集中承载与依托——“文本”往往是思想、观念、规范、要求等的集中、系统表达。因而，进入文本、解读文本，理解把握其思想内涵与精髓要义，也就成为了解、明晰国家意志要求的最直接、最有效，也是最基本的方式之一。为此，习近平总书记提出加强对马克思主义经典著作的学习研究，要“深化经典著作研究阐释，推进经典著作宣传普及，不断推出群众喜闻乐见、贴近大众生活的形式多样的理论宣传作品，让理论为亿万人民所了解所接受，画出最大的思想同心圆”②。

对以马克思主义为指导思想的社会主义中国来讲，体现国家意志和社会要求的思想“文本”主要涉及三个层次类别。一是马克思列宁主义系列经典著作。其一方面是我们建党治国理政的思想根基与源泉，内含社会主义国家的理想蓝图和目标愿景；另一方面其本身也是思想政治教育内容供给的重要部分，并为思想政治教育内容供给等社会实践活动的科学开展提供世界观指

① 《马克思恩格斯选集》第1卷，人民出版社2012年版，第178页。

② 习近平：《论党的宣传思想工作》，中央文献出版社2020年版，第316页。

导和方法论原则。因此,需要首先围绕《马克思恩格斯选集》《马克思恩格斯文集》《马克思恩格斯全集》《列宁选集》《列宁全集》等经典原著以及权威专家学者的相关理论解读展开研读。同时值得一提的是,还需关注诸如北京大学开启的《马藏》等马克思主义经典著作的编纂出版。据悉,该理论成果的第1部(共5卷,收入文献28本)已于2019年5月4日正式出版,为我们研读马列经典提供了有益补充。二是马克思主义中国化系列成果的经典文本。那么我们这里所说的马克思主义中国化系列成果的经典文本,具体又指哪些呢?党的十九大报告指出:“新时代中国特色社会主义思想,是对马克思列宁主义、毛泽东思想、邓小平理论、‘三个代表’重要思想、科学发展观的继承和发展,是马克思主义中国化最新成果,是党和人民实践经验和集体智慧的结晶,是中国特色社会主义理论体系的重要组成部分”①;2022年10月召开的党的二十大,又进一步对习近平新时代中国特色社会主义思想所包含的党的十九大、十九届六中全会提出的“十个明确”“十四个坚持”“十三个方面成就”等主要内容进行了明确②,由此,我们就形成了以毛泽东思想为开端、以习近平新时代中国特色社会主义思想为最新理论成果的马克思主义中国化理论,是马克思主义与中国实际相结合的光辉典范与行动指南,需重点展开对其及围绕此而进行的一系列拓展及解读文本的研读学习。三是相关重要政策、专题文件和纲领。政策、文件和纲领是思想理论体系重点部分的突出强调和有益补充,对理解国家、社会相关要求和规范有着较强的指导作用,因而需要引起我们重视。就思想政治教育内容供给而言,《高举中国特色社会主义伟大旗帜　为全面建设社会主义现代化国家而团结奋斗——在中国共产党第二十次全国代表大会上的报告》,以及近几年来出台的与思想政治教育密切相关的

① 习近平:《决胜全面建成小康社会　夺取新时代中国特色社会主义伟大胜利——在中国共产党第十九次全国代表大会上的报告》,人民出版社2017年版,第26页。

② 习近平:《高举中国特色社会主义伟大旗帜　为全面建设社会主义现代化国家而团结奋斗——在中国共产党第二十次全国代表大会上的报告》,人民出版社2022年版,第17页。

诸如《新时代公民道德建设实施纲要》《新时代爱国主义教育实施纲要》《中共中央关于坚持和完善中国特色社会主义制度　推进国家治理体系和治理能力现代化若干重大问题的决定》《关于深化新时代学校思想政治理论课改革创新的若干意见》等重要政策文本，均需进入我们研究视野。但这里需要特别说明的是，在对文本的研究解读过程中，要克服“以苏解马”“以我解马”“以西解马”等的认知倾向和局限，坚持“以马解马”，实现“方法论上的自觉”，避免“忽视经典文本原始生成的时代背景和生成语境，将其简单地镜头‘定格化’”①的教条主义，以及断章取义、各取所需、为我所用的实用主义等倾向。

其次要掌握要点方法，有效实现两个层次内容的转化。沈壮海教授在其《思想政治教育有效性研究》中，曾将思想政治教育的内容划分为两个层面的内容：第一层面指的是由特定的社会和阶级所要求、所确定的思想政治教育内容；第二层面的则是具体教育活动中，由思想政治教育者根据教育目的和要求，对第一层次内容进行组织、编制后直接用于思想政治教育活动的内容。②沈壮海教授这里讲的第一层面的内容，就是上文我们讲到的以文本形式体现国家意志和社会要求的思想理论体系和政策规范，具有给定性。但显然，我们在每一次具体的教育活动中，供给呈现给教育对象的应是具有针对性的、局部性的第二层次内容，而不是笼统的、高度系统化的教科书式的第一层次的内容。准确把握理解第一层次的思想政治教育内容，只是保证供给内容科学性和有效性的第一步，是整个供给有效的前提和基础。毕竟“思想政治教育的有效进行，有赖于思想政治教育内容Ⅰ的科学制定，既有赖于思想政治教育内容Ⅰ有效性的确立，同时也有赖于思想政治教育内容Ⅰ向思想政治教育内容Ⅱ的科学转换”③。对此种转化的重要性，恩格斯在《社会主义从空想到科学的发展》的德文版序言中也曾以设问的方式特别提出：“这一著作原来根本不

① 卢黎歌、李英豪：《马克思主义理论学科的研究范式及其评价》，《探索》2020年第1期。
② 沈壮海：《思想政治教育有效性研究》（第三版），武汉大学出版社2016年版，第81页。
③ 沈壮海：《思想政治教育有效性研究》（第三版），武汉大学出版社2016年版，第81页。

是为了直接在群众中进行宣传而写的。这样一种首先是纯学术性的著作怎样才能适用于直接的宣传呢？在形式和内容上需要作些什么修改呢？”①

顺利实现两个层次内容的转化，供给主体需遵循一定的原则方法。一是内容的转化要遵循教育的规律并符合对象的认知行为特点。思想理论和政策规范层面的内容，讲求逻辑结构的严密性、内容覆盖的全面性、论述表达的科学性，具有高度的概括性和抽象性，但适合具体供给活动的内容，则往往讲求内容的针对性、讲解表达的具象性，遵循的是从抽象到具体的思路；前者以思想、观点的完整、准确呈现为目的，后者则以活动目标的实现、活动任务的完成为旨趣。因此需要在充分认识两者不同的基础上，实现话语体系的转换。二是内容的转化要与具体教育活动拟解决的问题为导向。思想政治教育的一个重要功能就是回应社会的重大关切，为人们思想领域存在的问题解疑释惑，这就决定了思想政治教育第一层次向第二层次内容的转化，不是简单的照本宣科，而是根据社会热点以及人们释惑需要，对其进行二次加工和再创造。三是内容的转化要坚持灵活下的适度。思想政治教育内容的转化是一项需要充分发挥教师主体性和创造性的实践性活动，但在根据具体教学情况和对象实际进行主观阐释和灵活发挥的时候，一定是有所坚持、有所遵循，而不是脱离国家主导思想和精神，不着边际地任意发挥或背离。

三、提升供给主体对供给内容的选择和呈现能力

如前所述，思想政治教育内容Ⅰ是特定社会、阶级意志要求的体现和表达，与一定的经济基础相适应，具有给定性。② 我们这里讨论的内容“选择和呈现”的对象，主要指向直接运用于具体供给活动的，沈壮海教授称之为第二层面的思想政治教育内容Ⅱ。以什么样的标准选择、组织、加工，又以什么样的方式供给、传递、呈现，是对主体供给能力的集中展现与极大考验，也是主体

① 《马克思恩格斯选集》第3卷，人民出版社2012年版，第745页。

② 沈壮海：《思想政治教育有效性研究》（第三版），武汉大学出版社2016年版，第81页。

供给能力建设需重点关注的核心问题。

那么，如何选择？在大家看来，人们对教育，似乎天然有一种理想化的愿望和倾向：迫切地希望把人类所有(或某一领域)的科学知识、生活经验和社会技能都传授给教育对象。但鉴于有限的教育时间以及知识更新的速度，这显然是不现实的。因而，教育内容的选择便成为教育的一个重要问题。对一个具体的思想政治教育内容供给活动而言，待供给给对象的教育内容，是将在供给过程中同双方发生交互作用、服务于教育目标任务达成的素材及信息的集合体；是思想政治教育者准备给受教育者传授的知识和技能、传达的思想和观点、培养的习惯和行为等的总和。它包括第一层次的思想政治教育内容以及供给主体对该层次内容的"二度开发"，亦即既包括对现成思想理论体系文本、教材内容的"撷取"，也包括对文本、教材内容的"重构"——处理、加工乃至增删、更换；既包括对第一层次内容的直接执行，也包括在内容供给互动中对第一层次内容的创造性生成。

要做到对内容的科学选取和开发，总的来看，要遵循两个维度的要求和标准。一是源自活动本身的客观尺度，主要表现为来自宏观层面的社会要求和期望制约，以及微观层面的具体活动目标、任务的制约；二是源自活动双方的主体尺度。就前者来说，一方面，在大的方向上，思想政治教育待供给的内容必须内含、映射国家和社会的要求，体现其思想指向、政治意图和价值追求，自觉传播代表社会主流意识形态的马克思主义及中国化理论、社会主义核心价值观等，这是我们前面反复提到并强调的；另一方面，每一次待供给内容的具体选择，应紧紧围绕活动的目标、任务来进行，为目标的达成和任务的完成服务。就后者来说，一方面指的是供给内容的选取要考虑供给主体的把控能力，即供给者根据自己对知识理论的理解掌握程度、资源素材的熟悉了解程度、自己的擅长和不足等，对待供给的内容作出合乎自己能力实际的选择；另一方面，更重要的是指供给内容的选取要十分注意贴合供给对象的实际，也就是内容选取的针对性和适用性问题。这就需要供给主体始终谨记：对象的兴趣、需要制约着供给的具体内容和表现形式；对象的经验范围制约着供给内容的广度；对象的思想状况、认知水平和接受能力制约着供给内容的深度和难度；等等。这就要求供给主体始终按照国家和社会要求，围绕相应的教育目标任务，根据供给对象的实际，对供给内容进行科学的选择、确立与设计，以为供给内容的有效呈现和有效接受打下坚实基础。

相比于内容的选择问题，在内容的呈现上，供给主体需追求多形式并用。内容即信息，内容的呈现问题也就是信息传播和流通的方式问题。如果不作严格意义上的划分，粗略地看，信息传播和流通的方式无非两类：语言的方式和非语言的方式。而语言又可分为口头的语言和书面的语言，前者通常表现为话语形态，后者则主要表现为文字形态。非语言的传播方式则一般包含图像、视频、动作、姿势、表情等视觉类、听觉类以及肢体类非语言等多种表现形式。而口头语言形式的方便便捷、对话的无门槛，以及思想政治教育的“理论传输”要求和传统，使得依托语言“讲授”“阐释”“宣传”思想政治教育内容信息的方式成为思想政治教育内容供给的主要方式，并在我们长期的供给活动实践中处于“首要方式”“第一方式”的绝对优势地位。显然，思想政治教育所传递思想、理论等内容的严密和高深，必须借助“理论讲授”的这一语言表达方式，将经由教育者深厚的理论功底以及缜密逻辑思维“剖析”后的成果展现出来，以帮助对象去理解和接受，因而，从这一点来看，以“理论讲授”为主的语言传播非常必要且不可替代。

但我们需要避免的是，因强调其重要而走向单一的极端。况且，事实证明，在人类的传播活动中，非语言符号的重要性并不在语言符号之下，施拉姆等曾言：“传播不是全部（甚至大部分不是）通过言词进行的。一个姿势、一种面部表情、声调类型、响亮程度、一个强调语气，一次接吻、把手搭在肩上、理发或不理发、八角形的停车标志牌，这一切都携带着信息。”①对此，恩格斯亦有相关论述，他在评论德国画家许布纳尔的一幅画时说：“从宣传社会主义这个

① [美]威尔伯·施拉姆、威廉·波特：《传播学概论》，陈亮等译，新华出版社 1984 年版，第 4 页。

角度来看,这幅画所起的作用要比一百本小册子大得多。"①而这一点,对进入"读图""读屏"时代,数字化、图像化生存的人们来讲,似乎也显得愈加重要。以思想政治教育图像化研究著称的周琪老师说道,"如果说话语符号是以语言、文字为中心的时间思维模式,图像符号则是以视觉为中心的空间思维模式,它表征着个体认知世界的方式由'思'转向'观看'、由'话语'转向'图像',从而与笛卡尔的'我思故我在'、康德的'理性批判'中的'思'相区别,构成人认识世界的图像化方式"②。这就意味着,思想政治教育内容供给过程中,当单一的语言或文字呈现方式与对象的接受获取信息图像化倾向出现强烈反差的时候,辅之以思想政治教育内容呈现和传递的非言语转向,即尝试以图像、视频、声音等多种方式的融合,完成内容的传递和表达,可能是避免供给内容与方法被对象拒斥和疏离的有效方式之一。

因此,对思想政治教育内容供给主体而言,一方面需要保持传统语言文字传播好的经验做法,另一方面需要辅助符合时代特点要求的诸如图像、视频等非语言传播方式。正如车尔尼雪夫斯基所言:"哲学家以三段论法说话,诗人则以形象和图画说话,然而他们说的都是同一件事……一个是证明,另一个是显示,他们都在说服人,所不同的只是一个用逻辑论据,另一个用描绘而已。"③而这也是思想政治教育显性教育与隐性教育相统一要求的具体体现。

第三节　生成思想政治教育内容供给主体的综合影响力

如果说前面是从供给活动本身特性及要求分别探讨了供给主体的意识

① 《马克思恩格斯全集》第2卷,人民出版社1957年版,第589页。

② 周琪:《思想政治教育的图像化转向》,《思想理论教育》2017年第1期。

③ [俄]车尔尼雪夫斯基:《车尔尼雪夫斯基论文学》(中卷),辛未艾译,上海译文出版社1983年版,第129页。

培养和能力提升问题，那么，接下来则是从心理学视角，具体探讨供给主体状况和行为对供给对象的心理效应问题。供给对象进入供给活动，从表面上看，只是接受供给的信息内容，似乎与供给主体无关，但实际上，供给主体的形象也是构成信息内容的一个重要部分。因为供给者的形象所传递的信息是联系在一起的，供给对象往往是根据他心目中的供给主体形象来判断信息内容的。而在具体的思想政治教育内容供给活动中，供给者的形象往往以主体“影响力”的方式对对象的接受心理和行为发生着潜移默化的作用。

组织管理心理学认为，“影响力一般指一个人在人际交往中，影响和改变他人的心理与行为的能力”①，是主体人格魅力、素质水平等作用力发挥的一种综合体现。对思想政治教育内容供给主体而言，供给主体的影响力是建立在可靠、可信、可亲基础上的一种全方位、呈辐射状态的综合力，对供给对象对供给内容的接纳和接受，供给对象态度和行为的影响和改变，起着至关重要的作用。这就正如亚里士多德所指出的那样，无论在什么问题上，人们更容易和坚定地相信那些完美的人，而当一个问题出现意见分歧又难以判断时更是这样——就内容的接受度而言，某种程度上，什么样的人来说有时可能比说什么更重要。

一、“可靠”：主体影响力生成的心理前提

如前所述，通常人们在决定是否接触或进入某一信息或内容领域前，会有下意识地找寻信息和内容出处与来源的习惯。这从侧面反映了人们会首先根据内容供给主体本身的可靠性，来判断、抉择接下来应对其供给传播信息内容的态度和行为。因此，供给主体是否可靠，是主体影响力生成的心理前提。在供给对象眼里，供给主体的可靠性主要来自三个方面：一是供给主体的声誉，二是供给主体的权威性，三是供给主体的经验丰富程度。因此，思想政治教育

① 伍叶琴主编：《组织管理心理学》，西南师范大学出版社 2005 年版，第 310 页。

内容供给主体要想获取供给对象对自身可靠性的认可,需要从三处着手。

第一,遵从社会规范,建立良好声誉。供给对象对供给主体的信任总是以供给主体的声誉为条件的。就为人处世的一般准则而言,如果供给主体一直以来给人的印象是诚实正直的,说话是公正客观的,做人是可靠、有信誉的,那么他提供的内容信息就容易为人们所接纳,也容易产生较大影响力;反之,一个不符合社会规范、缺乏信誉的思想政治教育工作者,要让供给对象觉其可靠也是不现实和不可能的。对从事思想政治教育内容供给的广大教育者而言,遵从社会规范更意味着要以坚持不懈、持之以恒的师德师风建设,作为获取良好社会声誉的源泉。党的十八大以来,习近平总书记在关于教育工作的系列重要讲话和与学校科研院所的师生座谈中,先后用"大先生""筑梦人""系扣人""引路人"等极具表现力的比喻和称谓,表达了对广大教育工作者的殷切期望,并在不同场合多次对师德师风建设表示出重大关切,提出"三个牢固树立""四个标准""四个引路人""四个相统一""六要"等建设标准和要求,为新时代师德师风建设提供了根本遵循。2019 年,教育部还分别印发了新时代针对高校、中小学、幼儿园等不同教师群体的职业行为"十项准则",以及教师师德失范行为的指导意见和处理办法;12 月,教育部等七部门联合印发了《关于加强和改进新时代师德师风建设的意见》的通知,从而为教育系统净化不良风气,教育工作者建立良好声誉,"以德立身、以德立学、以德施教"提供了有力支撑。

第二,筑牢专业功底,发挥"权威效应"。当人们面对未知或不熟悉的领域时,普遍更倾向于相信来自该领域权威人士的看法和观点,亦即潜意识里总认为权威人士的思想、行为和语言更可靠、更可信。这是人们一种普遍的社会心理。心理学上,将这种建立在个体或群体权威性上的相信、赞同、认可,称为"权威效应"。对此的一个著名的心理学实验就是:一位美国心理学家在给学生上课时,宣称他请来给大家做实验的一位著名化学家,发现了一种新的化学物质,透明、无色,但有气味却对人体无害。随后,他掏出装着这种"新物质"

的玻璃瓶，请大家依次一个一个地上去闻，并请闻到的同学举手。结果是大多数同学举手了。而事实是，心理学家请来的根本不是什么化学家，而只是一位德语老师，瓶子里的也只是普通的蒸馏水而已，并非什么新物质。这样一个实验里，仅仅一个身份和专业头衔的转换加持，就奇妙地造成人们认识以及判断结果的变化。由此可见，“权威”对于他人心理暗示和影响之强大。实质上，这样的心理现象在我们日常生活中亦广泛可见，比如，邀请穿白大褂的专业医生做健康养生类节目的嘉宾，请疾病预防与控制中心的专家学者作疫情分析和研判等，均是“权威效应”的潜在发挥。对从事思想政治教育内容信息供给和传播的供给主体而言，扎实的理论学识、过硬的专业本领则是权威性地位得以生成、“权威效应”得以发挥的重要来源。当然，“权威效应”还有另一种间接作用方式，亦即当自身不是或不足以成为“权威”的时候，以“话声融合”①的方式，直接或间接引述专家、学者的观点或研究成果，以权威意见和公认价值标示自身供给内容的可靠性，也是我们增强自身可靠性通常会用到的一种方法。也就是思想政治教育内容供给主体应努力成长为本领域的专家、权威，从而无形增强供给、传输内容的可信度与说服力。

第三，深入工作实践，丰富自身阅历。在一定情况下，主体的经验丰富程度，也可以成为人们对其“可靠性”认知的来源。一个人在某一专业问题上是否具备较为丰富的经验，往往可以从他的专业训练程度、在有关领域中的资历和阅历、技术表现、言谈深度等方面表现出来。那些专门训练程度高、资历和阅历较丰富、技术表现良好、言谈较有深度的思想政治教育内容供给主体，必然具有较大的影响力。此外，值得一提的是，当缺乏对供给主体的专门经验丰富程度的具体了解时，人们往往会根据诸如年龄、性别、仪表等外部特征作出推论，如“老将出马，一个顶俩”“姜是老的辣”等中国谚语俗语，就鲜明体现了人们对年长者经验阅历丰富性的潜在认可。而显然，这一切，都需要思想政治

① 徐贲：《明亮的对话：公共说理十八讲》，中信出版社 2014 年版，第 111 页。

教育内容供给主体在不断的实践深入中,不断地领悟、获得。正如疫情期间的思想政治教育工作者,如果不真真切切深入抗疫一线,不认认真真处理成百上千的真实案例,你将永远不可能知道,当下一个心理求助热线接入的时候,你如何以可靠、可信的姿态,适时切中他的心声,传递、供给给他真正需要的内容。

二、"可信":主体影响力生成的关键核心

有信任,才会有听从和接受。与供给主体的可靠性相比,其可信性似乎更为重要。对以影响和改变对象群体思想观念和行为为目的思想政治教育内容供给活动而言,供给对象对供给内容的赞同认可与对供给主体的信任直接相连。某种程度上,没有对供给主体的信任,供给主体所传导的内含特定思想意识、价值观念和道德规范的信息内容,就几乎大概率会因对象的"拒斥"而处于"休眠"状态,其对对象的影响力也就无从谈起。因此,从这个意义而言,供给对象认为主体"可信",进而愿意、同意和接纳其传递内容信息进入自己的认知系统并发挥作用,是主体影响力得以生成和发挥的关键和核心。

德国的社会学者卢曼认为,信任有人际信任和系统信任之分,前者以完整人格的个体作为信任关系的对象,后者则以非人格化的客体存在作为信任关系的对象。① 波兰社会学者什托姆普卡也有与此类似的观点,他指出,除了"有完全资格的个体"外,还存在着社会角色、社会群体、机构或组织、技术系统等信任客体。② 在这里,我们主要讨论的是,对存在于思想政治教育供给活动中的具有"完整人格的个体"(当然,很多时候它不是指单个的人,而更多表现为个体的集合群像)的信任问题。我们认为,思想政治教育内容供给主体这一能够被供给对象认为值得相信和能够相信的"可信度"的来源主要有二:

---

① Niklas Luhmann, *Trust and Power*, New York: John Wiley & Sons, 1979, pp.21-30.

② [波兰]彼得·什托姆普卡:《信任:一种社会学理论》,程胜利译,中华书局2005年版,第55—62页。

供给主体的专业性与公允性。

第一，以供给主体的专业性增加其可信度。“因为专业，所以信赖”，这是人们通常会有的常识判断与朴素认知。专业性是思想政治教育内容供给主体可信内在的“质”，是其“可信”得以维系的基础性因素与根本性保障。思想政治教育内容供给主体的专业性由其专业角色、专业知识和专业能力综合而来。2019年3月18日，习近平总书记在学校思想政治理论课教师座谈会上提出的“让有信仰的人讲信仰”，也是让专业的人做专业的事这一理念的一种体现。2019年10月，教育部等五部门印发的《关于加强新时代中小学思想政治理论课教师队伍建设的意见》中提出的，通过“加强专业能力培训，制定出台中小学思政课教师专业标准，培养思政课‘种子’教师”；“加强高校思政教育相关专业建设，适度扩大招生规模，实施中小学思政课骨干教师提升计划”；“遴选一批国家级示范团队”和“推进国家级中小学思政课名师工作室建设”以“全面提升中小学思政课教师素质能力”，建设“政治强、情怀深、思维新、视野广、自律严、人格正”的高水平师资队伍等具体要求和措施，为思想政治教育内容供给主体筑牢自身专业功底，从国家层面提供了制度支撑。

第二，以供给主体的公允性表明其可信度。社会心理学家霍夫兰关于说服与态度改变的系列研究表明，“如果受众认为传播者有说服别人的明显意图(intention)，他们就会认为传播者能够从传播中获利，从而降低传播者的可信赖性”①，即“受众倾向于拒绝自己认为有操纵意图的传播”②。也就是，如果思想政治教育内容供给对象认为供给主体的供给行为是出于个人利益，比如仅仅是为了获取个人名利，或者所言是出于某种目的，并非由衷之言，供给对象对其传播供给内容信息的可信度就会降低。因为在供给对象看来，此种

① ［美］卡尔·霍夫兰等：《传播与劝服：关于态度转变的心理学研究》，张建中等译，中国人民大学出版社2015年版，第18页。

② ［美］卡尔·霍夫兰等：《传播与劝服：关于态度转变的心理学研究》，张建中等译，中国人民大学出版社2015年版，第19页。

信息都可能因服从于供给主体自身的需要,而难于保证信息内容的客观性和公正性。相反,如果供给对象发现供给主体的个人利益与所传信息内容无关,甚至相悖时,供给对象对供给内容的信任就会增加,因为供给对象确信此种信息内容受供给主体的主观干扰的可能性,相对来说要小得多。因此,展现思想政治教育内容供给主体的公允性立场就显得十分重要和必需。而"这种公允性主要通过教育者的科学、人文精神及教育方法的两面论证来实现"①。具体来说,思想政治教育内容供给主体的科学精神可以使其既注重主旋律和真善美的弘扬,也敢于以直面不回避、揭露不遮掩的科学态度,面对现实中的假丑恶现象,保证供给内容的全面性和客观性;而思想政治教育内容供给主体的人文精神则能保证,思想政治教育内容供给主体在注重社会主流意识形态内容输送的同时,亦能兼顾对供给对象个体尊严、价值的维护和关切。除此,在具体的内容供给活动中,在内容信息的给出方面,供给主体要善于利用"两面提示"的给出方式来展现自己的公允意图,亦即在对某个问题进行论述说明的时候,既向供给对象提供自己所支持的观点和支持材料,同时也附带讨论与其所持观点相悖的观点内容。这不仅是提升供给内容说服力和实效性的重要途径,也是提高供给主体可信度的客观要求。

三、"可亲":主体影响力生成的情感联结

纵然供给主体的可靠、可信是主体影响力生成的主要因素,但供给主体可亲的影响作用也不容小觑。前者主要以理性的方式作用于对象,而后者则以感性的方式发挥作用。而且,正如著名心理学家乔纳森·海特在《象与骑象人》中所指出那样:很多时候,人类时常会困惑、不明白,我们的诸多决策和行为,究竟是受那头代表着动物本能和非理性的大象的驱使多一些,还是受大象身上那个代表着意志和理性的骑象人的驱使多一些。然事实上,更多的时候,

① 张欣、蒋雪莲:《传播学视阈下思想政治教育者可信度及其结构》,《成都理工大学学报》(社会科学版)2016年第4期。

更像两者斗争后的调和。“思想的授受活动往往以人的非理性的开阔的内心世界为依托,人们在思想接受中不欢迎思想单一性,需要的是理与情的丰富性满足。”①也正因如此,在讨论主体影响力生成的理性因素外,我们还有必要对“可亲”这一感性因素,亦即主体的“亲和力”对其影响力生成和发挥的作用作简要探讨。

在心理学上,“亲和”通常指的是作为个体的人,为了排减因孤独而来的恐惧,而在情绪或态度上表现出来的,一种期望与他人缩短距离、试图接触,并建立起友好或协作关系的一种心理倾向。1971 年,美国的社会心理学家艾伯特·梅拉比安,就曾在其著作《无声的信息》一书中使用“亲和力”一词,表达描述一个人对另一个人的亲近、喜爱之情,以及其在促进人与人之间交流、化解人际冲突与矛盾、增进人际关系和谐中的独特作用。1978 年,梅拉比安又提出了“教师亲和力”的观点,表明有亲和力的教育者更容易受到教育对象的喜爱和欢迎,也因此更容易使其接受自己的观点,从而将对“亲和力”的研究纳入教育学视野。2016 年 12 月,习近平总书记在全国高校思想政治工作会议上指出:“提升思想政治教育亲和力和针对性,满足学生成长发展需求和期待”②;2019 年 3 月 18 日,习近平总书记在学校思想政治理论课教师座谈会上,再次强调指出:“推动思想政治理论课改革创新,不断增强思政课的思想性、理论性和亲和力、针对性”③,将思想政治教育和思想政治理论课的“亲和力”问题提到了前所未有的高度。当然,如许多学者所言,思想政治教育或思想政治理论课的亲和力的提升,内涵丰富,涉及思想政治教育构成要素以及运行环节等多角度、多方面内容,但在这里,我们主要谈谈思想政治教育者作为内容供给主体的亲和力问题。

---

①　张世欣:《思想政治教育接受规律论》,上海三联书店 2005 年版,第 256 页。

②　习近平:《论党的宣传思想工作》,中央文献出版社 2020 年版,第 277 页。

③　习近平:《思政课是落实立德树人根本任务的关键课程》,人民出版社 2020 年版,第 17 页。

从思想政治教育内容供给对象对供给主体的感觉来看，“亲和力”表现为对象对主体的一种心理悦纳与情感亲近。而很多时候，供给对象这种感觉由来和产生又与很多因素有关，下文我们主要探讨供给主体的形象、供给主体与供给对象的相似和熟悉程度等与亲和力发生之间的关系。

一是形象引力。我们常说，人是视觉动物。心理学也有研究表明，我们对他人的印象竟有一半以上来自对其的外观审视。对于初次交往的人来说，更是如此。所以我们常常会有“先入为主”的感觉经历。如果细数的话，人的容貌、身材、气质、语言、仪态、服饰、语言、神情、动作等，无一不与其在他人眼中的形象密切相连。事实上，靓丽的外表、潇洒的风度、优雅的举止、不俗的谈吐确实能对他人形成强烈的形象引力，使之产生感官上的愉悦感和舒适感，从而使之不知不觉受其吸引，并想要与之亲近。因此，避免仪态上的邋遢萎靡、情绪上的冰冷生硬、语言上的枯燥说教等，塑造美好愉悦的主体形象，是思想政治教育内容供给者赢得对象亲近喜爱的途径之一。

二是相似引力。人们似乎喜欢并容易信任和自己相似的人。实质上，这在心理学上有过证实。社会学家纽卡姆曾做过这样的一个实验：他向大学新生提供免费宿舍，并在他们中间定期作有关对社会问题态度及同学间相互喜欢程度的测试。结果表明，相互吸引最初是宿舍房间、床位距离邻近的因素起主要作用，日后随着交往的深化，代之以起主要作用的则是观点、态度的相似性，并且观点态度越相似、一致，彼此吸引力越大。这种因相似而致的吸引，也被称为“自己人效应”。也就是，人与人之间若具有相似的态度、理想、信念、价值观的话，不但双方能互相支持而产生情感共鸣，而且也容易互相预测对方的情感与行为反应倾向。这给我们的启示是，在信息内容的供给和接受上，供给对象对于“非我族类”的内容往往是批判、质疑的，容易启动内心的防御机制，习惯性地去猜测、怀疑对方的话语动机和话语真实性，而对与自己相似的他者，则天然有一种亲近感，因亲近与信任，容易接受对方的说服。因此，思想政治教育内容供给主体可以通过创造和促成人与人之间的这种相似引力，以增进和供给对象之间的亲和力。

三是熟悉引力。我们对某人或某物熟悉,那意味着该人该物与我们有着较高的接触度、曝光度或知名度。由于经常与之接触或其经常被曝光,它们便会在我们脑海留下深刻印象,所谓"熟悉感"也就油然而生,而且这种熟悉感会不知不觉地引发我们一些潜在的心理、态度乃至行为的变化。例如心理学家扎乔尼克就曾指出,增加与人或物的接触,可以让我们产生对其的积极态度。熟悉感之所以能够减少人们对其的距离感,增进人们对其的亲近、喜爱和重视程度,是有其深层原因的。因为,人习惯按照事物的重要程度来分配自己的时间与关注。与此相对,一个事物如果长时间占据了我们的头脑,它在我们心中的重要性会相应上升。因此,通过增加曝光度,通过增加熟悉感,一个事物在人的心目中会变得重要并被喜爱。所以,品牌商品即使在知名以后,依然需要长期、持续地做广告。这就要求思想政治教育内容供给主体在进行信息内容传播的时候,要运用人们熟悉的喜闻乐见的"大众化、时代化"的话语,以增进供给对象对主体的亲近感和喜爱感,从而更好地发挥其传导影响力。但同时,需要注意把握"熟悉"的分寸与尺度,避免主体因过度寻求"熟悉"而招致对象的"重复"与"厌烦"之感,尽可能做到"熟悉"中又不乏新奇、蕴含值得探究之趣。

以上便是我们从思想政治教育内容是一种特殊的精神产品,以及顺利和高效完成、实现对这种特殊产品供给,主体所需匹配的角色意识、角色能力和综合影响力等方面的思考。但最后我们可以发现,尽管分析视角不同,但在具体的论证阐释过程中,它们与习近平总书记在学校思想政治理论课教师座谈会上对广大思想政治教育工作者,以及在宣传思想、新闻舆论工作会议上对新闻和宣传工作者提出的诸如"政治要强、情怀要深、思维要新、视野要广、自律要严、人格要正""做党的政策主张的传播者、时代风云的记录者、社会进步的推动者、公平正义的守望者"等,实质上有着殊途同归的指向。这就需要我们在思想政治教育内容供给的具体实践中,将以上精神融会贯通,并落实遵循。

第四章　新时代思想政治教育内容有效供给的内容管理

正如本书开篇所阐释的那样,供给什么样的内容以及以何种方式供给,是决定思想政治教育内容供给是否是有效供给的两个关键要素。在这一章中,我们将致力回答:我们供给给教育对象的,究竟应该是或者必须是怎样的一种教育内容这一重要问题,并对涉及供给内容方面的一些重大现实问题,给出自己的思考和阐释。

从供给内容为供给活动的目的、目标、任务服务的角度来看,供给给对象的内容一定是满足于活动双方愿望和需要、符合于国家社会规范和要求的内容,这一点几乎是可以十分肯定且毋庸置疑的。但如果从有效供给活动对供给产品品质、质量要求的视角来看,仅仅"满足需要",是远远不够的。它还需要进一步思考,如何通过供给内容的整合管理,以更高质量的内容产品,实现更高水准、更高水平地"满足需要"的问题,也就是供给内容的质量提升问题。我们认为,加强供给内容的"科学化"建设、实施供给内容的"精品化"工程、推进供给内容"一体化"融合,是提升思想政治教育供给内容质量的重要举措。

第一节　加强供给内容“科学化”建设

科学技术的迅猛发展提升了人的主体意识和创造性，也促进了人们思维方式的变革。因此，是否以科学的态度、科学的精神和科学的方法，去认识、揭示事物的本质、规律，展现其科学性和真理性的一面，就成为现代社会衡量一切活动和成果的首要标准。对思想政治教育内容供给活动而言，亦无例外——在谈及供给内容的品质之前，我们必须首先保证它是科学的。甚至从某种程度上可以说，科学性是供给内容高品质的第一前提和首要保障。因而从这个意义上讲，追求思想政治教育供给内容的科学性，对于供给内容的质量提升有着非比寻常的意义。

那么提到“科学”以及“科学性”这一具有浓郁衡量与评判意蕴的术语时，立刻进入大家脑海的恐怕是来自自然科学的关于“客观性、描述性、可重复性、可验证性”等一套标准化的定义，但这套标准可能存在着像彭定光教授所揭示的那样一个问题，“描述性、精确性、可重复性、可检验性却不是任何知识体系都应该同时具备的，因为它们是在另一层面对某一知识体系的特征的把握，它不是着眼于事物的本质和内在规律，而是关注事物的现象”①，也就是，这样一种操作方式，可能并不适用所有学科或知识理论体系，有将某一科学共同体的评判标准硬性套用到所有知识理论体的嫌疑。因此，能够作为所有知识理论是否具备“科学性”的评判标准，应该“不是基于不同知识体系（包括具体内容和形式）之间的差别的，而是立足于所有知识体系的共同性质”的，按照彭教授的说法，对人文社会科学乃至所有知识理论来讲，客观性与真理性应该是其共同的也是唯一的尺度和标准。这是我们讨论思想政治教育内容供给活动科学化建设问题，应有的一个基本前提。而思想政治教育供给内容的科

① 彭定光：《论伦理学的科学性》，《伦理学研究》2021年第6期。

学性必然依托其供给内容的科学化建设来实现。那么,为了尽可能实现或接近这样一个供给内容应有的本真状态以及对真理性的趋向性,我们认为,可以尝试在供给内容的导向、结构以及趋向三个方面下功夫。

一、导向上:体现政治与人文的兼顾融合

科学精神,在人文社科领域的引入与扎根,不仅意味着态度、立场、结果上更趋理性与客观,更意味着研究理念和工作思维上的辩证与去片面、去极端。因而,辩证思维,是从事人文社会科学研究和实践工作的人们应具有的一种基本科学态度和素养。而这一点,对于思想政治教育内容有效供给中的内容科学化建设,尤为重要。

之所以将思想政治教育内容有效供给中政治与人文部分的平衡,摆在突出位置,一者是基于我们前面提到的辩证思维的应有考量,二者则是来源于现实供给活动中,或多或少存在着失衡现象和倾向。正如金林南所指出的那样,思想政治教育是在人们思想领域开展的以教育为主要形式的政治实践;它作为一种独特的政治形态,生成于现代性意识形态政治中并以其为本体;以教育的形式服务于人的政治性存在和发展。① 思想政治教育内容供给中,那些饱含党的指导思想、路线方针政策,国家制度、体制、道路建设和选择等意识形态鲜明的政治性内容供给就成为必然和必须,理应是其供给体系中的重要组成部分。但同时,无论是从思想政治教育产生的根源及其存在的功能和价值,还是从其精神交往的实质而言,政治性的内容供给,不应是它的全部。除此,它还应有人文的部分。这里的人文,主要是指对作为个体的人的精神部分的关注、满足、建设和提升。因为,思想政治教育也是一种旨在通过生产、传递、倡导主流精神文化,从思想观念上建设人的精神世界,从而不断提高人精神发展水准的教育实践活动,它"指向人的精神世界、关注人的生存状态,以改变人

---

① 金林南:《思想政治教育学科范式的哲学沉思》,江苏人民出版社 2013 年版,第 152—154 页。

的精神状态、克服精神危机、营造人的精神家园、提升人的精神品质等为基本方式,必然关涉人的生存本性、在世方式以及人的精神世界等基本的生存论命题"①。因此,思想政治教育活动内容供给活动,在输出供给政治性教育内容的同时,需对标、聚焦个体的精神世界,关注其生存发展中可能遭遇和发生的有关理想信念、价值意义等具有内在性、终极性、超越性的精神意识问题,通过对人生价值意义、发展动力方向、未来蓝图愿景、自我肯定与实现等极具人文关怀的内容供给,为个体的精神发展水平和精神境界提升提供丰富的精神滋养。而这,在社会主要矛盾发生深刻变化的当下,依然还有很长的路要走。

新时代背景下,要实现思想政治教育内容供给政治与人文的兼顾融合。首先,在思维路向上,需坚持以政治的方式"铸魂育人",以人文的方式实现与政治的亲和融通。那么,什么叫以政治的方式"铸魂育人",什么又叫以人文的方式实现与政治的亲和融通?众所周知,"灵魂"这一概念,因与宗教的相伴相生,自产生之初,就带有浓郁的唯心主义和神秘主义色彩。但当它以一种形象的比喻被广泛使用于思想文化工作领域时,便有了唯物主义立场的解读——其"主要指社会精神领域中具有主宰和统领性作用的精神。从马克思主义经典作家的理论阐释,到习近平总书记关于'铸军魂''政治灵魂''人类灵魂工程师''培根铸魂'等重要论述,'灵魂'范畴的内在结构可理解为:作为意义世界核心的信仰、作为观念世界核心的价值观,以及作为心理世界核心的精神"②,亦即不管什么样性质的内容供给和输出,都不仅仅是知识理论的介绍和灌输,其最终均要以此为介质,作用于对象的精神世界和精神领域。"思想政治教育把握人的精神世界的独特方式在于'以政治观之',即从政治角度

① 叶方兴:《精神世界的政治呈现——思想政治教育的精神本性初论》,《思想理论教育》2018 年第 10 期。

② 李忠军:《用习近平新时代中国特色社会主义思想铸魂育人》,《中国高校社会科学》2019 年第 3 期。

把握人的精神世界”①。这种思维路向在思想政治教育内容科学化中的具体体现，便是加大习近平新时代中国特色社会主义思想的内容供给力度，以实现习近平新时代中国特色社会主义思想的“铸魂育人”。而以人文的方式实现与政治的亲和融通则是指，人们对政治的关心、参与、融通、接受是建立在一定的人文素养和人文精神基础之上的；政治内容的供给与传授，要摆脱冰冷、生硬与被拒斥的现状与遭遇，需有人文的关怀与人本的取向，以避免对象的“被操纵感”以及“被工具化”。

其次，在保障思想政治教育政治性内容供给的同时，加大精神性内容的供给。要实现两者的兼顾融合，前者主要涉及的是供给内容的速率、时机、质量等供给较高阶段的问题，而后者在当下，似乎还更多处于亟须重视和解决供给的量的问题阶段。思想政治教育政治性内容供给在整个内容供给输出体系中，一直居于优势地位，并在供给的量上，自觉保持与之匹配、毋庸担心的体量，这与思想政治教育的本质属性密不可分。只要阶级国家存在，政治性内容供给这种处于地位与量上的优势将会一直存在。因而，当前思想政治教育政治内容的供给更多需要考虑的是内容的与时俱进与应时应需等更新和效用问题。比如，作为马克思主义理论中国化最新理论成果的习近平新时代中国特色社会主义思想；百年未有之大变局国际格局大变动大调整下，中国如何看待与世界及他国的关系；国家治理体系和治理能力现代化；中国式现代化道路如何行稳致远等极具时代性和现实性的重要思想理论如何更快、更好地进入我们当下的内容供给视野之中；等等。另一方面，我们的思想政治教育，在很多时候还是容易执着于其外在的功能层次，对人的精神关怀不够，缺少一种对人们内在、深层精神需求的观照、满足和引领，而容易使之陷入华而不实、高大上却不接地气的空洞说教之中。而且，按照思想政治教育贯穿人类始终的发生论观点，即便将来阶级、国家消亡，思想政治教育服务社会管理、致力于人的精

---

① 叶方兴：《精神世界的政治呈现——思想政治教育的精神本性初论》，《思想理论教育》2018 年第 10 期。

神问题解决，从思想上、精神性上把握人、塑造人，构建人的精神世界，提升人的精神品质的作用和功能，将使它继续存续并不可替代。因此，无论从当下人们的应然需要或未来的发展趋势而言，增加思想政治教育精神性内容的供给，都是十分重要和必要的。

二、结构上：讲求建构的系统性与层次性

系统思维由贯通自然与社会的横断性新兴学科——系统学科发端而来，是科学思维的新发展。① 它赋予了人们看问题的一种新思维，从根本上改变了人们看世界的方式，自诞生之日起，就被广泛运用于各行各业的科学研究和实际工作中，成为一种介于哲学和具体科学之间的一般方法论。具体来说，“系统科学以要素、系统环境、系统结构、系统功能等概念，以‘整体不可分性’的‘机体论’和‘整体论’原则，首先批判了经典科学的还原论和机械论，使人们认识活动、科学研究的对象从孤立的部分转向对复杂系统整体及其整体性规律的研究，突出了部分之间不可分割的相互作用以及部分与整体间的层次差别”②，这样的一种系统理论和思维方法在思想政治教育内容供给活动中的一种具体体现和运用就在于，需注重供给内容建构的系统性和层次性。

思想政治教育供给内容建构要体现系统性，是指思想政治教育供给内容不是单一、孤立的个体，或要素部分的凌乱堆砌、无序拼凑，而应是多个相关要素内容，按照一定逻辑或规律，有序组合而成的严密结构体系。它包含两方面内容。一是供给内容的丰富完备。这里的“丰富完备”，说的不是每次具体供给活动中，内容的包罗万象与面面俱到，而主要是就供给内容的总体以及其准备、储备状态而言。亦即，在某一次具体的供给活动中，对象需要的可能只是其中的某一方面的内容，但在下一次则可能遇到的是其他的不同困惑，因而需

① 萧焜焘主编：《自然辩证法概论新编》，商务印书馆 2018 年版，第 232 页。

② 万美容：《思想政治教育方法发展研究》，中国社会科学出版社 2007 年版，第 137—138 页。

要对接的是其他完全不同类别的内容。无数个不同的个体、同一个体不同时段这些不同需求,就无形中对供给内容提出了尽可能丰富完备的要求。同时这也是人的全面发展理论以及社会对其成员要求全面性,在供给内容上的具体体现。人的全面发展是人的本质的全面生成和实现,包括人的各种潜能的充分发挥和人的综合素质的充分提高。社会的进步和时代的发展,社会对受教育者的要求也日趋全面,呈现不断丰富发展的状态。从西方柏拉图理想中的"哲学王"到赫尔巴特的"道德完人",再到斯宾塞的"能够完美生活的人",中国改革开放初期的"四有新人"到中国特色社会主义步入新时代的"时代新人"与"德智体美劳全面发展的社会主义建设者和接班人",对教育对象综合素质的要求越来越高,涉及思想道德、文化水平、体质心理、审美情趣、劳动技能等多方面,这就必然要求思想政治教育供给内容,需从思想理论、社会规范、文化心理、价值观念等多层面,科学构建既包括系统性教育内容,又包含日常性教育内容;既包含共同性教育内容,又包含差异性教育内容等全面、丰富的结构体系。二是供给内容的严整有序。有序,是指事物诸要素之间的排列组合,具有一定的秩序和规则,遵循一定的逻辑顺序。思想政治教育供给内容要严整有序,是由人的认识规律、思想品德的形成发展规律以及时空条件决定的。它集中表现为供给内容在时间上的顺序性和在空间上序列性。前者是指思想政治教育的内容供给不是不分先后、杂乱无章的,而是有一定逻辑考虑和次序排布的。这种供给内容上的顺序性,具体来说,遵循由简单到复杂、由低级到高级、由具体到抽象等逻辑顺序。当然,此外,从个体生命成长的角度来看,它还有着一个对应和匹配不同年龄阶段主体的认知理解能力,由浅入深、逐层递进的前后过程和先后顺序。后者则是指思想政治教育供给内容因其供给活动发生的环境、场域不同而产生的空间划分和序列排布问题。最常见的就是基于家庭、学校、社会不同生活场域而产生的家庭思想政治教育内容供给、学校思想政治教育内容供给和社会组织思想政治教育内容供给;基于现实世界的线下思想政治教育内容供给和虚拟世界的线上思想政治教育内容供给等。虽然这些领域的供给活动及供给内容在很多时候是缠绕交织、渗透融通的,但它们依然内在地保持有自身的空间序列性,遵循自身的性质特点和作用方式。

思想政治教育供给内容构建要注重层次性,是由思想政治教育供给目标与供给对象的层次性决定的。邓小平指出:“我们在鼓励帮助每个人勤奋努力的同时,仍然不能不承认各个人在成长过程中所表现出来的才能和品德的差异,并且按照这种差异给以区别对待,尽可能使每个人按不同的条件向社会主义和共产主义的总目标前进。”①也就是供给对象不是整齐划一的,而是在接受能力、理解水平,甚至在思想境界、才能品德方面表现出较大的个体差异性,因而无法用统一的标准去衡量要求。致力供给内容建构的层次性,一是在坚持先进性和广泛性要求下,对思想政治教育供给内容基础性部分、主导性部分和拓展性部分不同层次内容的区分和完善。② 思想政治教育供给活动中的先进性要求,是针对人民群众中的先进分子和群体所提出的理想性目标和要求,反映的是人类社会发展的总趋势与社会主义生产关系的本质要求,具有进步性、理想性和超越性;而广泛性要求则是针对社会大多数成员提出的,必须、应当且可以达到的最起码、最基本要求,具有基础性、现实性和普适性。二者有各自的适用范围和标准,却又相互依存、相互渗透。思想政治教育供给内容建构坚持先进性要求和广泛性要求相结合,就是要处理好特殊性与普遍性、共性规范与个性诉求、高标准与低起点、主旋律与多样化等辩证关系。具体来说,即区分、建立和完善内含思想政治教育基本要求的基础性内容(如传统美德、社会公德等);反映社会主导要求的较高层次内容(如社会主义核心价值观、形势与政策等);体现先进性、发展性的更高层次内容(如共产主义理想信念、人类命运共同体、绿色生态等)在内的既相互联系,又层次分明且层层递

---

①　《邓小平文选》第二卷,人民出版社 1994 年版,第 106 页。

②　关于思想政治教育内容由基础性内容、主导性内容和拓展性内容三个层次内容组成的观点,参见熊建生:《思想政治教育内容结构论》,中国社会科学出版社 2012 年版,第 148 页。

进的内容供给体系。二是在坚持共性化和差异化需求下,对不同年龄阶段、不同职业类别群体人员内容供给的区别对待。人的需要的多样性、社会实践的丰富性、社会关系的广泛性,决定了人的思想意识的复杂性与思想水平的差异性,从而决定着思想政治教育供给内容的层次性。正如列宁所说:"工程师为了接受共产主义而经历的途径将不同于过去的地下宣传员和著作家,他们将通过自己那门科学所达到的成果来接受共产主义,农艺师将循着自己的途径来接受共产主义,林学家也将循着自己的途径来接受共产主义,如此等等。"①新时代背景下,大学生和领导干部等重点人群以外的部队、农村、社区等区域人群,孤寡、留守、残疾等弱势人群,新经济组织、新社会组织、新媒体从业人员以及自由职业者等新兴群体,日益突出的群体化形象和特征,更是要求思想政治教育内容供给要避免不分对象群体类别层次的一锅端、一刀切,而应针对供给对象诸多的"差异"和"不同",提出不同层次的思想道德素质和行为规范要求,为思想政治教育内容有效供给目标的实现,准备和提供有所区别、有所侧重的差异性内容。

三、趋向上:保持生成发展的开放性姿态

被冠以科学之名的任何理论或事物,之所以能够被称为是"科学的",其首要一点,便是其能始终使自身处于或保持在一种不懈探索、革故鼎新、日趋完善的未完成状态。因而,在发展趋向上,保持思想政治教育供给内容建设的生成性和开放性姿态,是思想政治教育供给内容科学化建设的题中应有之义。除此,思想政治教育系统与社会大系统、社会他系统的深度交织互构,社会由封闭走向开放,世界的日趋一体融合等,也决定了思想政治教育供给内容建设不可能局囿于一方水土之中。这也正如郑永廷教授所言:"这种全球性的思想道德既分化、又组合,既建构、又解构的同时发生,这种开放环境中的思想道

① 《列宁选集》第4卷,人民出版社1995年版,第442页。

德既相互渗透、借鉴,又相互矛盾、冲突的状况,是现代思想道德教育不容回避的,是不能用过去那种'自我设限',对外封闭,一概排斥,简单批判斗争的方法解决的。"①这就要求思想政治教育供给内容建设,在总体以及对内吸收和对外输出上,应双管齐下、多重做功,以保证和促成其始终处于开放、生成、发展科学化建设道路中。

保持思想政治教育供给内容建设的生成性与开放性,需坚守好内容建构"变"中有"不变"的方法论原则。生成与未完成的开放状态,本身就暗示和意味着变动不居的潜在和可能。但这种"变",不是随心所欲、毫无节制、变幻莫测的,而是始终与"不变"相依互存、辩证统一的。就思想政治教育供给内容建构而言,实质涉及的是思想政治教育供给内容及其体系的稳定性与开放性、继承性与时代性的问题。从大的层面来讲,"思想政治教育始终是一项观念性的社会实践活动,思想政治观念就是稳定的内容要素"②,从具体方面来讲,我国社会主义的国家性质以及思想政治教育从属于马克思主义理论一级学科的学科属性,党的十九届四中全会明确提出坚持马克思主义在意识形态领域指导地位的根本制度等,内在地决定了马克思主义理论是我国思想政治教育根本内容,这是思想政治教育供给内容体系中具有稳固性的"不变"内容。或者,从另一个角度,就供给内容应坚持的政治方向而言,"必须始终坚持以马克思主义为指导、以社会主义的办学方向为指引、以'四为服务'为宗旨"③,这一点在较长历史阶段之内也是不会发展变化的。但同时,从时代发展的微观视角而言,人民精神文化需求日益多样化、分众化、分层化的发展趋势,又需要我们的思想政治教育理论和内容在与之适应、匹配中不断作出变革和调整。

---

① 郑永廷:《现代思想道德教育理论与方法》,广东高等教育出版社 2000 年版,第 88—89 页。

② 陈念、金林南:《论思想政治教育内容结构的分化与重构》,《思想教育研究》2018 年第 10 期。

③ 胡鹏:《论新时代思想政治教育内容的"变"与"不变"》,《思想政治教育研究》2022 年第 2 期。

例如国家治理体系和治理能力现代化的时代要求，危急状态下人们之于思想和精神的特殊需求等，将以何种方式体现或进入我们的思想政治教育内容体系；移动互联时代，如何对各类在线学习平台，微信、抖音等网络社交软件中的不同群体，进行不同类型或不同样态的思想政治教育内容供给和投放等，并使其发挥其应有的价值和作用，是我们需要深入思考的问题。

保持思想政治教育供给内容建设的生成性与开放性，需处理好内容吸收中的“中”“西”“马”三者的关系。思想政治教育供给内容建设的生成性与开放性，同时意味着其处于从过去到将来的过程之中，以及由自身及他者的联系性之中。具体表现为，思想政治教育供给内容建设在纵向上如何看待和处理自身与过去、传统的联系；在横向上如何看待和处理自身与他学科、他意识形态领域的关系等问题，亦即如何看待和处理思想政治教育供给内容吸收中的“中”“西”“马”三者的关系问题。我们认为，新时代思想政治教育供给内容建设要保持生成性与开放性，需要合理利用各种思想政治教育文化资源，在继承和弘扬中国优秀传统文化与吸收和借鉴世界先进文明成果之间保持适度张力，以建立起各种文化资源和先进理论相互资用、和融共生，“马学为体、西学为用、国学为根”①的思想政治教育供给内容体系。为此，思想政治教育供给内容建设中，要做到“‘守望传统、走向现代’：一是原典挖掘，即读透读通马克思主义经典著作、中华原典和西方原典，把握不同时空起点的思想政治教育的内容精髓；二是发展梳理，通过对‘中’、‘西’、‘马’历史视阈中思想政治教育诸种形态对思想政治教育内容的规定性的梳理，取其精华、弃其糟粕；三是综合创新，从中国当代的实践和世界发展的局势出发，打通传统和现代、本国和世界，赋予思想政治教育内容以现代性质性”②。

---

① “马学为体、西学为用、国学为根”，采用了中国社会科学院程恩富的观点和提法。他在《光明日报》、人民网以及学术期刊上，谈及中外马克思主义、国外非马克思主义社会科学和中国古近代社会科学的知识体系的地位，以及中国政治经济学现代化的学术原则等时，均有过此类判断和表述。

② 盛跃明：《思想政治教育转型论：现代性的观点》，人民出版社 2015 年版，第 231 页。

保持思想政治教育供给内容建设的生成性与开放性,需讲述好内容输出中的"中国故事"。"开放"意味破除、走出封闭。波普尔在《开放社会》中指出,现代社会由封闭走向开放是人类社会形态的重要转折和历史进步。经济全球化、文化多样化、社会信息化快速深度发展的当下,世界各国正以开放、融合的姿态,日益成长为一个你中有我、我中有你,休戚相关的人类命运共同体。中国作为全球事务和发展繁荣的参与者、推动者与贡献者,更是以其巨大的发展成就以及与日俱增的国际影响力,逐步步入世界舞台中央;中国道路、中国方案也日益引起国际社会的密切关注与高度期待。此时代背景下,"讲好中国故事,展现真实、立体、全面的中国,提高国家文化软实力"①,就成为开放环境下,体现和增进思想政治教育供给内容建设开放性的必然要求。同时,构思好、设计好、讲述好"中国故事",也是破除西方"中国偏见论"的迫切需要。正如有学者所提出的那样,"西方话语中的'中国'概念,是建立在'想象的异邦'基础之上"②;以致西方世界知识体系中的"中国",仿佛一个缺席者,空出来的那个座位总是有异邦人在李代桃僵地对"中国"进行叙述。③ 为此,面对全球一体化进程中的国际友人群体,思想政治教育供给内容的科学化建设,需预留对外展示的窗口和通道,围绕我国和世界发展面临的一些重大问题,凝练提出能够体现中国立场、中国智慧、中国价值的理念、主张、方案,"讲好中国特色社会主义的故事,讲好中国梦的故事,讲好中国人的故事,讲好中华优秀文化的故事,讲好中国和平发展的故事"④"不仅要让世界知道'舌尖上的中国',还要让世界知道'学术中的中国'、'理论中的中国'、'哲学社会科学中的中国',让世界知道'发展中的中国'、'开放中的中国'、'为人类文明作贡

---

① 习近平:《决胜全面建成小康社会　夺取新时代中国特色社会主义伟大胜利——在中国共产党第十九次全国代表大会上的报告》,人民出版社 2017 年版,第 44 页。

② 陈先红、宋发枝:《"讲好中国故事":国家立场、话语策略与传播战略》,《现代传播》2020 年第 1 期。

③ 葛兆光:《缺席的中国》,《开放时代》2000 年第 1 期。

④ 《习近平关于社会主义文化建设论述摘编》,中央文献出版社 2017 年版,第 212 页。

献的中国'"①。2021年中国政府对外公开发行的《中国的民主》白皮书中对中国全过程人民民主的全面介绍,以及2022年党的二十大报告中对"中国式现代化道路"理论的系统阐释,可视为中国特色、中国智慧、中国方案的精彩展现,也充分体现了内容供给应有的全球视野与开放眼光。

第二节 实施供给内容"精品化"工程

质量是产品的生命力。对文化精神产品而言,好的品质不仅体现和反映生产者的创造水平和生产能力,更是吸引、引导、启迪人们的重要武器。2015年,习近平总书记在文艺工作座谈会上的讲话中指出:"推动文艺繁荣发展,最根本的是要创作生产出无愧于我们这个伟大民族、伟大时代的优秀作品。没有优秀作品,其他事情搞得再热闹、再花哨,那也只是表面文章,是不能真正深入人民精神世界的,是不能触及人的灵魂、引起人民思想共鸣的。"②这对期望以"思想的闪电",击中人民心灵的思想政治教育内容供给而言,又何尝不是?——我们长期抱怨的内容接受不佳、对象需求外溢,恐怕也正是缺乏这样一批经由耐心选择转化、精心加工设计而成的内容精品所致。这就迫切需要思想政治教育内容供给者树立内容"精品化"建设理念,实施供给内容"精品化"工程,以追求卓越、精益求精的态度和精神,对待思想政治教育供给内容的选择、转化和生成,产出精品、多出精品。同时,加强对已有内容产品的整合优化以及综合治理,以为精品内容的存在和产出释放更多的产能和空间。

一、树立"有料、有用、有味"的精品化理念

思想政治教育内容"精品化"建设理念主题,涉及何为思想政治教育内容

① 习近平:《在哲学社会科学工作座谈会上的讲话》,人民出版社2016年版,第17页。

② 习近平:《在文艺工作座谈会上的讲话》,人民出版社2015年版,第7页。

精品、思想政治教育内容精品产出与精品化意识和建设理念又是一种怎样的关系、树立精品化意识和建设理念从何入手等一系列问题。而在回答这些问题之前,我们首先有必要回顾下第一章中,基于"供给"视角,对思想政治教育内容"产品"属性的定义和理解。因为,"精品"之"精",很多时候是建立在"产品"的属性和基础之上的。在第一章中,我们特别指出:当我们讲供给的思想政治教育内容也是一种内容"产品"的时候,这里的"产"指向的不是我们经济学通常意义上的,来自工业化生产流水线上的"生产"和"制造",而更多从其耗费了人一定的体力脑力,是人们经由脑力"创作""加工"而形成的精神产物和智慧结晶这一角度而言;亦即我们传递供给给教育对象的思想政治教育内容,实际上不只是内容本身,而是经由教育者选择、转化、加工后的内容产品。明白了这一点,当我们从产品以质量立身的角度,谈思想政治教育内容精品以及精品化便有了合理性基础。

接下来,回到我们在段首提到的几个问题。首先是何为思想政治教育内容精品?或者说是何为思想政治教育精品内容?《说文解字》语:"精",择也。故在现代汉语中,"精"的初始本义为挑选过的好米、上等细米。待其后以"精品"的词组出现时,便用于泛指一切制作精良、质量上乘的物品或作品(产品的具体形态)。制作精良、质量上乘可以说是一切"精品"共有特征的概括和体现。但如果从"精"在思想政治教育内容产品上的具体呈现来看的话,有料、有用、有味可视为思想政治教育内容精品应具有的独特品质和内涵。"有料",又称"有货",意味言之有物、有真材实料,与空洞、肤浅相对。思想政治教育的精品内容"有料",突出表现为其在思想、理论上应有的精深。即以思想与理论的深刻性,凸显供给内容的饱满内核,而非哗众取宠式的肤浅拼凑与平面线性的照本宣科。此可谓思想政治教育内容"有料"不同于其他"有料"的特殊属性。2019 年 3 月 18 日,习近平总书记在学校思想政治理论课教师座谈会上,提出增强思想政治理论课的"思想性、理论性和亲和力、针对性",便是将思想政治教育内容的应以科学的思想、深刻的理论充盈自身、说服他人，提到了相当高度。“有用”，则可理解为“有意义”“有作用”。这是“物”被生产和制造，最终能被接纳、消费的根本内核。能被称为“精品”的思想政治教育内容，一定是满足了某种需要，具有某种功用和价值的。在新时代背景下，思想政治教育内容精品与很好地“答疑解惑”“提升精神境界、思想修为”“为一生成长奠定科学的思想基础”，培育“可靠的社会主义建设者和接班人”和“担当民族复兴大任的时代新人”这些“有用”紧密地联系在一起。“有味”，则更多是在精品内容“有料”“有用”本质内核之外，对于满足对象感官、情绪上的，类似锦上添花式的要求。因为，人是理性动物，也是容易受情绪、直觉影响的非理性人。在高大、深刻、严谨之外，依然需要“趣味”“轻松”等元素的对冲与平衡。教育部原部长陈宝生在谈到学校思想政治理论课教学改革时，提出要把思政课讲得“有滋有味”，做到“配方”先进、“工艺”精湛、“包装”时尚，以提供香味形俱佳的精神大餐，让大家愿意吃、喜爱吃，可谓对精品思想政治教育内容“有味”的精彩阐释。

而要产出有料、有用、有味的思想政治教育内容精品，无疑需要思想政治教育内容供给者，首先树立这样一种“精品化”意识和“精品化”建设理念。当“精品”作为一种主观意识存在于人们的脑海中，便会以“精品化”意识和“精品化”理念的形态，以指导思想、判断标准和质量要求的形式，作用和影响于主体的生产实践活动。习近平总书记在文艺工作座谈会上曾言：“凡作传世之文者，必先有可以传世之心”。早在其任浙江省委书记时所作的《在省社科联第五次代表大会上的讲话》中，就提出要树立精品意识，创造学术精品。虽说有精品的意识和理念，并不一定就有精品的产生，因为这还涉及主体能力和环境条件等诸多因素。但“精品”之作必然以“精品”意识和“精品化”理念为前提，没有主观上的“精品”意识和“精品化”理念，就不可能有客观上的“精品”之作的产生。思想政治教育供给的内容需要精品、需出精品，是供给主体对自身劳动产出的一种目标定位和精神追求，而思想政治教育供给内容精品的产出，则是主体这种目标定位和精神追求成功实现和转化的客观结果。

在这个各种信息、各种内容充斥泛滥的时代，我们将比任何时候都需要优质的、精品的思想政治教育内容的生产和供给，并期待它以其清新、睿智之风，涤荡萎靡、启迪思想、温润心灵、陶冶人生，这是思想政治教育供给活动“内容为王”的深刻体现，也是新时代思想政治教育现代转型发展的必然要求。而这都需要思想政治教育工作者在“精品化”意识和“精品化”建设理念的指导下，以孜孜不倦、追求卓越的职业精神去逐步实现。

二、建设结构化和非结构化相统一的内容精品库

以思想政治教育内容优质输出，而被新华社及《光明日报》等多家国家级主流媒体宣传报道的、江南大学马克思主义学院教授唐忠宝曾言：“思政产品千篇一律，优质的内容万里挑一”，可以说道破了思想政治教育内容供给的窘迫困境。内容以精品的标准产出并以“库”的群集方式存在，是供给内容建设和质量提升的终极目标，也是供给主体精品化建设理念下的一种结果呈现。但从另一个角度讲，单个或批量内容精品的产生又不是一蹴而就的，而是分批分阶段，且新的好的产品性能的产生大多有赖于原有优质产品好的品质基础，或者是以原有高品质内容为素材的重新建构和组合。因此，无论是从新的精品内容的产生角度而言，还是从内容建设的目标结果维度而言，建设品类丰富的内容“精品库”既是手段，又是目的；既是过程，也是结果。

那么，对思想政治教育内容供给活动而言，我们又应该怎样着手这样一种内容精品库的构建呢？如果从内容产品的单个形态来看，我们知道，有文本的、图片的、视频的、音频的，语言的、肢体形态动作的、仪式的，线上的、线下的等，这也正是其内容品类多样性、丰富性之所在，但一个优质的精品内容更多时候显然是多种形式内容元素的集合与再造，某一类型的内容精品库也是众多优质内容产品的群集，因而，从组合和建构的视角来看，思想政治教育内容精品以及内容精品库的建设主要有结构化和非结构化两种思路。

一是以结构化的思维建设各种课程性的思想政治教育内容精品库。这种

内容精品及库群的建设，一般与学校思想政治理论课各门课程密切相关。亦即它根据马克思主义理论学科和思想政治教育专业的课程体系、教材体系、知识体系来生产、组织供给内容产品及其库群，其常见的产品和库群类型有各种课程案例精品集、各级精品课程网站的精品课程集，各类思想政治教育优质慕课和视频公开课，各类专题学习网站和专业资源库的精品内容等。这些精品内容大多经过内容生产者结构化的处理，强调与专业学科知识体系的连接性和一致性，往往大而全，有较强的整体性和系统性。例如由人民出版社出版、教育部高等学校社会科学发展研究中心组编的《师说——导航新时代》，就是以光辉旗帜、历史定位、伟大工程、深化改革、奋斗目标、人民民主、教育强国、美丽中国、国家安全、大国外交为线索结构，通过高校知名专家学者的讲解阐释，集成产出了大型思政公开课的优质内容。中宣部制作发布的集文字、图片、视频、音频于一体的高水平、高品质的习近平新时代中国特色社会主义思想三十讲课件也是此类型内容建设的代表之作。除此，由全国高校思想政治工作网、全国高校思想政治理论课教师网络集体备课平台、中国大学生在线、易班等精心打造的涵盖思想理论阐释、抗疫故事、错误言论批驳三大板块在内的优质内容素材包，面向广大思想政治工作者分期上线；北京高校思想政治理论课高精尖创新中心举办的“名家大家讲党史”、思想政治理论课青椒论坛系列、北京市学校思政课教师“同备一堂课”系列等优质内容的输出，均为我们从结构化的思维出发，构造以专业课程体系和知识体系为主体线索的思想政治教育内容精品库建设，提供了启发和借鉴。

二是以非结构化的思维建设各种类型化的思想政治教育内容精品库。与传统的大多按照书籍的循序渐进来习得知识不同，互联网时代的信息知识排布，不再像书本那样呈现出按层次和先后顺序的线性结构，而是以一种超级链接的形式将信息或知识点连成一个错综复杂的网状立体结构，并且这种点与点的连接还时刻处于不断被拆解和重构的变动之中。这就首先外在地决定了，我们的知识内容供给不可能生活在只对接课堂、课本系统化知识体系的真空里。同时,从建构主义学习理论来看,知识是不可能完全依赖老师来教授和传递的,它必须是自己到真实情景里去发现、去寻找。"所谓真实的情景可不像书本上讲的那样简单明白,它不会告诉你这里是数学,那里是物理,上面是哲学,下面是有机化学。一切都是糅合在一起的,一切都是模糊不清的。我们在真实情境下遇到的问题大都不是结构化的,而是零散的、非结构化的问题,需要我们自己去发现、梳理、加工、整合。"①因此,在围绕课程教材进行的系统化的思想政治教育精品内容建设之外,我们还需大力生产和建设各种类型化的思想政治教育内容精品及精品库。这类内容精品资源往往相对独立、自成体系,以思想政治教育范围内的某个问题为中心,将相关知识从思想政治教育的学科体系,甚至是其他学科或专业知识体系中抽取出来,进行重组和再造。它们可以是不同学科从不同角度讲解某个知识点的精彩微课或微视频,也可以是"如何看待当今中美关系"深度理论剖析文章,甚至可以是回答"基层思想政治工作如何做"的经典案例合集等。而显然,与市场化的内容营销中,对类型化内容的专、精、深相比,这一块我们做得还不够,精品的资源也还是比较缺乏。

但令人倍感欣慰的是,仍有思想政治教育领域的教师或工作团队,在此方面进行了许多有益探索。例如开头提到的唐宝忠教授出品的,以诸如《那年樱花败:无常的日本和纠结的我们》等为题,串起的对"为什么时至今日日本仍然不道歉";"为什么日本领导人参拜靖国神社"……"如何看待抗日战争中国共两党的贡献";"如何看待爱国主义"等问题的剖析和回答,就成为以时事或人们关心的问题为切入点,整合国外史、中共党史以及爱国主义教育等跨学科重要理论问题的精品之作(此仅为其中的一个精品内容主题),并被《光明日报》、教育部官方微信"微言教育"、新华网、中国青年网等权威媒体竞相报道。除此,还有南京航空航天大学马克思主义学院党总支书记徐川领衔的

① 王竹力:《碎片与重构:互联网思维重塑大教育》,电子工业出版社 2015 年版,第 4 页。

“川流不息”思政工作团队，围绕“党史党建”“思政工作”“传统文化”参与录制的《七分钟速览我们党的96周年》《不一样的马克思》《平“语”近人》等优质视频节目，编辑撰写的系列主题鲜明、可读性强的通俗读物，以及为人喜闻乐见且影响力巨大的网络思政文章等。还有“学习大军”等微信公众号团队打造的理论思想“有声品读”等亦属于此类思想政治教育内容精品。

总而言之，从精品化内容及内容库建设对主体需要满足的角度来看，结构化思维下的各种课程性思想政治教育内容精品资源，旨在帮助供给对象“复原”原有的学科知识体系，其面对的主要是学校系统内的人员群体；而非结构化思维下的各种类型化思想政治教育内容精品资源，则旨在帮助供给对象围绕个人兴趣和问题解决需要，对自身的知识结构进行完善与重构，面向的受众群体则更加多样和广泛。但不管是以上哪种类型的精品生产及精品资源库建设，均需我们拿出市场上做内容营销主体的干劲和精神，去追求我们思想政治教育内容供给的精品产出。

三、加强信息和舆论内容生态的综合治理

思想政治教育供给内容整体质量的提升既在于自身内容的精品建设，也在于周边内容生态的综合治理。没有清朗文明、同向同行的内容生态环境，思想政治教育内容精品的生产也将步履维艰。因此，一方面，我们需要通过思想政治教育自身内容精品化的生产建设来保障其品质；另一方面，我们还需通过加强信息内容和思想舆论的生态治理，以为思想政治教育精品内容的生产营造良好的生态环境，释放更多的产能和空间。

首先，加强信息内容的生态治理，营造同向同行的思想政治教育内容优质供给大环境。从信息社会的时代大背景来看，思想政治教育供给饱含的价值观念、思想意识、价值规范的信息内容，也只是社会复杂交错内容信息系统中的一支。要想其能够以精品化的方式批量产出，并有效发挥其作为精品的强大引领、引导效用，必须充分发挥环境氛围的正向晕染效应。而在互联网与信

息传播深度融合、信息爆炸式增长和输出的时代，以网络空间为对象的信息治理成为当下信息内容生态治理的重中之重。党的十九届四中全会明确提出，要“加强和创新互联网内容建设，落实互联网企业信息管理主体责任，全面提高网络治理能力，营造清朗的网络空间”①。2019 年 12 月，国家互联网信息办公室发布的《网络信息内容生态治理规定》，对内容安全的边界进行了进一步明确，指出网络信息内容生产者不得制作、复制、发布含有“反对宪法所确定的基本原则；危害国家安全，泄露国家秘密，颠覆国家政权，破坏国家统一；损害国家荣誉和利益；歪曲、丑化、亵渎、否定英雄烈士事迹和精神，以侮辱、诽谤或其他方式侵害英雄烈士的姓名、肖像、名誉、荣誉”等内容的违法信息；应当采取措施，防范和抵制制作、复制、发布含有“宣扬低俗、庸俗、媚俗”和“可能引发未成年人模仿不安全行为和违反社会功德行为、诱导未成年人”等不良信息内容。② 这就从制度和法治层面，对整体的信息内容生态环境建设和治理作出了部署和安排。2020 年 6 月，国家网信办以此为依据，对国内 31 家主要网络直播平台进行的内容生态专项巡查，对“虎牙”“斗鱼”“哔哩哔哩”“映客”直播和“西瓜”视频等 10 家网络直播平台存在的内容低俗庸俗、无营养无价值以及传播不良价值观、危害青少年健康成长等乱象进行的打击整治，均起到了很好的警示效果。未来，在信息内容的生态治理方面，仍需进一步明确信息内容生产者、信息内容服务平台、信息内容服务使用者、信息内容监管者各自的责任和义务，利用先进的技术手段，依法反对违法信息，防范和抵制不良信息，唱响主旋律，弘扬正能量，与思想政治教育内容精品化供给同向同行。

其次，加强思想舆论领域“黑、灰地带”的生态治理，为思想政治教育内容的“红色”供给释放更多产能和空间。2013 年，习近平总书记在全国思想宣传

---

① 《中共中央关于坚持和完善中国特色社会主义制度　推进国家治理体系和治理能力现代化若干重大问题的决定》，人民出版社 2019 年版，第 24 页。

② 中央网信办：《网络信息内容生态治理规定》，见 http://www.cac.gov.cn/2019-12/20/c_1578375159431916.html。

工作会议上指出，思想舆论领域大致分为红色、黑色和灰色三个地带。① 其中红色地带，由我们主流媒体和网络的正面力量构成，以推出和传导主旋律、正能量的思想内容为主；而黑色地带则充斥包含着社会和网络空间中的负面言论，以及各种敌对势力制造的信息舆论，这些虽不占主流，但其影响不容小觑；灰色地带则是介于红色和黑色地带的"模糊"区域，有转"黑"的危险性，亦有转红的可能性。因此，从思想舆论领域的内容治理和生态建设来看，需要对不同颜色的舆论地带实施不同的应对策略，为红色地带的内容生产争取更多的阵地空间。具体来说，对于黑色地带，首先在正视其存在并保持高度警觉性的基础上，学会运用党和国家以及法治的力量从外部进行打压，缩小其生存空间；同时要"勇于进入，钻进铁扇公主肚子里斗"，从内部进行分化瓦解，内外夹攻，全面应对，逐步推动其改变颜色。而"灰色地带"的思想言论虽不像黑色地带的那样带有鲜明的反动性或颠覆性，"从政治颜色上讲，它既不红，也不黑，而是呈现出某种灰色调或杂色调……在这个地带上，许多人处在沉默状态，不具有也没有表示出鲜明的态度和思想观点。也有许多人思想状态呈现灰色，或尚处在过渡转化之中，还没有形成一种明确的结论。这个地带还有各种杂色的舆论，有的偏于正向，有的偏于负面，但又都不够明确。"②但毋庸置疑的是，其地带领域应该是十分广阔的，毕竟坚定的红色和极端的黑色都是相对少数。因此，对这"非红非黑"、温吞、模糊的中间地带，通过开展大规模的引领引导工作，"防止其向黑色地带蜕变"是原则底线，"加快促其向红色地带转化"是目标愿景。

---

① 中共中央文献研究室：《习近平关于社会主义文化建设论述摘编》，中央文献出版社2017年版，第30—31页。

② 刘建军：《论思想舆论领域"三个地带"划分及应对策略》，《马克思主义与现实》2019年第3期。

第三节　推进供给内容"一体化"融合

关注、聚焦思想政治教育供给内容的"一体化"建设问题，是对新时代深化学校思想政治理论课改革创新、"统筹大中小学思政课程一体化建设"的有力回应。但在本书研究中，思想政治教育内容的"一体化"建设，虽起始于或重点在于学校的思想政治理论课程内容"一体化"建设，但又不局限于学校大中小学不同学段思想政治教育供给内容的一体化衔接，还同时指向学校、家庭与社会，线上、线下等多空间思想政治教育供给内容的同向互补。

一、加强不同学段供给内容的有机衔接

学校及学生群体，是思想政治教育内容供给活动发生及作用的主要场所和重点人群。因此加强思想政治教育供给内容的一体化建设，其首要任务便是整体规划大中小学思政课的教育内容，形成"承上启下"、"瞻前顾后"、有机衔接的内容供给体系。这是"落实习近平总书记'在大中小学循序渐进、螺旋上升地开设思想政治理论课'要求的具体举措，也体现了青少年思想品德形成发展规律、思政课课程目标的层次性特点和教学内容系统性的要求"①。青少年思想品德的形成不是一蹴而就的，其思想认知和德行品格发展需经历一个由感性到理性、由低级向高级、由简单向复杂的螺旋上升过程。因此，作为一种重要的外部引导因素，教育内容的供给和输出，需遵循适应青少年品格形成发展的这一规律，根据不同学段学生的特点，循序渐进地供给不同认知层面的教育内容。但同时，各学段的教育内容又不是彼此孤立的，而是围绕思想政治教育共同目标，对应不同阶段的具体任务，呈现出系统性、层次性和序列性的特点。

---

① 万美容、陈迪明：《内容：大中小学思政课一体化建设的核心要素》，《北京工业大学学报》（社会科学版），2020 年第 1 期。

提出增强不同学段供给内容的有机衔接，主要是为了解决内容设置中存在的重复、断层和倒置问题。当然，对于一些重点难点问题，适当的重复是加深其理解的重要方式，某种程度上也是我们需要遵循的教育规律之一，是必要的也是必需的。但我们这里所讲的、需避免的是沟通交流不畅而导致的不必要重复问题。由于中小学和大学分属基础教育和高等教育两类不同的教育系统，二者在运行模式和管理模式上存在较大差异，几乎是在各自的系统内按照各自一套规范要求独立、封闭运行。较少的交流融通以及各自出于完备性要求，而对思想政治教育教材教学内容所作的系统性构建，就难免存在交叉重复的问题。即便是在同属基础教育系统的高中学段和初中学段，这种现象也时有发生。比如，哲学中关于物质与意识、生产力与生产关系、经济基础与上层建筑的辩证关系问题，不仅会在高中的《哲学与文化》教材中，而且会在大学《马克思基本原理概论》的教材里重复出现。政治中关于国家性质和国家基本制度、根本制度等问题，既出现在高中《经济与社会》的教材中，也出现在初中《道德与法制》的教材中。诸如此类，不一一列举。正如前面所讲到的，如果这种重复是为加深理解和印象的、有所同又有所不同的、螺旋式上升的、有技巧的重复，那么这种重复是必要的、合理的。但我们看到，仍有许多重复是不必要、不合理的，反而增加教育者的倦怠与教育对象的反感和排斥。同时，不同学段教育内容的断层和倒置现象也比较严重。例如小学初中阶段，侧重于学生情感体验和习惯养成的教育内容，会因高中、大学阶段侧重于思维、事理的转向，而导致教育内容延续性某种程度的断裂和缺失等；人们时常诟病的给小学生讲共产主义，给大学生讲人际交往和礼仪，便是教育内容倒置的体现之一；等等。因此，从现实的角度而言，加强不同学段供给内容的有机衔接也十分迫切和必要。

具体来说，增强不同学段供给内容的有机衔接，首先要提高认识，做好顶层设计，构建大中小学不同学段供给内容的一体化布局。亦即要对整体规划的必要性和紧迫性有充分认识，组建包括大中小学领域内专家和一线教师在内的专业队伍，对不同学段的思想政治理论课程内容、教材内容进行系统性规划、整体性布局，使得大中小学不同时段的内容供给既各有侧重，又遵循小学、中学、大学学生的身心发展水平、实际需要和接受能力，层级递进式地逻辑展开。其次要基于目的，对准目标，确定大中小学不同学段思想政治理论课供给内容。基于目的，就是始终围绕“为人民服务，为中国共产党治国理政服务，为巩固和发展中国特色社会主义制度服务，为改革开放和社会主义现代化建设服务”①这一教育的根本目的来设计供给内容。同时，教育目标又是教育目的的具体体现，每一学段的教育内容设计需紧紧围绕该学段的教学目标展开。2019 年 8 月，教育部在《关于深化新时代学校思想政治理论课改革创新的若干意见》中明确指出，学校思想政治理论课的各阶段课程目标是“大学阶段重在增强使命担当，引导学生矢志不渝听党话跟党走，争做社会主义合格建设者和可靠接班人。高中阶段重在提升政治素养，引导学生衷心拥护党的领导和我国社会主义制度，形成做社会主义建设者和接班人的政治认同。初中阶段重在打牢思想基础，引导学生把党、祖国、人民装在心中，强化做社会主义建设者和接班人的思想意识。小学阶段重在启蒙道德情感，引导学生形成爱党、爱国、爱社会主义、爱人民、爱集体的情感，具有做社会主义建设者和接班人的美好愿望”②。2020 年 12 月，由中共中央宣传部和教育部联合印发的《新时代学校思想政治理论课改革创新实施方案》中，再一次明确了这一分学段目标，并对不同学段的教育内容进行了详细划分和指导。据此，小学阶段的思想政治理论课内容需“以学生的生活为基础，主要讲授学生与自我、家庭、班级、社会、国家、世界、自然的关系”，解决其生活、学习的习惯养成问题，培育其对党和国家、人民的深厚感情；初中阶段“以学生的体验为基础，主要讲授个人和集体、自我和时代、社会规则和社会秩序、社会责任和社会担当、宪法和法律、

① 《习近平谈治国理政》第二卷，外文出版社 2017 年版，第 377 页。

② 《关于深化新时代学校思想政治理论课改革创新的若干意见》，人民出版社 2019 年版，第 5 页。

国家利益和国家目标、中国和世界等内容”，引导学生明确“是什么”，坚定“四个自信”；高中阶段的思想政治理论课则“以学生的认知为基础，讲授中国特色社会主义的开创与发展，习近平新时代中国特色社会主义思想的丰富内涵、思想精髓和理论意义”，注重课程内容设计的知识性，实现由“事”到“理”的升华转换，使学生不仅“知其然”，还要“知其所以然”；到了大学及研究生阶段，思想政治教育内容的设计和供给，则要根据不同类型学校和不同层次人才培养要求，体现教学的针对性、时效性以及理论的探究性，同时强调对学生“信道”及“行道”的培育，促其坚信和践行马克思主义人生观、世界观，为即将步入社会，行使自身使命和担当打下坚实的思想基础。① 最后，需要加强交流，磨合协调，确保大中小学思想政治理论课供给内容一体化的有效推进。2022年五四青年节前夕，习近平总书记在中国人民大学考察调研时，对此作了“鼓励各地高校积极开展与中小学思政课共建，共同推动大中小学思政课一体化建设”②的专题强调。显然，从长期以来的“各自为政”到亟待统筹的“统一规划”，需要各方走出自己的系统，在实践摸索和探讨交流中形成一些具有可操作性和实效性的平台和机制，以保障大中小学不同学段思想政治教育供给内容一体化的有机衔接落实落细。在此方面，已有诸如西安交通大学、华中师范大学等高校，充分运用自身条件、优势，通过积极构建大中小学思政课虚拟教研室平台，组织邀请各学段的名师、学者、专家以及一线普通教师，分阶段、持续性地就不同学段从不同侧面涉及的一些共同议题进行集体备课、议课，将这一理念从政策层面落到了实处，值得我们推广学习。

二、促进不同空间供给内容的同向互补

学校是思想政治教育内容供给活动发生的主要与重要场所，但并不是唯

① 《中共中央宣传部　教育部关于印发〈新时代学校思想政治理论课改革创新实施方案〉的通知》，见 http://www.moe.gov.cn/srcsite/A26/jcj_kcjcgh/202012/t20201231_508361.html。

② 《习近平在中国人民大学考察时强调　坚持党的领导传承红色基因扎根中国大地　走出一条建设中国特色世界一流大学新路》，《人民日报》2022 年 4 月 26 日。

一场所。从人学习、生活、成长的社会空间来看，家庭场域和社会场域的思想政治教育内容供给活动也无时无刻不存在着、发生着，并与学校场域的思想政治教育内容供给活动一同对人的思想行为发挥自身的影响作用。对教育系统外的人员群体而言，来自家庭和社会思想政治教育内容供给活动的影响，甚至超过了学校所给予的。因此，思想政治教育供给内容的一体化建设，还应扩大延伸至学校、家庭、社会三种空间领域思想政治教育供给内容的同向同行与合力并举。具体来说，就是要求三者在思想政治教育供给的内容上保持方向的一致性、理念的一致性与操作的互补性。

一是注重学校、家庭、社会三者在思想政治教育供给内容上的方向一致性。正如我们所熟知的，学校的思想政治教育内容供给以鲜明的计划性、理论性和系统性著称，而社会，尤其是家庭的思想政治教育内容供给则显得相对零散和碎片化。三者虽然分属于不同的社会生活场域，在教育目标和教育内容上各有侧重，表现出自身的差异性，但它们又是相互贯通、紧密联系的。如家庭场域的思想政治教育内容供给为学校场域的思想政治教育内容供给奠定丰沛的情感基础，学校供给的教育内容是家庭供给教育内容上的理性提升和系统深化，而社会供给的教育内容则很多时候是对学校和家庭供给教育内容的一种加深、巩固或者检验。供给对象处于三方影响叠加的作用场中，任何一方的缺席或各自为政，都会导致教育内容的缺陷以及教育效果的大打折扣。以勤俭节约精神的培育为例，家庭环境中，家庭成员对青少年日常教育中所作的“发家不易”“勤俭自持”的“碎碎念”，以及实际生活中以身作则，会让青少年不知不觉中就有勤俭节约的意识；学校系统的关于“勤俭是中华美德”“珍惜每一颗粮食，杜绝浪费”“劳动最光荣”等价值理念的灌输会增强其坚守的愿望、决心和责任感；而社会舆论对“不良吃播”和明星奢靡生活的过度渲染，则会极大消解家庭或学校基于勤俭节约精神培育内容供给好不容易建立起来的积极影响。因此，在思想政治教育供给内容一体化的建设过程中，需注意保持学校、家庭和社会三者在内容供给方向上的一致性，以更好发挥协同效应，产生教育合力。

二是强调学校、家庭、社会在思想政治教育供给内容上的时空一致性。这一点又如何理解呢？以调节人与家庭及社会成员关系的伦理规范为例，我国古代构建、发展和完善的“父子有亲，君臣有义，夫妇有别，长幼有序，朋友有信”社会人伦理论，作为儒家思想文化宝库中的一颗璀璨明珠，曾在相当长的一段历史时期内发挥着超强的人伦、人际规约效用。但由于其受社会、历史以及阶级等各方面条件的制约，在片面化解读和执行的过程中，还是因存在着的某些缺陷和封建残余思想，而招致后世的诟病和批判。因此，新时代条件下，如果在家庭教育中，仍固守原有的以子女对父母的绝对服从来保持或换取父子之间的和谐有亲，以夫尊妻卑、夫贵妻贱来阐释和体现夫妇有别，则显然与我们现代民主社会所强调的人与人之间的人格平等、权利与义务对等是有悖的，就会出现家庭所供给的观念思想与学校、社会所倡导供给的内容规范出现时空上的不一致与“错位”。这就需要我们“从新时代道德需要的实际出发，注重传统五伦论优秀道德资源价值的现代发掘，在科学扬弃的基础上将其转换为调节现代社会交往关系与道德行为的新五伦，即父子有亲、官民有义、夫妇有责、长幼有序、人我有信”①，以保持三者在供给内容上的时空一致性。

三是实现学校、家庭、社会在思想政治教育供给内容上的操作互补性。随着时代的发展，思想政治教育的内容体系日益庞大复杂，知识性、规范性、素质性和技能性的内容交错其中，其表现形态也呈现出常识性、理论性、价值性同在的多样化样态。相对于学校教育内容较强的理论性与系统性，家庭教育内容则显得较零散和随意，其重心更多放在对象思想意识的培养和行为习惯的养成方面，而对为什么这样做等理论性和价值性层面的问题不会过多深究，这就需要学校相关理论强化进行补充和明示。但即便学校供给的这种系统、规范化的知识理论和价值观念也并不能“包打天下”，其中关于

① 龙静云、吴涛：《论旧五伦的解构与新五伦的建构》，《中州学刊》2018 年第 2 期。

素质性、技能性和价值性的内容是否实用有效,还要到社会中去检验。同时,社会所供给的思想政治教育内容通常会具有现实性、实用性、补偿性的特点,能够针对社会需求作出及时的内容调整和补充。综上所述,三者在思想政治教育内容供给中各有所长,有时在一个空间领域不能顺利实现和完成的,在另一个空间领域却可能顺利解决。因此,只有三者在供给内容的操作性上相互补充、保持一致,思想政治教育供给内容的一体化建设才能在更大空间范围内取得成效。

以上是对现实时空不同领域发生的思想政治教育供给活动,从内容一体化建设角度所作出的思考。而伴随互联网的出现以及信息技术的高速发展,世界迅速二分为现实和虚拟两个空间状态,思想政治教育供给活动也随之以线上的方式进入、存在、发生于网络虚拟空间中,与线下现实世界的思想政治教育内容供给活动交相辉映、共存共在,并凭借自身的特点和优势发挥着越来越大的作用。但无论是线上的思想政治教育内容供给活动,还是线下的思想政治教育内容供给活动,两者在目前甚至未来相当长的一段时期内,只能是一种并存互补关系,而非对立替代关系,而且各有其适宜、侧重的对象和主题。而这种互补,我们理解的是,它不光是空间上贯通衔接和形式上多样丰富,同时也表现为内容上的相互呼应与相互补充。例如线下的思想政治教育教育内容供给既可以以理论文本或鲜活事例为内容,也可以以网络上视频、音频、图表、动画、图片等为辅助;而线上的思想政治教育内容供给给出的内容要么是线下供给内容的直播或录制式的翻版再现,要么就是直接服务于线上思想政治教育供给活动各种多媒体素材和资源。因此,新时代加强思想政治教育供给内容的一体化建设还需保证线下线上供给内容的相互充实和补充。

第五章　新时代思想政治教育内容有效供给的方法优化

根据逻辑排布，在讨论完思想政治教育内容有效供给中“谁来供给”“供给什么”的主体建设和内容质量提升问题之后，本章我们将进入实现思想政治教育内容有效供给最核心最关键部分——关于“如何供给”的方法优化问题探究。正如“方法不仅是一个关系系统，而且是一个具有混沌特征和典型的复杂性的关系体系、关系之网”①，思想政治教育内容有效供给的方法优化也将涉及不同层面、层次的方法优化问题。当然，从不同的研究视角，或者根据不同的分类标准，我们会得出不同的体系划分和建构模型。在本章中，我们将主要从实现思想政治教育内容有效供给应遵循的方法原则、具体策略和技巧艺术三个层面对其展开探讨。

第一节　遵循思想政治教育内容有效供给的方法原则

思想政治教育内容有效供给的方法原则，是对正确选择使用思想政治教

① 万美容：《思想政治教育方法发展研究》，中国社会科学出版社 2007 年版，第 22 页。

育有效供给的具体策略等提出方针性、方向性要求，在方法体系中处于较顶端的位置，对整个思想政治教育内容有效供给活动发挥着全面和全程的指导作用，对具体方法的选择运用起着导向和规范作用。具体来说，在思想政治教育内容有效供给活动中，需坚守和遵循目标导向与过程管理相统一、适应满足与激发引领相观照、供给质量与供给效率相结合等方法原则。

一、坚持目标导向与过程管理相统一

目标与过程，是观测和衡量活动行为的重要指标和关键因素，两者既相互独立又密切联系。马克思主义认为，人的能动性的一个重要表现即是人行为的目标性；在人的社会活动中，目标是一种预期结果，它指向未来，揭示行为的意图和预期实现的目的；过程则是一种变化经历，展现的是活动的运动历程和发展轨迹。前者具有方向性、高度概括性，是活动的指导思想、原则；后者具有现实性，具体操作性，是活动的具体展开。但两者又有密切联系，一方面，目标决定和主宰着过程的方向，并有效激励过程的实现。活动目标作为指导思想或原则，贯穿于活动过程的每一阶段环节之中，活动过程的每一环节都要围绕目标来展开，过程离开了目标的导向，就可能导致方向的偏离和活动预期结果的无法实现。另一方面，目标的实现具有过程依赖性，亦即并没有脱离过程的目标，或者说脱离过程的目标是不现实的。只有建立在科学地认识过程、把握过程、管理过程、控制过程基础上的目标才有现实意义。没有对过程的科学认识、掌握，目标设定就没有基础。因此，对一个有效的思想政治教育内容供给活动而言，其应遵循的首要方法论原则便是坚持目标导向与过程管理相统一。

思想政治教育内容有效供给的目标，是思想政治教育内容有效供给活动在一定时期内所要达到的预期结果，它规定了一定时期内思想政治教育内容供给的基本任务和要求。从短期来看，它致力于“有料、有用、有味”的高品质内容的高效传导、供给与有效接受问题；从长远来看，则是期望通过高品质内容的传导、供给、接受，提升思想政治教育活动的实效性，达到思想政治教育引领人、培育人、塑造人的目的。坚持思想政治教育内容有效供给目标对思想政治教育内容有效供给过程的导向作用，一是坚持目标对过程的方向引导，即供给活动要以明确的目标为活动过程指明方向；二是体现目标对过程的主导作用，即各种内容供给活动始终围绕供给目标展开；三是发挥目标对过程的激励作用，即通过目标系统的激励及对目标实现过程中的管理与评估，形成一个良好的测评和反馈机制，刺激、督促内容的高效传输和供给；四是注重目标对过程的规范作用，即通过确定目标系统的各项任务指标来规范供给活动主体、组织的行为，使之走向制度化轨道。

基于过程的管理，从管理学的视角来看，“是指使用一组实践方法、技术和工具来策划、控制和改进管理过程的效果、效率和适应性，包括过程策划、过程实施、过程监测（检查）和过程改进（处置），从而达到管理活动的最佳效果”①。对一场具体的思想政治教育内容供给活动而言，就是要设计好、控制好、监测好思想政治教育内容的选择确定、传递呈现以及注意选择、认同接受的每一阶段和环节。用前文的观点进行呼应的话，那便是要注重思想政治教育内容供给过程中供给要素的硬强化、供给环节的强连接和供给情境的高适配。从更大的系统来看，则指需保持对思想政治教育内容供给设计过程、实施过程、监督过程以及反馈过程的持续、循环关注。

二、坚持适应满足与激发引领相观照

如果说坚持目标导向和过程管理相统一，是从活动结果获取与过程要求匹配的一般意义而论，那么坚持适应满足和激发引领相观照，在思想政治教育内容有效供给活动中则具有非常重要且特殊的意义，它涉及思想政治教育内容供给活动的价值取向，并直指现实供给活动存在的一些有待辨明或扭转的问题和倾向。

① 黄恒学、谢罡：《管理哲学》，中国经济出版社 2014 年版，第 60 页。

“卖方市场”向“买方市场”的经济发展转向,媒体平台与信息内容的爆炸式增长,主体意识与自我意识的觉醒和高扬,以及“以人为本”片面化解读造成的对对象需求的过度关注等,是引发信息内容生产供给领域“迎合”还是“引领”导向之争背后的深层因素。对此问题,英国广播公司 BBC 内部被公认的、迄今最伟大总裁之一的约翰·里思曾有过这样一段著名评论,他说,“有人指责 BBC 不是向广大公众提供他们所需要的内容,而是 BBC 认为他们需要的内容,答案是:很少有人知道自已想要什么,更少有人知道他们需要什么。”①里思这一关于 BBC 应该引领,而不是迎合大众的一以贯之的建设理念,与我们思想政治教育内容供给活动价值目标的定位和预设,可以说有着一定借鉴意义。

思想政治教育作为一种培养人、塑造人,致力于提升人的思想境界和道德水平的具有超越属性的实践活动,就内在地决定了其内容供给不可能停留在单纯的适应满足,以及由对此异化理解而致的一味迎合层次,而应逐步进阶上升为对人们未知或潜在发展需求的激发引领。这也正如一些学者所言,“思想政治教育具有特殊性,其本质就是把一定社会的思想观念、政治意识、道德规范,通过施加有计划、有组织的影响,转化为受教育者个体的思想品德的实践活动。这个特殊性奠定了思政教育供给侧的特殊地位,要求思想政治教育的供给侧具有足够强大的引领力,向受教育者提供高级的‘产品’,引领或培养受教育者对‘产品’的需求。”②由此可见,思想政治教育内容有效供给适应满足对象需求,只是第一层次的底线要求,激发引领对象需求才是我们需始终坚守和致力的最终目标和方向。当然,在实际的供给活动中,停留在满足迎合层次阶段,可能还只是存在问题的一个侧面而已,直接忽略、忽视对象的现实、真实需求,跑步跃进高阶高层次的内容供给,而缺少必要的连接和铺垫,从而

① 王菊芳:《BBC 之道:BBC 的价值观与全球化战略》,生活·读书·新知三联书店 2013 年版,第 360 页。

② 侍旭:《高效思政教育也应有“供给侧改革”思维》,《光明日报》2016 年 3 月 16 日。

致使思想政治教育内容沦为不接地气的高势位供给的情况也是屡见不鲜、时有发生的。因此,在具体供给活动中,寻求两者之间的平衡,坚持适应满足与激发引领相观照,就成为我们遵循的重要方法论原则之一。

三、坚持供给质量与供给效率相结合

从活动的结果评价而言,每一种生产实践活动都存在质量和效率问题。比如,生产性领域,存在产品质量和生产效率问题;服务性行业,存在服务质量和服务效率问题;而在教育活动中,也同样存在教育质量和教育效率问题。以供给为视域,内含产品被给出以及需要被满足这样一种关系的思想政治教育内容供给活动更是如此。新时代社会基本矛盾转化以及现代社会人们对时间、速率的高度重视,使得一方面人们对精神文化等内容产品的品质定位要求越来越高,向精、深、专的方向发展;而另一方面,也对内容产品的呈现方式、速率、效果等提出了更高要求、更高标准。于是,思想政治内容有效供给活动的供给质量和供给效率问题就被提到了重要议程。

通俗来讲,思想政治教育内容供给质量,是指某项内容供给活动所能达到的效能状态,它既指向供给的内容产品的质量,亦指向供给活动中各要素、环节运行与活动目标、结果愿景之间的匹配程度与契合状态。比如说,某一内容供给主体为了完成供给阶段任务、达成供给活动目标,虽给出了待供给的主要内容,也制定了内容供给呈现的方式方法,但由于对国家要求以及供给对象需求把握得不到位、供给过程环节把控不力等,最终的收效并不理想。这种状态便是供给活动现实存在而且会时常存在的效能状态之一,但显然,这种效能状态反映的是供给活动的质量不高或者说没有质量。而供给流畅、令供给对象流连回味,并因此长期对其思想行为发生引导规范作用的效果显著的供给,则称为高质量供给。思想政治教育内容供给效率则是指供给活动中投入的成本与供给活动完成所得到的实效性之间的比率。如果供给活动中投入少,效果理想,那我们就认为供给活动的效率高;反之,供给活动中投入高却实效性差,则意味着供给活动的效率低下。具体来说，思想政治教育内容供给效率是供给中所付出的政策资源、组织资源、人财物资源和其他社会资源与内容供给活动所得到的效果之比。

正如毛泽东同志所说，我们是革命的功利主义者，“一个人做事只凭动机，不问结果，等于一个医生只顾开药方，病人吃死了多少他是不管的。……又如一个党，只顾发宣言，实行不实行是不管的。……试问这种立场也是正确的吗？这样的心，也是好的吗？事前顾及事后的效果，当然可能发生错误，但是已经有了事实证明效果坏，还是照老样子做，这样的心也是好的吗？我们判断一个党、一个医生，要看实践，要看效果；判断一个作家，也是这样。真正的好心，必须顾及效果广……”①国家高度重视意识形态和思想政治工作，在对全体成员的思想政治意识培育和价值观念塑造中，给予了强有力的政策支撑，投入了巨大的人力物力资源，其客观上就必然要求将所有投入所蕴含着的效用发挥出来，使人民生活有信念、有理想，行事守规则、懂规范，精神充盈、昂扬向上。因为国家组织实施思想政治教育内容供给活动的这些政策资源、组织资源和其他公共资源，均取之于社会和公众，是有限的资源。不提高供给效率，不讲求供给质量，实质上就是对公众利益不负责任。因此，在内容供给的实际操作过程中，如何时刻注意避免“欲速则不达”、质量与效率两级对立的尴尬状态，采取“执中两用”的态度，坚持供给质量与供给效率相结合，在“两级”之中寻找、把握和置身某个平衡点，有重要的方法论意义。

第二节　实施思想政治教育内容有效供给的方法策略

每一思想政治教育内容有效供给的方法原则之下，都有若干具体方式、借

① 《毛泽东选集》第三卷，人民出版社1991年版，第873页。

助的手段以及运行的程序和规则，因此，思想政治教育内容有效供给的具体方法策略可以说是思想政治教育内容有效供给方法体系中数量最多、种类最为复杂的方法层次。它们处于整个方法体系的核心位置，操作性强，使用范围明确，是认识和解决思想政治教育内容有效供给问题和矛盾、实现活动目的的直接手段，对思想政治教育内容供给活动效果的影响也最为直接，是思想政治教育内容实现有效供给应重点掌握的方法内容，主要包含以下三方面。

一、采取靶向式供给的目标策略

正如最完美的射击一定是正中靶心，最高效的活动永远是紧紧围绕目标达成和实现。目标明确、有的放矢，不迂回、不绕弯的靶向式供给是思想政治教育内容供给实现有效供给最经济、最直接的方式。

那么，思想政治教育内容有效供给的活动目标究竟是什么呢？从供给所自带的经济学视角，以及普遍意义上的“内容”实质性已成为一种产品、产业被生产、运营的营销学视角来看，“内容”的被制作、被生产，被发布、被传播，都直指一个显而易见的直接目标，那便是期望通过有计划、有节奏地制造并传播有价值性和吸引力的信息，来维护和吸引现有和潜在客户。其最终则是通过这种致力建立和维护的，“内容”与客户之间的被信任、被依赖、被需要的高度“黏性”，达到收费盈利的终极目的。显然，我们讲的思想政治教育内容有效供给的终极目标不是盈利，但不得不说，在直接目标上，它与作为产品、产业的内容营销颇有相似之处：那便是赢得、留住它所服务或者说是面向的对象群体，使它所加工、传递的内容信息能够被注意、被选择、被接受、被理解、被认可等等。如果从思想政治教育内容供给活动根本上隶属于思想政治教育实践活动的学科视角，对这一活动的初级或者说一级目标进一步的拓展延伸的话，我们期望经由主体加工、转化、传递、供给的内容信息能够被注意、被选择、被接受、被理解、被认可之后的二级目标，则是对象群体基于传递、供给内容被认可、被接纳、被吸收后的思想和观念的转变。故有学者云：“宋代以来的思想家们,其全部努力,就是在探索如何用理性去控制人们的情欲。”①思想政治教育内容有效供给的深一层次的目标就是要用先进的思想和内容去影响、调节人们的思想及精神,进而调节人们的行为,从而达到思想政治教育内容供给活动组织者的目的——使人们的行为外适应、内协调,合乎组织目标。

然而,问题讨论至此,并未完结。从目标的层次结构来看,它还应蕴含或指向着活动的根本或最终目标。习近平总书记在2018年全国教育大会讲话上强调的培养社会主义建设者和接班人以及“一代又一代拥护中国共产党领导和我国社会主义制度、立志为中国特色社会主义奋斗终身的有用人才”②,既是教育工作的根本任务,也是教育现代化的方向和目标等重要论断;以及在党的十九大报告、二十大报告相继提出的“培养担当民族复兴大任的时代新人”“育人的根本在于立德。全面贯彻党的教育方针,落实立德树人根本任务,培养德智体美劳全面发展的社会主义建设者和接班人”③等明确要求,均为我们清晰指明了思想政治教育内容供给活动的根本目标或者最终目标,即为培育符合国家利益和时代要求的建设者和接班人输送、供给有价值力、影响力的内容产品和精神食粮。但与之同存的一个显然事实又在于,思想政治教育不可能包揽培育一个合格建设者和接班人所要求的全部素养,它实质上主要指向的只是人的一部分,即人的思想这一部分。思想政治教育所要求的人,就是要求人的思想具有思想政治教育所要求的世界观、人生观、价值观,具有坚定的政治信仰。思想政治教育培养的社会主义新人,就是具有社会主义信仰的人。结合我国进入中国特色社会主义新时代的历史方位来讲,它就具体体现为,我们培养的社会主义建设者和接班人应是“有理想信念、有核心价

① 上海中西哲学与文化比较研究会编:《中西文化与20世纪中国哲学》,学林出版社1998年版,第138页。

② 习近平:《论党的青年工作》,中央文献出版社2022年版,第170页。

③ 习近平:《高举中国特色社会主义伟大旗帜　为全面建设社会主义现代化国家而团结奋斗——在中国共产党第二十次全国代表大会上的报告》,人民出版社2022年版,第34页。

值、有中国精神、有能力素养"①的时代新人。这也是时代新人"有理想、有本领、有担当"普遍内涵在思想政治教育领域的具体指向和独特体现。

目标决定内容。目标结构确定之后,内容也随之被结构化,被确定了。根据我们所采取的靶向供给策略,针对以上对思想政治教育内容供给活动目标的层次结构分析,我们显而易见需重点加大理想信念、社会主义核心价值体系、中国精神和科学人文素养等内容的供给。具体来说,加大理想信念教育内容供给,一是注重通过"四史"教育内容的供给,引导人们"从我们党探索中国特色社会主义历史发展和伟大实践中,认识和把握人类社会发展的历史必然性,认识和把握中国特色社会主义的历史必然性,不断树立为共产主义远大理想和中国特色社会主义共同理想而奋斗的信念和信心"②;二是通过中华民族伟大复兴中国梦时代责任和历史使命的内容供给,激励广大青年和人民群众正确处理个人理想与共同理想之间的关系,"自觉把个人的理想追求融入国家和民族的事业中,勇做走在时代前列的奋进者、开拓者"③;三是通过"四信"教育内容的供给,增强人民群众对马克思主义的信仰、对社会主义的信念、对改革开放和现代化建设的信心、对党的领导的信任。加大社会主义核心价值体系内容供给,即通过倡导国家层面的"富强、民主、文明、和谐",社会层面的"自由、平等、公正、法治",个人层面的"爱国、敬业、诚信、友善",引导人们做社会主义核心价值观的坚定信仰者、积极传播者、模范践行者。加大中国精神内容供给,主要体现为以爱国主义为核心的团结统一、爱好和平、勤劳勇敢、自强不息的伟大民族精神和以改革创新为核心的解放思想、实事求是、与时俱进、科学发展以及求真务实、开拓进取、奋勇争先、勇于创新的时代精神。

---

① 此观点源自东北师范大学李忠军教授对新时代大学生思想政治教育目标的概括提炼,本文认为其概括具有普遍意义,不仅限于大学生群体,故借用采纳。参见李忠军:《大学生思想政治教育目标新探》,《思想理论教育导刊》2013 年第 12 期。

② 《习近平谈治国理政》第二卷,外文出版社 2017 年版,第 377—378 页。

③ 《习近平谈治国理政》第二卷,外文出版社 2017 年版,第 378 页。

它既包含我们党领导人民进行革命斗争中形成的井冈山精神、长征精神、西柏坡精神等，也包括社会主义建设和改革开放时期所形成的雷锋精神、大庆精神、抗美援朝精神、载人航天精神、西迁精神、艰苦奋斗精神等，还包括新时代的工匠精神、伟大抗疫精神、创新精神等。而加大科学人文素养内容供给，主要指向三个方面内容。一是科学素养内容供给，即通过供给马克思主义理论知识体系和方法原则，教会人们运用马克思主义立场观点方法观察问题、分析问题、处理问题；二是道德素养内容供给，即以《新时代公民道德建设实施纲要》为蓝本，推送供给“爱国守法、明礼诚信、团结友善、勤俭自强、敬业奉献”等道德规范内容，“深入实施公民道德建设工程，推进社会公德、职业道德、家庭美德、个人品德建设，激励人民向上向善、孝老爱亲，忠于祖国、忠于人民”①；三是文化素养内容供给，即通过中国传统优秀文化、社会主义先进文化和人类其他一切优秀文明成果内容供给，增强人们对文化的辨识能力和运用能力。

以上是从活动目标的外在层次结构，对供给内容应做到的“有的放矢”进行的系统分析。而实质上，思想政治教育目标还内在地包含着“知识目标、技能目标、观念目标”的三维内容结构②，这也就随之决定了思想政治教育内容有效供给活动需以此为依凭有重点地传导供给知识类、技能类、观念类信息内容的活动目标。亦即思想政治教育内容有效供给一方面需要传导供给关于社会发展的科学理论，尤其是马克思主义、列宁主义、毛泽东思想和中国特色社会主义理论体系理论；关于国家历史地理、政治经济文化、国体政体、党的路线方针政策等知识；关于道德、伦理、法律、心理、审美等知识。另一方面，还需传导供给关于培养人的科学思维、政治能力、道德能力、创新能力等的科学方法。最后，还要尤其注重关于科学世界观、人生观、价值观，民主观、法治观，道德观

① 习近平：《决胜全面建成小康社会　夺取新时代中国特色社会主义伟大胜利——在中国共产党第十九次全国代表大会上的报告》，人民出版社2017年版，第43页。

② 孙其昂主编：《思想教育与理论创新》第三辑，安徽大学出版社2006年版，第41页。

等观念形态内容的供给传导等。

二、实施分众化供给的对象策略

如果说，第三章中培养供给主体的“受众”意识，是从主体的能力素养方面对供给活动有效性提出的要求和规定，那么，实施分众化供给策略则是从“如何供给”的方法路径维度，对传播学“受众”及相关理论的进一步深挖和应用。

1946年，美国学者卡尔·霍夫兰在其提出的“个人差异论”中就指出“受众成员心理或认知结构的个人差异，是影响他们对媒介的注意力以及对媒介所讨论的问题和事物所采取的行为的关键因素”①。亦即，大众传播媒介在涉及劝服性传播前，需先弄清受众的兴趣、爱好、需要、价值观、态度等，再挑选与之相应的信息进行传播。否则，与受众特点和需求不相符合的信息，就会遭到回避和拒绝。这与我们前面讲到的“需要与满足理论”有着极为相似的观点表达。随着对“受众”研究的进一步深化，20世纪70年代，“分众”的概念及“分众化”理论被提出。美国学者托夫勒在《未来的冲击》一书中指出：大众传播的发展趋势之一是“面向社会公众的信息传播渠道数量倍增，而新闻传播媒介的服务对象逐步从广泛的整体大众，分化为各具有特殊兴趣和利益的群体”。90年代的丹尼斯·麦奎尔在其《受众分析》一书中，也对受众将可能出现的“细化”和“分化”趋向作出了预测。由此可见分众理论的内核就在于，“社会大众因其自身素质、信息需求等方面的差异，可被细化为多个具有某种共性的同质群体，传播主体对这些群体有区别地有针对性地开展社会传播，将会有效提升传播效果。”②有鉴于此，2016年，习近平总书记在党的新闻舆论工作座

---

① ［美］梅尔文·德弗勒、埃弗雷特·丹尼斯：《大众传播通论》，颜建军等译，华夏出版社1989年版，第135页。

② 郭理：《分众：马克思主义“化”大众的当代进路》，《安徽师范大学学报》（人文社会科学版）2011年第4期。

谈会上亦强调："要适应分众化、差异化传播趋势，加快构建舆论引导新格局。"①这就提示我们，在社会阶层逐渐细化的时代趋向下，在信息技术条件迅猛发展的现代背景下，信息内容的供给传播正从"一对众"转向以互动分享为主要特征的分众化、差异化供给。人们的个性化需求上升，不同的人有不同的信息需求和接受特点，一般化的信息不再是稀缺资源，一套话语满足不了所有人，一个腔调也难以唱遍天下。思想政治教育内容供给如果仅仅是大水漫灌、千人一面，就难以达到理想的活动效果。因此，要精准定位供给对象，采取分众化供给的对象策略，从对象的不同信息需求、偏好、接受特点等出发，加强分众化思想政治教育内容的生产和呈现，并通过特定的渠道抵达目标群体，做到量身定做、精准供给，以优质的内容产品和服务提升思想政治教育内容供给活动的实效性，增强对象群体的获得感、体验感和满意度。具体来说，我们可以从以下几个方面来把握。

首先，运用分众化供给的对象策略要坚持差异化原则。我们知道，分众化供给的特质和精髓就在于对差异化原则的坚持，这也是马克思主义唯物辩证法坚持普遍性与特殊性相统一方法论原则在思想政治教育内容有效供给活动中的体现和具体运用。它强调在思想政治教育内容有效供给的活动过程中，供给主体能够在坚守国家主流社会意识形态灌输的前提下，灵活根据供给对象性别年龄以及所处社会生产生活环境、文化教育程度、社会职业分工等的不同对其进行有效分众，以为思想政治教育内容的差异化供给奠定科学基础，进而在此基础上根据不同供给对象的精神需求、理论诉求、理解能力、心理特点和接受习惯等采取和运用差异化的供给内容和供给方式，从而达到因材施教、因"群"制宜、因人而异、量体裁衣的理想供给状态和效果。

其次，运用分众化供给的对象策略要求开展细致科学的调查研究。人的思想意识本来就是一个复杂矛盾的综合体，要想客观全面地把握其实质已属

① 《习近平谈治国理政》第二卷，外文出版社2017年版，第333页。

不易。更何况“当代中国正值全面深化改革开放的攻坚阶段,整个社会处于大转型、大变革、大发展的时期,无论是开放程度还是变革速度都十分惊人,与此相应人民群众的思想实际及现实的利益诉求也处于不断变化的状态之中。不同阶层、民族、区域,不同职业类型、政治面貌、文化背景的社会群体的实际情况也瞬息万变”①。要在变动不居的复杂情境中真正掌握人民群众不断变化的客观实际,科学严谨、细致入微的调查研究必不可少。这就需要我们“放下架子、扑下身子,深入田间地头和厂矿车间,同群众一起讨论问题,倾听他们的呼声,体察他们的情绪,感受他们的疾苦,总结他们的经验,吸取他们的智慧。既要听群众的顺耳话,也要听群众的逆耳言;既要让群众反映情况,也要请群众提出意见。尤其对群众最盼、最急、最忧、最怨的问题更要主动调研,抓住不放。这样才能真正听到实话、察到实情、获得真知、收到实效”②。唯有如此,方能真正掌握来自对象群体的第一手资料。当然,在信息化高速发展的今天,调查研究早已不限于面对面的调查和访谈了,大数据的抓取分析以及画像描摹等均是常见常用的技术手段。

再次,运用分众化供给的对象策略要求对对象群体进行层层细分。社会分工的深化发展和社会结构的日趋复杂,使得我们所面对对象群体的分化趋势和个性特征都十分明显,其复杂程度已远超我们想象。新时代背景下的思想政治教育内容供给,尤其要有群体细分的意识和觉悟。例如,青年作为一个与老年、儿童并列的人类子群体,从年龄上如果对其作进一步的细分的话,它又可划列出一个青少年群体,而青少年群体又可因其所处学段的不同,对其作进一步的细分;而如果从青年所生活居住的地域来看,则可被区分为城市青年群体和农村青年群体;城市青年群体、农村青年群体根据所从事职业的不同,又可将其进一步区分为快递小哥、网络作家、网络主播等更小圈层的群体(当

① 苗伟:《确立分众化普及方法——推进当代马克思主义大众化的重要途径》,《理论月刊》2016 年第 9 期。

② 《毛泽东选集》第二卷,人民出版社 1991 年版,第 633 页。

然这些个性群体存在于青年群体中，却又不仅限于青年群体）。而显然，这些群体之间是有不同于其他群体的独特性的，否则它将没有办法将自身与他人区别开来。因此，对对象群体层层细分，找到他们之间的细微差别，最大程度地了解掌握他们的理论诉求、精神需求、理解能力、接受水平和心理特点等，进而针对不同的“微众”开展“有所同又有所不同”内容精准供给。例如，面对青少年低幼群体，我们要不要供给、传导关于习近平新时代中国特色社会主义思想相关内容？如果需要有分阶段的启蒙与学习，那么面对这样的一个群体，我们又该如何供给、传导？翻开教育部组织编写、人民出版社和人民教育出版社联合出版的《习近平新时代中国特色社会主义思想学生读本》（小学低年级），就会发现，同样是讲“新时代”，这里采用的是通过大篇幅的图片画面，以生活方方面面的进步变化来展示时代之“新”，而绝非面向青年大学生群体一定会有的一个通过社会主要矛盾变化来解析时代之“新”的维度，显然这超出了低幼群体的认知能力和理解水平。而且在这样文本里，会大量出现“习近平爷爷说过……”①、“习近平爷爷教导我们……”②这样的“邻家对话体”，显然这也是基于低幼群体语言风格和喜好的考虑。这是其例之一。毫无疑问，分众有多彻底、多精细、多具体，思想政治教育内容供给就多大程度能贴近受众的实际，也就有多助于有效内容供给策略的制定和执行。

同时，运用分众化供给的对象策略关键在于抓住重点人群的主要矛盾。亦即运用矛盾的分析方法，观察、了解、掌握党政领导干部、基层党员、普通群众、青年学生和军队指战员等重点群体，在思想行为上各自需要达到的主要目标要求，各自存在的亟待解决的主要问题和困难，亟须纠正的主要误区和偏见等主要矛盾，分而供之。比如，针对党政领导干部群体，在分众化的内容上，要

---

①　教育部组织编写：《习近平新时代中国特色社会主义思想学生读本》（小学低年级），人民出版社、人民教育出版社2021年版，第47页。

②　教育部组织编写：《习近平新时代中国特色社会主义思想学生读本》（小学低年级），人民出版社、人民教育出版社2021年版，第45页。

以马克思主义基本原理和中国化的马克思主义理论体系为供给重点；针对基层普通党员群体的内容供给，其侧重点应倾向于党的基本路线方针政策和最新理论成果的供给；对普通人民群众的内容供给则应围绕他们最关心、最敏感的诸如“民生”类问题作出积极的理论回应，以生动具象化、可感知的史实实现党的路线方针政策的“迂回式”“隐性化”供给，同时注重普遍的、基本的道德规范教育内容供给。对青年学生群体而言，加强理想信念、爱国主义和社会主义核心价值观等教育内容的供给，帮助他们树立科学的世界观、人生观、价值观，是分众供给的主攻方向；军队指战员群体则要注重政治立场、使命职责，革命英雄主义和纪律规范等内容的供给等等。

最后，运用分众化供给的对象策略要搭建现代化互动载体和平台。“锁定目标人群”是分众化、差异化传播的前提，但如何“锁定”，必须借助媒体互动技术和数据分析技术。以往信息和传媒技术不发达的时代，人们对受众群体的分众划分以及分众化供给的渠道方法等，多依赖人工的调查研究、经验总结和质性分析，缺乏大数据分析和算法推荐等现代信息技术和多样化传播供给路径、渠道的支持，从而使分众化供给无法真正实施到位，实际效果大打折扣。而如今身处大数据时代，我们完全可以“通过智能算法根据用户的属性、行为、偏好等特征进行推荐发布，实现‘千人千面’。甚至通过交互技术，获得受众生理和心理数据，洞察身心、满足需求，在评估效果、精准分发上打开新空间”①因此，信息传媒技术高度发展的当下，可在充分发挥原有分众化供给方式方法优势的前提下，抓好线上远程教育、远程供给、远程传播的大好窗口期，采取菜单式、点播式、私人定制式等更加机动灵活的教育宣传机制和理论供给模式，从而有效实现思想政治教育内容供给专家指导和个性选择，必备内容普及和兴趣热点追踪，分众套餐和个性点单的有机结合。这不仅能很好地将思想政治教育内容有效供给的分众化落实落细，而且能极大提高分众化供给的

① 许正中：《智慧媒体将更“贴切贴近贴心”》，见 http://media.people.com.cn/n1/2019/1119/c40606-31461585.html。

质量和水平，使之不断人性化、个性化、精细化，以精准对接满足大众的差异化需求。

三、运用融合式供给的技术策略

供给活动中的内容与技术，一如信息传播中的鸟之双翼、车之两轮，成败一体，密不可分。2013年，习近平总书记在全国宣传思想工作会议上亦强调，要“积极探索有利于破解工作难题的新举措新办法，特别是要适应社会信息化持续推进的新情况，加快传统媒体和新兴媒体融合发展，充分运用新技术新应用创新媒体传播方式，占领信息传播制高点”①。新的传播环境和舆论态势下，思想政治教育内容供给活动，要真正将“内容”做成“王者”，发挥其应有效应，必须将先进技术嵌入内容生产、呈现的全过程，充分发挥技术在信息资源收集、数据挖掘处理、内容整合加工以及传播呈现等方面的作用，进一步丰富供给内容，拓展供给方式渠道，契合对象群体的接受偏好和心理特点，使传统内容资源产生新附加值，实现内容价值的最大化。

而显然，单纯依靠某一渠道或技术独打天下的时代早已远去，消逝在历史的尘埃中。融合供给成为现代信息技术发展的新趋势。融合从狭义上理解，是指将不同形态的供给内容“融合”在一起，产生“质变”，形成一种新的内容形态；广义的融合则范围广阔，包括一切供给内容形态及其有关要素的结合、汇聚甚至融合，不仅包括不同形态供给内容的融合，还包括不同供给渠道、组织、平台、技术、手段等要素的融合。也就是，究其根本，“融合供给”就是要实现供给内容的丰富化、立体化，以及供给内容传输通道、传输技术的多元化作业，把以宣传、讲授为表现形式的话语传播与以图、文、音频、视频、动画等为综合表现形式的认知、沉浸、体验式传播相结合；把传统的依赖各级组织、学校、社区等的网格传输渠道与互联网、手机、手持智能终端等新兴传播通道相结合

① 中共中央文献研究室编：《习近平关于社会主义文化建设论述摘编》，中央文献出版社2017年版，第31页。

等。通过不同渠道的资源共享和信息整合,衍生出不同形态的内容产品,然后通过平台、技术的融合,将其传输供给到对象群体。

但这里需要特别指出的是,融合发展的关键在于融为一体、合二为一。真正意义上的融合发展,既不是新兴供给渠道方式对传统供给方式渠道的"消化""替代",也不是新兴供给渠道方式在传统供给渠道方式基础上简单"叠加",甚至从本质上说,也不是两者的共存并行。融合发展的内在要求和根本方向是"一体化发展"。说到这里,不能不提美国新闻学会媒介研究中心主任安德鲁·纳齐森的一些观点。安德鲁·纳齐森曾将"媒体融合"界定为"印刷的、音频的、视频的、互动性数字媒体组织之间的战略的、操作的、文化的联盟"。可以看出,在安德鲁·纳齐森的观点中,媒体融合首先不是彼此间的抵触或抗衡,而是一种"联盟";其次,形成联盟的过去常常迥然而异的不同媒体形态——纸质、广播、视频和网络;最后,这种联盟并非着眼于产品端的一次行动或合作,而是"战略的""操作的"和"文化的"联盟。事实上,安德鲁·纳齐森的观点高度概括了媒体融合所应推进的三个层面:一是"战略"层面,说明媒体融合不应着眼于某一次报道或某一段时间,而是着眼未来信息时代的资讯传递;二是"操作"层面,说明媒体融合并非夸夸其谈或浮在空中,必须以切切实实的新闻传播产品及其创新为落脚点;三是"文化"层面,说明印刷、音频、视频和互动性数字媒体的联盟应该以组织架构重塑和传媒组织文化融合为依托,不仅仅是物理层面的融合,而且是必须有化学反应。① 习近平总书记在党的新闻舆论工作座谈会上的讲话中亦明确指出,要推动融合发展,尽快从"相加"阶段迈向"相融"阶段。推动媒体融合发展,既需要进行技术升级、平台拓展、内容创新,更需要推动"传统媒体和新兴媒体在内容、渠道、平台、经营、管理等方面的深度融合"。这无疑为我们理解思想政治教育内容有效供给中的融合供给,提供了具有方法论意义上的指导。亦即在思想政治教育内容有效供给

① 王健:《美国传媒业融合发展理论及数字化探索》,中国广播影视出版社 2019 年版,第 3—4 页。

活动中，这种对传统供给渠道方式和新兴现代供给渠道方式的融合，不是表面的、短期应景式的，而是立足现实信息发展需要，着眼未来人们生活方式格局的，两者在保存、发挥各自优势基础上的“你中有我、我中有你”的深层次融合。

具体来说，在思想政治教育内容的融合供给中，一方面要将内容整合处理与先进技术有机结合起来，适应新媒体时代智能化、移动化、个性化、数据化发展趋势，常态化运用新技术手段，整合不同形态的信息内容，打造丰富、立体、多面的内容产品，做好供给内容自身的“融合多样”。另一方面，要依托多样载体、技术，优化内容的供给和呈现方式。即综合运用多媒体表现形式，以多样化的展示，多介质的推送使内容供给动起来、活起来，实现供给内容从可听、可读、可视的单维供给到多维升级，以及供给内容的静态和动态组合、感知和体验一体，满足思想政治教育内容多终端供给和多体验需求。而这在实际的供给活动中，已有所体现。不少思想政治教育内容供给主体运用云计算、大数据、VR、AR 技术手段，加工产出的大量融合形态内容产品，可以说是极大地丰富了供给内容的呈现形态与供给方式，有效提高了供给内容的到达力和影响力。比如，建党 95 周年之际推出的微电影《红色气质》，就是实现了优质内容与融合技术完美结合的典范。该内容产品综合运用图片、视频、3D 动画等现代技术和手法，以 9 分 5 秒时长高度浓缩中国共产党 95 年的光辉历程，通过历史照片讲述与三维特效结合，回顾了中国共产党近一个世纪以来从争取民族独立、人民解放到实现国家富强、人民幸福所走过的道路，展示了一代代共产党人的信仰与追求、责任与担当、气质与情怀，揭示了江山就是人民、人民就是江山的恢宏主题。再如，我们所熟知的“学习强国”学习平台，它作为中宣部推出并主管的贯彻落实习近平总书记关于加强学习、建设学习大国重要指示精神，学习、宣传习近平新时代中国特色社会主义思想的渠道平台，就“改变了以往思政理论知识呈现的方式，包含了视频、音乐欣赏、红色电影、专题纪录片等模块内容，把习近平新时代中国特色社会主义思想运用全媒体融合优势呈现出来，内容丰富多彩，形式新颖”①，深受广大党员群众的喜爱和欢迎，产生了较大的内容影响力和价值力。如果进一步聚焦到思想政治理论课课堂的教育内容供给，我们完全可以以多元技术融合的形式展示思想政治教育的最新理论成果。“如在课程讲授中融入习近平总书记在梁家河生活时那段知青岁月所留下宝贵精神财富，可以借助网络新媒体，利用 VR 新技术，还原梁家河真实情景，采用网络问答方式等，这一方面有利于调动青年大学生的学习兴趣，另一方面也能够增强大学生对习近平同志青年时期所展现出的优秀品质的代入感，进而培养青年学生的社会责任和历史使命意识。”②这也就是高校思想政治教育内容供给活动，通过内容和手段的融合供给，实现理论与现实的生动碰撞与有机结合。

第三节　注重思想政治教育内容有效供给的技巧艺术

思想政治教育内容有效供给的技巧艺术是思想政治教育内容有效供给方法策略在具体运用时形成的细微精到、卓有成效的技巧和技法，处于方法体系的最下端，具有灵活性、多样性和创新性等特征。它对思想政治教育内容有效供给各类方法策略功能的充分发挥具有重要作用，或者说它是将具体方法策略的效用发挥到极致的活动，是思想政治教育内容供给主体在长期使用各类方法策略实践中，形成的熟练本领与能力的具体体现。

一、把握最佳的供给时点

“审度时宜，虑定而动，天下无不可为之事”。对行动时间节点的把握与

① 李涛、闫成俭：《全媒体融合视阈下高校思想政治教育创新路径探析》，《思想理论教育导刊》2019 年第 5 期。

② 李涛、闫成俭：《全媒体融合视阈下高校思想政治教育创新路径探析》，《思想理论教育导刊》2019 年第 5 期。

事件的结果成败紧密相关。故农耕有云“春生夏长，秋收冬藏”“人误地一时，地误人一年”一说，军事战役有“赢战机，则决胜千里之外”之言，甚至小小的垂钓，亦有着诸如“春钓雨雾夏钓早，秋钓黄昏冬钓草”等对最佳时间节点的精妙认知。可以说，对行事最佳时间节点的认知和把握，实质反映了人们对事物或活动规律、特点的把握和遵循，体现了人们对活动结果的效度追求，以及由此而产生的对行事方法需具技巧性的要求。对思想政治教育内容有效供给来讲，准确把握内容推送的最佳窗口期，在合适的节点供给合适的内容，才能有效利用思想政治教育思想资源，充分凸显供给内容的价值，并有效回应人民群众在特殊紧要时段，对某一性质类型信息内容的迫切需要，从而增强引导的效果。何为最佳“时点”？我们认为，可从时势、时机、节奏三个层面把握。

一是明晰时势，顺势而为。“时势”语出《庄子·秋水》。其言：“当尧舜之时而天下无穷人，非知得也；当桀纣之时而天下无通人，非知失也，时势适然。”①可见，“时势”意指形势、情势、态势、局势等。成事者需因其势而利导之。2016年，习近平总书记在全国高校思想政治工作会议上指出，做好思想政治教育要“因事而化、因时而进、因势而新”，这就要求我们的思想政治教育内容供给要在了解世界和中国发展大势，把握国家政治、经济、社会发展阶段性特征的基础上进行，紧跟社会局势、形势的变化，顺势而为。“这个‘大势’，一方面表现为国际形势纷繁复杂、世界格局深刻调整、多元文化思潮涌动、政治改革进入深水区、经济发展步入新常态等不确定形势，另一方面体现在中国正在走向崛起、中华民族正在迈向伟大复兴、广大青年学生正在亲历和参与‘两个一百年’的奋斗历程等不可逆转的历史趋势。”②同时，思想政治教育内容供给还需微观看“小势”，密切关注与人们思想观念形成紧密相关的一些社会物质条件基础的变化，与之匹配。习近平总书记在全国宣传思想工作会议上指出的，

① 陈鼓应注译：《庄子今注今译》，中华书局出版社1983年版，第432页。

② 李进付：《“因事而化、因时而进、因势而新”的内在意蕴及方法论意义》，《思想教育研究》2017年第5期。

“今天,宣传思想工作的社会条件已大不一样了,我们有些做法过去有效,现在未必有效;有些过去不合时宜,现在却势在必行;有些过去不可逾越,现在则需要突破。‘不日新者必日退’”①,说的就是这个道理。党的十八大以来,思想政治教育内容供给活动着眼坚定理想信念,深入开展的中国特色社会主义和中国梦教育内容推送;响应铸魂育人号召,广泛开展的社会主义核心价值体系宣讲阐释;紧扣“扎根中国、融通中外,立足时代、面向未来”主题,自觉“讲好中国故事,传播好中国声音,阐释好中国特色”等举措和行为,便是对思想政治教育内容供给如何“明晰时势、顺势而为”的生动阐释和举证。

二是瞅准时机,向时而给。何为时机?用通俗的话讲,即某一特殊时间节点,活动在“天时、地利、人和”某一方面所达到极致状态或两两、三三之间的完美契合。它既存在于思想政治教育内容供给的各方面,又存在于思想政治教育内容供给的全过程。《学记》中,便有“当其可谓之时”的类似表述。“当其可”,我们可以理解为,一方面是说外部条件成熟与具备,蓄势待发;另一方面则指教育对象做好了接受教育的心理准备,产生了接受教育的迫切愿望,处于“愤待启,悱待发”的状态等。故在思想政治教育内容有效供给过程中,我们要善于捕捉、发现那些有可能激发对象某种情绪、情感、认知和有可能引发对象某种思想、精神需要的“刺激点”,应时应机供给相应的思想政治教育内容,使之成为引起供给对象群体思想品德变化的“燃点”,从而达到良好的活动效果。具体来说,需重点把握三方面的时机节点。首先,把握重要节日和重大事件生成营造的绝佳引导时机。例如国庆节、建党节等节日期间,主推“党史、新中国史、改革开放史、社会主义发展史”及“中华民族伟大复兴”“两个一百年奋斗目标”等内容供给,为相应思想政治教育内容的供给推送创造绝佳的窗口期。其次,把握供给对象人生阶段的关键期。比如,幼儿、中小学阶段是道德、劳动等观念和习惯形成的最佳期;高中是理想信念形成发展的关键期

① 中共中央文献研究室:《习近平关于全面深化改革论述摘编》,中央文献出版社2014年版,第84页。

等,需根据对象的身心发展规律和水平,进行相应教育内容的推送和引导。最后,还要注意在具体供给活动过程中,供给对象思想斗争激烈、情理冲突胶着、情绪激昂或受挫等心理不平衡甚至剧烈冲突,但又积极寻求外部帮助、渴望矛盾解决的一些具体的"点",据时据需地补充、拓展或调整相应的供给内容。

三是把握节奏,应期而动。对时间节点的敏锐捕捉还与节奏的把握密切相关。正如"节奏是时间的一个重要特性;时间节奏就是物质运动缓急的交替和周期的间隔"①。"节奏",作为音乐领域的常用术语,意指音符交替出现的,有规律的强弱、长短变化组合。但显然这种现象不仅仅存在于音乐领域,还广泛存在于人类社会生活的诸多领域,因此人们也用"节奏"泛指自然、社会和人的活动中一切周而复始、带有周期性运动规律的变化。如人类有机体中"生物钟"对时间感知的调整、经济领域经济危机爆发等,都体现了节奏的这种有规律的、周而复始的时间间隔变化。作为人类社会实践活动之一的思想政治教育活动,也有自己的周期性运动规律,思想政治教育内容的有效供给也就必须适应和跟上这样的规律和节奏。以思想政治教育理论课教学的课堂为例,思想政治教育的活动进程的推进效果与是否和受教育者的身心发展节奏保持一致密切相关。两者匹配一致,才能取得良好的活动效果。这就意味着我们需要在学生兴趣高涨、精力充沛的时候供给理论性较强、难度系数较大等需要耗费较多脑力的知识内容,在受教育者的精神不济、情绪低迷的时候,以一些趣味性的、重在感官体验,不需要进行深入思考的内容为主。亦即"良好的教育节奏应该将难易不同的教育内容交替穿插安排,可以让受教育者在较容易掌握的知识和不断地攻克难题之间逐步树立自信心,同时也磨砺了他们的意志品质。在教育方法方面同样也需要合适的节奏。在对教学内容的呈现上可以通过图片、声音、视频和语言、文字等多种方式进行,使受教育者的形象思维和抽象思维两种思维方式同时调动起来平行发展,更好地理解和掌握

① 徐甫颖、黄明坤:《时间节奏初探——新技术革命引起时间观念的变化》,《哲学研究》1986年第2期。

所教授的知识,同时也更好地调动了受教育者的学习兴趣”①。

二、设置有利的供给场景

“场景”一词本是影视戏剧用语,指影视戏剧中的场面、情景。是指在一定的时间、空间内发生的有一定的任务行动或因人物关系所构成的具体生活画面,是人物的行动和生活事件表现剧情内容的具体发展过程中阶段性的横向展示。② 但显然,当我们谈论“场景”时,很多时候已经不再局限于它原初的那个特定的、狭小领域,而与“场域”“情境”有着共通意义指向的术语和概念一起,被广泛运用于自然科学和社会科学的各项研究之中。它也不仅仅指空间位置,而且涵盖了诸多层面的意义。它既指向了“场”的物理属性,由时间维度和空间维度所构成;又涉及了感知“景”所涉及的理性认知和情感介入等心理因素,囊括了特定时空或行为关系的环境特征,以及人们在此环境中的行为模式与互动方式。故有学者将互联网时代下的“场景”定义为:“基于特定的时空领域范围,围绕以‘人’为中心,以需求为导向,以感知设备为载体,以事件为表现形式的行为序列总和。该定义下的‘场景’是人物、时间、空间、事件、背景等因素构成的统一体,它更加关注人类行为的时空立体感和行为事件的整体性和关联性(即行为事件发生的来龙去脉),以更好地理解人类生活方式、行为模式、思维范式等规律。”③

随着大数据、云计算、人工智能等数字技术的迅猛发展,“场景”已经成为移动互联网时代非常重要的一个因素。故有研究者认为,依托大数据、移动设备、社交媒体、传感器和定位系统等“场景五力”的传播时代正跨步向我们走

① 孙飞争:《思想政治教育时间的内涵及表现形式》,《思想教育研究》2019 年第 2 期。

② 沈贻祎、俞春放等:《影视剧创作》,浙江大学出版社 2012 年版,第 162 页。

③ 武法提、黄石华、殷宝媛:《场景化:学习服务设计的新思路》,《电化教育研究》2018 年第 12 期。

来。① 基于传播学视角,又有人对场景化传播作了如下界定:认为其是"一定时空条件下以受众的需求为出发点,构建能够激发受众主观感受的场景,并综合运用各种手段将各种场景要素进行有效连接,提升受众的信息体验,以此实现个性化信息与服务适配"②。实际上,从广义角度看,"场景"一词可以概括人类行为发生的特定环境,包括时间、地点、人物、事件、连接方式等要素,例如堵车时在车上收听广播、晨间听"逻辑思维"60 秒语音,或者深夜在家中用"饿了么"App 订外卖,都是一个个细分的生活场景。而在当下,"场景"更特指一种思维方式,一种面向客观实践、结构化、组件式地分析和解决问题的有效方法。它要求我们洞悉时代发展下场景的新变化,学会设置与活动内容匹配的场景,与对象建构起"产品即场景"的生动"连接"。

那么,对思想政治教育内容供给活动来说,"场景"或者"场景化思维"对有效供给来讲又意味着什么,或者说有着怎样的功用价值呢?从大的方面来讲,是马克思主义环境与人的关系理论在具体供给活动中的体现和运用,是试图利用适配"场景"的唤醒、感召、濡化等正向功能和力量,使个体的情绪、情感、认知待启或调试到与待供给内容、欲实现供给目标契合、匹配的状态。从更加具体微观的方面而言,它试图通过适配活动"场景"的设置,调动起供给对象与待供给内容匹配的心智模型,以实现完美的供给效果。那么什么又是"心智模型"呢?在这里,可以用一个简单的例子来说明。比如,假如你从来没有见过 iPad,我给你一台并告诉你,可以用它来看书,那我想,在你打开 iPad 之前,你头脑里应该就会有一个如何在 iPad 上阅读的模型——你会假想书是如何在它的屏幕上呈现的,你可以在上面做什么,以及大致如何看书等等。也就是即使你从来没有适用过 iPad,但你也有一个用 iPad 看书的心智模

① [美]罗伯特·斯考伯、谢尔·伊斯雷尔:《即将到来的场景时代》,赵乾坤、周宝曜译,北京联合出版公司 2014 年版,第 11 页。

② 黄冬霞:《场景化传播背景下高校思想政治教育理论课建设面临的挑战与对策》,《思想教育研究》2022 年第 1 期。

型。由此可得出，心智模型就是一个人对事物运作方式的思维过程，以及对周围世界的理解。它的基础可能是不完整的现实、过去的经验，甚至是直觉感知。它有助于人的动作和行为的形成，影响人在复杂情况下的关注点，并决定人们如何解决问题。而要让供给对象对某个场景形成心智模型，就要让供给主体塑造的场景，深入供给对象的心智中，并通过体验、参与等活动，获得相关的场景概念，形成供给对象的心智模型。

正如大卫·肯尼和约翰·F.马歇尔在预测移动互联网时代的场景营销模式时曾说过的那样："在这个永远在线的时代，消费者只会关注那些与他们生活场景息息相关的信息。"产品和服务如此，思想政治教育内容供给活动更是如此。唯有能够满足生活场景中特定需求的内容信息，才能吸引对象关注和接受。创设场景的最终目的是要提供特定供给活动场景下的适配内容与信息。这里的适配，不仅是对特定供给场景中对象（行为）的理解，更是要迅速准确地找到对象并推送符合其需求的内容或信息。其中，对相关信息与内容的发掘、整合与推送能力，将决定适配的整体水平。而这也需要依托数字技术来完成。2021 年，中央网络安全和信息化委员会印发的《提升全民数字素养与技能行动纲要》中，就明确提出大力发展数字技术的同时要丰富新型数字场景的要求。① 此外，无论是在固定场景还是移动场景中，供给对象的当下状态都会与空间因素共同作用。供给对象的当下状态是对象在此时此地的种种身体、行为、需求等数据的集合，它们可能是基于自身以往的生活惯性，也可能是偶然的、突发性的。"要增强思想政治教育的实效，必须在变化的关系网中把握教育对象的学习期待和需求。场景化传播驱动教育者更加关注教育对象所处的时空环境、主观感受，细分教育对象所处的场景情况，使教育对象在特

① 中共中央网络安全和信息化委员会办公室官网：《提升全民数字素养与技能行动纲要》，见 http://www.cac.gov.cn/2021-11/05/c_1637708867754305.htm。

定的场景中捕捉到内心期待的内容”①,亦即我们在关注供给对象所处空间要素的同时,还要观照他们的实时状态,这样才可能为对象提供匹配的内容服务。而当前的图像传感、LBS 定位、三维立体显示等技术的发展,则为我们实时把握供给对象的地理位置信息,并细分其所处的场景情况,提供了坚实的技术支撑。

内容供给场景化的要义是将实际空间和虚拟空间结合,将对象群体的行为与心理结合,共同创设、形成适配的思想文化内容供给环境氛围。基于地理位置的移动互联服务,可以有效延展思想政治教育内容供给的具体空间,生发出虚拟时空的文化意义。供给对象的精神文化需求驱动对象的行为,使之在设置的具体供给场景中形成对供给内容的接纳和吸收。思想政治教育内容供给场景化还需兼顾对象的共性和个性,形成标准化适配与个性化适配互补的多元格局。既要有对对象群体思想文化共性的理解与满足,即针对对象群体在一般场景中的普遍性、一般性需求,进行理论传输、价值观念传递,使不同的对象都可以获得这一场景中的基本满足;又要把个体当下状态及既往习惯纳入考虑范围,达成对个性文化精神需求的把握与满足。具体来说,思想政治教育内容供给场景建构需牢牢抓住“用户”“内容”“体验”“链接”“社群”等关键元素,通过“场景+用户”,深化用户核心思维,把握对象的需求和期待;通过“场景+内容”,把握场景技术的特性,辨识适合场景技术呈现的教育内容;通过“场景+体验”,打造个性化教育场景,增强对象体验的层次感、真实感、沉浸感;通过“场景+链接”,专题式衍生思想政治教育精品资源库,打造场景延伸价值;通过“场景+社群”,以多元情感连接强化场景体验的价值认同。②

① 黄冬霞:《场景化传播驱动思想政治教育创新的时代价值和实践策略》,《思想理论教育》2022 年第 11 期。

② 黄冬霞:《场景化传播驱动思想政治教育创新的时代价值和实践策略》,《思想理论教育》2022 年第 11 期。

三、讲求供给的柔性互动

在人们的普遍观念里，主流意识形态作为一种具有较高抽象性和理论性的观念的上层建筑，以理论宣传和灌输为主要方式的“硬供给”就成为必然和必需。从思想政治教育政治性本质属性所自有的强制性色彩和理论被传播、被接受的规范化标准化路径来看，这几乎是毋庸置疑的。但在具体的操作策略和方法艺术上，我们不能不提到以感性传播和隐性渗透为代表的“软供给”。如果说前者是思想政治教育内容供给活动本质在供给方式上的体现凸显，那么后者则是思想政治教育内容供给效果对供给方式的一种技术性、艺术性要求。

首先来看感性传播在思想政治教育内容有效供给中的重要地位和作用。意大利著名哲学家、思想家、马克思主义者葛兰西就曾将意识形态归于实践哲学，认为意识形态的存在与传播离不开感性的社会生活实践和经验载体。对此，有学者总结道：“正是由于葛兰西，才实现了从作为‘思想体系’的意识形态到作为被体验的、惯常的社会实践的意识形态的关键性转变，这种实践因而也许既包括社会经验无意识的、不能言喻的向度，又包括形式上的机构运作。”①在西方，类似的观点表述还有很多。比如，迪尔凯姆提出通过培育群体的集体意识或集体表象（主要是以宗教规范、风俗习惯和仪式象征等感性形式表现出来的非正式制度）来实现道德教化，进而实现社会整合和社会团结，有效化解矛盾冲突和社会分裂；哈耶克也十分强调，不同于本能和理性的感性，才具备使社会秩序或道德规则真正形成的能力。② 这就提醒我们在主流意识形态内容的供给上，一是要触底人们的生活世界，激发人们的情感共鸣。在真实可见的生活世界，亟须实现或解决的需求愿望与困难问题最能激发人

① 转引自［斯洛文尼亚］斯拉沃热·齐泽克、泰奥多·阿多尔诺：《图绘意识形态》，方杰译，南京大学出版社 2006 年版，第 187 页。

② 刘少杰：《当代中国意识形态变迁》，中央编译出版社 2012 年版，第 150—152 页。

们情感共鸣。“新时代,以习近平同志为核心的党中央科学判断社会主要矛盾的发展变化,积极描绘全面共享发展的美好蓝图。尤其是随着人民对物质文化需要到美好生活需要的转变,主流意识形态更加注重人文关怀和情感感召。以中国梦的建构提出为例,它将国家民族复兴的宏大梦想与民众幸福诉求的个体生活统一起来,进一步彰显了主流意识形态的凝聚力和包容性,有力满足了社会民众的价值诉求和情感归属”①,因而也就使得人们在情感共鸣中,实现了个人发展与社会发展的同频共振。二是要注重体态、情感、话语等感性因素的运用,形成供给双方的情感联结。以理论供给的话语表达为例,党的几代领导人可谓注重话语生动性表达、接地气式传递的光辉典范。如毛泽东同志的传统文化功底及语言表达运用能力深厚且精妙,他深谙中国传统文化精髓,并擅用人民群众熟悉、喜爱的,既生动形象又一语中的、切中要害的话语来表达深奥的思想、艰深的道理,从而形成了具有自己独特风格且为群众广为流传的独特话语表达方式。邓小平同志的“白猫黑猫论”“摸着石头过河”“三个有利于”等均形象生动、通俗易懂。党的十八大以来,习近平总书记通过引典故、讲故事、化俗语等方式,所创造的诸如“小康不小康,关键靠老乡”“鞋子合不合脚,自己穿了才知道”“房子是用来住的,不是用来炒的”“撸起袖子加油干”等为大众所喜爱并广为传颂的“大白话”“大实话”,使得抽象理论变得现实可感、生动可解,真实可信,有效地拉近了供给主客两端的心理距离。三是要重视视觉文化的渲染性力量,形成现代感性传播的综合优势。正如,“在依靠印刷技术取得思想文化统治地位的文字文化时代,意识形态主要依靠印刷品中的语词、语句来表达和传播,而语词、语句的思想内容就是概念和判断,所以由语词、语句表达出来的价值道德准则和理想信念也就必然呈现为概念体系和逻辑推论,因而也就必然具有了间接性和抽象性的理论形式,理论意识形态由此获得了统治地位。在网络技术快速发展的当代,视觉文化正在

① 李晓阳、张明:《新中国70年来主流意识形态感性传播的发展历程及其启示》,《理论导刊》2019年第10期。

大规模地取代传统文字文化的传播作用,意识形态特别是与日常生活直接统一的那些作为价值伦理和道德信仰的感性意识形态,借助网络媒体以传统文字文化无法与之相比的传播广度和传播效度向社会生活的每个层面传播开来"①。因此,我们需要利用其在感性传播思想信念、价值观念方面所具有的强大优势,增强供给活动效果。

其次来看以隐性渗透为表现形式的柔性供给。相较于显性理论宣传教育的正面、直接和"大水浇灌",思想政治教育内容的隐性渗透就好比若有若无的"小雨浸润",虽慢慢散落,却也丝丝入扣,"润物细无声"。这种"不为人知的"隐约渗透效果,往往通过有感染力和代入感的情景氛围的创设,隐蔽活动目的,淡化一定要达到某种目的的刻意感、植入感和强制感,从而使内容接受对象在轻松、毫无压力的状态下,潜移默化、不由自主地受到看似无关,却潜隐在供给内容背后深处的一些价值观念的影响。我们现实生活中目不暇接的影视、戏剧,琳琅满目的小说、诗歌,信息海量的时事、新闻,日常身边人事的报道宣扬等,是我们最常见也最常用的隐性渗透供给载体,它们在看似无意的漫不经心中,不间断、全方位地弥散着自己的浸润功能。这就正如苏联教育家苏霍姆林斯基所说的那样:"单单在儿童上学和回家的路途上,他们受的思想教育,就比在学校里呆几个小时所受的教育都强烈、鲜明得多。"②但尽管如此,需要特别强调说明的是,隐性渗透式的柔性供给以其"非正规"的形式,将活动目的"潜隐",将供给内容与规范要求同人们所关注、热衷的各种事务、事件密切结合,在提高人们对内容的自主性、接受度,发挥教育合力等方面有明显优势。但是,它的这种效果和影响更多地体现在对供给对象个体人格塑造和思想观念转化方面,在占领思想意识形态教育主阵地、畅通宣传教育主渠道、唱响主旋律方面的作用则不如显性的供给方式直接、强烈。习近平总书记在全国学校思想政治理论课教师座谈会中谈道,思想政治理论课改革创新要坚持"显

① 刘少杰:《当代中国意识形态变迁》,中央编译出版社 2012 年版,第 43 页。

② [苏]苏霍姆林斯基:《教育的艺术》,肖勇译,湖南教育出版社 1983 年版,第 103 页。

性教育和隐性教育相统一”，便是对两者各自优势、特点的一种弥合。思想政治教育内容的有效供给，同样需要坚持显性与隐性两者供给方式的有机互补，同时注意它们各自的适用范围和优势所在。例如在思想理论教育、国家应急性政治主张和政治要求的宣传、发动方面，以内容的显性供给为主；在道德意识培养和价值观塑造方面，青少年、职工群众以及有明显逆反情绪或心理问题的特定群体面前，隐性渗透式供给方式因其独特的浸润和弥散特点，可能更适用，更能为对象群体接受，也更能收到比较好的活动效果。

结　语

有人说,这是一个流动不居,充满着不确定性、复杂性和模糊性的“乌卡时代”。然而,世界的这种不确定,人们的这种彷徨犹疑,却似乎预示着我们,更需以一种坚信不疑的信念信仰,驱散前行道路上隐晦不明、飘忽不定的霾,走出“不确定性”道路中的“确定性”可能。这对跋涉于前进路途中的个体来说,如此;对正经历着中国历史上最为广泛而深刻社会变革、人类历史上最为宏大而独特实践创新的国家来讲,更是如此。

倘若将这样的感性直观上升到一个更加宏大的叙事图景中的话,它便天然地与我们作为一名思想政治教育工作者应有的使命担当紧密相连。在世界处于百年未有之大变局,中国进入中国特色社会主义新时代、开启社会主义现代化国家建设新征程的当下,“面对社会思想观念和价值取向日趋活跃、主流和非主流同时并存、社会思潮纷纭激荡的新形势”,哲学社会科学工作者“如何巩固马克思主义在意识形态领域的指导地位,培育和践行社会主义核心价值观,巩固全党全国各族人民团结奋斗的共同思想基础”;宣传思想工作者如何“把统一思想、凝聚力量作为宣传思想工作的中心环节”;思想政治教育工作者如何“把培养社会主义建设着和接班人作为根本任务,培养一代又一代拥护中国共产党领导和我国社会主义制度、立志为中国特色社会主义奋斗终身的有用人才”;等等,是需要我们在诸多“不确定性”干扰与“不明朗”局势下，应致力思考和给出的“确定性”回答。

当然，答案的给出可以是不同途径不同侧面。但以主流价值思想的有效供给，实现对人们思想行为的积极引导和正向引领，应该是思想政治教育的“正途”“大道”。因此，如何实现思想政治教育内容的“有效供给”，便成为新时代思想政治教育创新发展的核心命题。也许正因如此，张国启老师才可以那么掷地有声地指出，思想政治教育过程就是供给过程；新时代思想政治教育发展面临的基本问题就是教育的“有效”供给问题；我们所需要做的就是系统而深入地研究推进思想政治教育供给侧结构性改革，以提升思想政治教育的实效性。①

对于这样的一个理论和实践的前沿问题，笔者在书中围绕它作了很多思考，即便是在行文将至尾声的时候，对它的发散思考也依然是无止境、不停歇的。比如，对于核心命题“有效”的判断标准问题。在书中，我们曾借用经济学的分析视角，从“效用”“效益”“效率”三方面，对其作出尝试性的比较和回答后，又从思想政治教育内容供给对供给主体愿望的达成度、对供给对象需求的满足度、对供给社会效应的实现度等结果维度，以及要素硬强化、过程强连接、情境高适配等过程维度，对其作了具体分析。那么，除此，还有没有其他的方式或可能呢？假如，我们从思想政治教育内容的产品形态出发，有效的内容供给，是否应该是内容“量、质、结构”等高标准的完美兼顾和统一？除此，思想政治教育内容有效供给的理论阐释，除了要弄清其核心概念，剖析其环节过程，搞清其系统结构，是不是还需要进一步研究其运行中的矛盾问题、规律问题、环境问题？……思想政治教育内容有效供给研究中，像这样需要发散、追问、深入，同时也值得或等待着我们去发散、追问、深入的问题还有很多很多……

可尽管我们尽其所能，对其所涉及的核心概念、要素过程、系统结构等基

① 张国启：《思想政治教育发展研究》，中国社会科学出版社2019年版，第279页。

本理论问题，以及历史和当下实践运行过程中的实然状态，未来发展的理想预设等进行了分析考察，并按照“谁来供给”“供给什么”“如何供给”的逻辑主线，对思想政治教育内容有效供给的提升路径和优化方案进行了系统探讨，观察并注意到了一些容易被忽视的问题，触及并探究到了一些潜隐于深的原因，甚至研究并给出了一些有建设性的意见和建议，但因眼见学识的局限、所下功夫仍不够深厚，其广度的不及、深度的不够，或者观点、看法的失之偏颇，大抵也是多有存在的。然而，学术探索大概就是这样一个在不断地批判、质疑中缓慢前行的过程。但如若我们所用心用功走的每一步都能成为来日学科前进发展中的有益积累，哪怕是错的教训，那也够了。所以，愿我们仍怀有一颗对思想政治教育学科的赤子之心，对新时代思想政治教育内容有效供给，以及新时代思想政治教育创新发展的探究与追问，能够不断进行下去，真正肩负起时代、国家赋予我们的伟大职责和光荣使命！

参 考 文 献

[1]《马克思恩格斯选集》第1—4卷,人民出版社2012年版。

[2]《马克思恩格斯文集》第1—10卷,人民出版社2009年版。

[3]《列宁选集》第1—4卷,人民出版社1995年版。

[4]《毛泽东选集》第一—四卷,人民出版社1991年版。

[5]《毛泽东文集》第一—八卷,人民出版社1993、1996、1999年版。

[6]《邓小平文选》第一—三卷,人民出版社1993、1994年版。

[7]《江泽民文选》第一—三卷,人民出版社2006年版。

[8]《胡锦涛文选》第一—三卷,人民出版社2016年版。

[9]《习近平谈治国理政》第一卷,外文出版社2018年版。

[10]《习近平谈治国理政》第二卷,外文出版社2017年版。

[11]《习近平谈治国理政》第三卷,外文出版社2020年版。

[12]《习近平谈治国理政》第四卷,外文出版社2022年版。

[13] 中共中央文献研究室:《建国以来重要文献选编》第一—二十册,中央文献出版社2011年版。

[14] 中共中央文献研究室:《十八大以来重要文献选编》(上),中央文献出版社2014年版。

[15] 中共中央文献研究室:《十八大以来重要文献选编》(中),中央文献出版社2016年版。

[16] 中共中央党史和文献研究院:《十八大以来重要文献选编》(下),中央文献出版社2018年版。

[17] 中共中央党史和文献研究院:《十九大以来重要文献选编》(上),中央文献

出版社 2019 年版。

[18] 中共中央党史和文献研究院:《十九大以来重要文献选编》(中),中央文献出版社 2021 年版。

[19] 中共中央党史和文献研究院:《十九大以来重要文献选编》(下),中央文献出版社 2023 年版。

[20] 中共中央党史和文献研究院:《二十大以来重要文献选编》(上),中央文献出版社 2024 年版。

[21] 中共中央宣传部办公厅:《中国共产党宣传工作文献选编:1949—1956》,学习出版社 1996 年版。

[22] 中共中央宣传部办公厅:《中国共产党宣传工作文献选编:1956—1992》,学习出版社 1996 年版。

[23] 教育部思想政治工作司组编:《加强和改进大学生思想政治教育重要文献选编(1978—2014)》,知识产权出版社 2015 年版。

[24] 教育部社会科学司组编:《普通高校思想政治理论课文献选编(1949—2008)》,中国人民大学出版社 2008 年版。

[25] 段忠桥:《建国以来普通高校马克思主义理论课和思想品德课课程设置及教学内容历史沿革资料汇编》(上、下),高等教育出版社 2004 年版。

[26] 中共中央宣传部:《习近平总书记系列重要讲话读本(2016 年版)》,学习出版社、人民出版社 2016 年版。

[27] 中共中央文献研究室:《习近平关于社会主义政治建设论述摘编》,中央文献出版社 2017 年版。

[28] 中共中央文献研究室:《习近平关于社会主义文化建设论述摘编》,中央文献出版社 2017 年版。

[29] 中共中央文献研究室:《习近平关于社会主义社会建设论述摘编》,中央文献出版社 2017 年版。

[30] 中共中央文献研究室:《习近平关于青少年与共青团工作论述摘编》,中央文献出版社 2017 年版。

[31] 中共中央宣传部:《习近平新时代中国特色社会主义思想三十讲》,学习出版社 2018 年版。

[32] 中共中央宣传部:《习近平新时代中国特色社会主义思想学习纲要》,学习出版社、人民出版社 2019 年版。

[33] 中共中央宣传部:《习近平新闻思想讲义(2018 年版)》,人民出版社、学习出

版社 2018 年版。

[34] 教育部课题组:《深入学习习近平关于教育的重要论述》,人民出版社 2019 年版。

[35] 本书编写组:《习近平总书记教育重要论述讲义》,高等教育出版社 2020 年版。

[36] 习近平:《论党的宣传思想工作》,中央文献出版社 2020 年版。

[37] 习近平:《高举中国特色社会主义伟大旗帜　为全面建设社会主义现代化国家而团结奋斗——在中国共产党第二十次全国代表大会上的报告》,人民出版社 2022 年版。

[38] 习近平:《决胜全面建成小康社会　夺取新时代中国特色社会主义伟大胜利——在中国共产党第十九次全国代表大会上的报告》,人民出版社 2017 年版。

[39]《中共中央关于坚持和完善中国特色社会主义制度　推进国家治理体系和治理能力现代化若干重大问题的决定》,人民出版社 2019 年版。

[40]《关于深化新时代学校思想政治理论课改革创新的若干意见》,人民出版社 2019 年版。

[41]《国家中长期教育改革和发展规划纲要(2010—2020 年)》,人民出版社 2010 年版。

[42]《新时代公民道德建设实施纲要》,人民出版社 2019 年版。

[43]《新时代爱国主义教育实施纲要》,人民出版社 2019 年版。

[44] 中国辩证唯物主义研究会:《系统科学的哲学探讨》,中国人民大学出版社 1988 年版。

[45] 魏宏森、曾国屏:《系统论——系统科学哲学》,清华大学出版社 1995 年版。

[46] 夏甄陶:《人是什么》,商务印书馆 2000 年版。

[47] 王南湜:《人类活动论:马克思的哲学革命》,北京师范大学出版社 2017 年版。

[48] 陈新夏:《唯物史观与人的发展理论》,江苏人民出版社 2013 年版。

[49] 郑永廷:《人的现代化的理论与实践》,人民出版社 2006 年版。

[50] 杨耕:《马克思主义哲学基础理论研究》,北京师范大学出版社 2013 年版。

[51] 庞立生:《现代性图景与哲学的视界》,人民出版社 2017 年版。

[52] 王坤庆:《精神与教育——一种教育哲学视角的当代教育反思与建构》,华中师范大学出版社 2009 年版。

[53] 张澍军:《德育哲学引论》,中国社会科学出版社 2008 年版。

[54] 董雅华:《思想政治教育哲学问题研究》,复旦大学出版社 2019 年版。

[55] 金林南:《思想政治教育学科范式的哲学沉思》,江苏人民出版社 2013 年版。

[56] 齐鹏飞:《中华人民共和国史》,中国人民大学出版社 2010 年版。

[57] 本书编写组:《中国共产党简史》,人民出版社、中国党史出版社 2021 年版。

[58] 龚海泉主编:《党的思想政治教育史》,高等教育出版社 1993 年版。

[59] 张耀灿主编:《中国共产党思想政治教育史论》,高等教育出版社 2006 年版。

[60] 石云霞:《新中国成立以来中国共产党思想理论教育历史研究》(上、下),中国社会科学出版社 2007 年版。

[61] 金铁宽:《中华人民共和国教育大事记》,山东教育出版社 1995 年版。

[62] 何东昌:《中华人民共和国教育大事记(1949—1997)》,海南出版社 1998 年版。

[63] 荆惠民主编:《改革开放以来思想政治工作大事记》,中国人民大学出版社 2007 年版。

[64] 黄向阳:《德育原理》,华东师范大学出版社 2000 年版。

[65] 鲁洁、王逢贤:《德育新论》,江苏教育出版社 2000 年版。

[66] 陈万柏、张耀灿:《思想政治教育学原理》(第三版),高等教育出版社 2015 年版。

[67] 刘建军:《思想理论教育原理新探》,高等教育出版社 2008 年版。

[68] 骆郁廷:《思想政治教育原理与方法》,北京师范大学出版社 2019 年版。

[69] 沈壮海:《新编思想政治教育学原理》,中国人民大学出版社 2022 年版。

[70] 冯刚:《新时代高校思想政治教育学原理》,人民出版社 2021 年版。

[71] 刘建军:《寻找思想政治教育的独特视角》,中国人民大学出版社 2017 年版。

[72] 张耀灿等:《思想政治教育学前沿》,人民出版社 2006 年版。

[73] 张耀灿等:《现代思想政治教育学》,人民出版社 2006 年版。

[74] 罗洪铁:《思想政治教育专题研究》,中央文献出版社 2007 年版。

[75] 郑永廷:《现代思想道德教育理论与方法》,广东高等教育出版社 2000 年版。

[76] 万美容:《思想政治教育方法发展研究》,中国社会科学出版社 2007 年版。

[77] 冯刚、郑永廷主编:《思想政治教育学科 30 年发展研究报告》,光明日报出版社 2014 年版。

[78] 王仕民主编:《德育研究:思想政治教育学科 30 年发展报告 2014》,中山大学出版社 2014 年版。

[79] 张国启:《思想政治教育发展研究》,中国社会科学出版社 2019 年版。

[80] 孙其昂等:《思想政治教育现代转型研究》,学习出版社 2015 年版。

[81] 盛跃明:《思想政治教育转型论:现代性的观点》,人民出版社 2015 年版。

[82] 范国华:《时代变迁与思想政治教育的现代转型》,天津人民出版社 2016 年版。

[83] 毕红梅:《全球化视野中的思想政治教育》,中国社会科学出版社 2006 年版。

[84] 项久雨:《思想政治教育价值论》,中国社会科学出版社 2003 年版。

[85] 秦在东:《思想政治教育管理论》,湖北人民出版社 2003 年版。

[86] 陈华洲:《思想政治教育资源论》,中国社会科学出版社 2007 年版。

[87] 邵献平:《思想政治教育中介论》,中国社会科学出版社 2007 年版。

[88] 沈壮海:《思想政治教育有效性研究》,武汉大学出版社 2016 年版。

[89] 褚凤英:《思想政治教育活动研究》,人民出版社 2011 年版。

[90] 张彦:《思想政治教育主体性研究》,广东人民出版社 2006 年版。

[91] 隋宁:《思想政治教育先在结构研究》,人民出版社 2015 年版。

[92] 杨志平:《思想政治教育信息问题研究》,人民出版社 2015 年版。

[93] 陈燕:《思想政治教育社会治理功能研究》,中央编译出版社 2019 年版。

[94] 叶方兴:《社会之镜—思想政治教育社会整合研究》,上海人民出版社 2018 年版。

[95] 巩克菊:《人的利益与思想政治教育创新》,中央编译出版社 2019 年版。

[96] 王荣发:《德育的逻辑:思想政治教育有效性的逻辑进路研究》,华东理工大学出版社 2013 年版。

[97] 王会勇、姚兵、赵永军编著:《当代思想政治教育体系构建及其有效性研究》,九州出版社 2018 年版。

[98] 王玄武等:《思想教育、政治教育、道德教育比较研究》,武汉大学出版社 2002 年版。

[99] 刘书林、陈立思:《青年思想政治教育学原理》,中国青年出版社 1999 年版。

[100] 骆郁廷:《当代大学生思想政治教育》,中国人民大学出版社 2010 年版。

[101] 何祥林、谢守成、刘宏达等:《大学生群体思想政治教育新论》,中国社会科学出版社 2008 年版。

[102] 刘少杰:《当代中国意识形态变迁》,中央编译出版社 2012 年版,

[103] 陈先达:《坚持马克思主义在意识形态领域指导地位的研究》,经济科学出版社 2014 年版。

[104] 徐成芳:《坚持马克思主义在我国意识形态领域指导地位研究》,人民出版

社 2017 年版。

[105] 李辽宁:《当代中国思想政治教育意识形态功能研究》,武汉大学出版社 2006 年版。

[106] 詹万生:《整体构建德育体系总论》,教育科学出版社 2001 年版。

[107] 蒋笃运:《德育系统论》,郑州大学出版社 2007 年版。

[108] 徐国亮:《思想政治教育:基于新视野的系统分析》,山东大学出版社 2007 年版。

[109] 侯勇:《社会视野中的思想政治教育系统研究》,人民出版社 2016 年版。

[110] 张益、罗艺:《大中小学德育一体化探析》,上海书店出版社 2016 年版。

[111] 范树成:《德育过程论》,中国社会科学出版社 2004 年版。

[112] 袁通斌:《思想政治教育过程规律探索》,黑龙江人民出版社 2008 年版。

[113] 韦冬雪:《思想政治教育过程矛盾和规律研究》,光明日报出版社 2011 年版。

[114] 王兰垣:《新时期思想政治教育内容体系》,天津人民出版社 1990 年版。

[115] 孙雁:《高校思想政治教育内容新论》,吉林大学出版社 2009 年版。

[116] 熊建生:《思想政治教育内容结构论》,中国社会科学出版社 2012 年版。

[117] 郎晓东:《科学实践观视阈下思想政治教育内容研究》,人民出版社 2016 年版。

[118] 郑敬斌:《学生思想政治教育内容体系整体建构研究》,吉林人民出版社 2013 年版。

[119] 张玉霞等:《高校思想政治教育的内容与路径研究》,中国时代经济出版社 2014 年版。

[120] 史广政等:《当代高校思想政治教育内容拓展与方法创新》,吉林大学出版社 2014 年版。

[121] 王君毅:《新时期大学生思想政治教育内容探究》,吉林大学出版社 2014 年版。

[122] 邹立莉:《大学生思想政治教育内容拓展与策略探究》,吉林大学出版社 2015 年版。

[123] 周湘莲:《中国共产党思想政治教育内容体系的发展与构建》,中南大学出版社 2016 年版。

[124] 蔡海龚:《多维视阈下高校思想政治教育内容拓展及实效性研究》,光明日报出版社 2016 年版。

[125] 滕泰:《新供给主义经济学》,东方出版社 2017 年版。

[126] 胡培兆:《有效供给论》,经济科学出版社 2004 年版。

[127] 华桂宏:《有效供给与经济发展》,南京师范大学出版社 2000 年版。

[128] 陈二厚等:《中国供给侧改革》,中国言实出版社 2016 年版。

[129] 吴宏超:《义务教育有效供给研究》,华中师范大学出版社 2013 年版。

[130] 齐骥:《文化产业供给侧改革研究理论与案例》,中国传媒大学大学出版社 2017 年版。

[131] 舒建平、杨斌:《我国休闲体育服务供给路径研究》,四川大学出版社 2016 年版。

[132] 张萍:《供给侧改革视野下的大学生思想政治教育研究》,吉林出版集团股份有限公司 2017 年版。

[133] 李梁:《高校思想政治理论课教育教学供给侧结构性改革理论研究》,上海大学出版社 2017 年版。

[134] 王金伟、李梁等:《高校思想政治理论课教育教学供给侧结构性改革实践研究》,上海大学出版社 2017 年版。

[135] 林雪涛、简渠:《教育数字出版编辑论:内容开发与关键技术》,重庆出版社 2016 年版。

[136] 赵子忠:《内容产业论——数字新媒体的核心》,中国传媒大学出版社 2005 年版。

[137] 章志光:《社会心理学》,北京师范大学出版社 2001 年版。

[138] 皮连生主编:《教育心理学》,上海教育出版社 2004 年版。

[139] 刘京林:《大众传播心理学》,北京广播学院出版社 1997 年版。

[140] 张云:《思想政治教育心理学》,上海人民出版社 2001 年版。

[141] 胡凯、荣复康:《思想政治教育心理学》,湖南科学技术出版社 2005 年版。

[142] 孙平:《受众心理》,中州古籍出版社 2007 年版。

[143] 郑兴东:《受众心理与传媒引导》,新华出版社 1999 年版。

[144] 吴刚:《接受认识论引论》,北京大学出版社 1996 年版。

[145] 邱柏生:《思想教育接受学》,山西人民出版社 1992 年版。

[146] 张琼、马进举:《道德接受论》,中国社会科学出版社 1995 年版。

[147] 赵继伟:《马克思主义意识形态接受论》,武汉大学出版社 2009 年版。

[148] 张世欣:《思想政治教育接受规律论》,华东师范大学出版社 2005 年版。

[149] 张春泉:《论接受心理与修辞表达》,中国社会科学出版社 2007 年版。

[150] 刘新全:《现代思想政治教育接受行为的系统分析》,中国矿业大学出版社2017年版。

[151] 王娟:《思想政治教育沟通研究》,中国社会科学出版社2011年版。

[152] 李素霞:《交往手电革命与交往方式变迁》,人民出版社2005年版。

[153] 徐贲:《明亮的对话:公共说理十八讲》,中信出版社2014年版。

[154] 刘建华:《师生交往论——交往视野中的现代师生关系研究》,北京范大学出版社2011年版。

[155] 陈正桂:《现代思想政治工作者角色塑造》,学林出版社2010年版。

[156] 李彬:《传播学引论》(增补版),新华出版社2003年版。

[157] 郭庆光:《传播学教程》(第二版),中国人民大学出版社2011年版。

[158] 陈力丹:《精神交往论——马克思恩格斯的传播观》(修订版),中国人民大学出版社2016年版。

[159] 杨雨丹主编:《有效传播的道与术》,厦门大学出版社2018年版。

[160] 段鹏:《政治传播:历史、发展与外延》,中国传媒大学出版社2001年版。

[161] 张晓峰、赵鸿燕:《政治传播研究:理论、载体、形态、符号》,中国传媒大学出版社2001年版。

[162] 南国农、李运林主编:《教育传播学》(第二版),高等教育出版社2005年版。

[163] 欧阳林:《思想政治教育传播学》,北京交通大学出版社2005年版。

[164] 元林:《思想政治教育体系中的网络传播研究》,光明日报出版社2011年版。

[165] 任艳妮:《大学生思想政治教育传播有效性研究》,中国社会科学出版社2019年版。

[166] 张雷:《传播理论与大学生思想政治教育有效接受研究》,浙江大学出版社2015年版。

[167] 陈凌:《说服传播——过程和实践》,五南图书出版股份有限公司2005年版。

[168] 张浩达:《视觉传播:信息、认知、读解》,北京大学出版社2012年版。

[169] 张洪忠:《大众媒介公信力理论研究》,人民出版社2006年版。

[170] 严锋、卜卫:《生活在网络中》,中国人民大学出版社1997年版。

[171] 陶侃:《我们都是网中人:网络文化与人的发展》,北京交通大学出版社2013年版。

[172] 金雁等:《传媒时代人类认知新概念》,中山大学出版社2007年版。

[173] 陆小华:《新媒体观:信息化生存时代的思维方式》,清华大学出版社 2008 年版。

[174] 王竹力:《碎片与重构:互联网思维重塑大教育》,电子工业出版社 2015 年版。

[175] 张宁:《媒介社会学:信息化时代媒介现象的社会学解读》,中山大学出版社 2010 年版。

[176] 雷润琴等:《信息博弈:公民 · 媒体 · 政府》,清华大学出版社 2011 年版。

[177] 王菊芳:《BBC 之道:BBC 的价值观与全球化战略》,生活 · 读书 · 新知三联书店 2013 年版。

[178] 李文明、吕福玉:《网络文化通论》,学习出版社 2012 年版。

[179] 杨立英、曾盛聪:《全球化、网络化境遇与社会主义意识形态建设研究》,人民出版社 2006 年版。

[180] 李永刚:《我们的防火墙:网络时代的表达与监管》,广西师范大学出版社 2009 年版。

[181] 但午剑等:《网络传播语境下的"把关人"价值研究》,四川大学出版社 2015 年版。

[182] 檀传宝等:《大众传媒的价值影响与青少年德育》,福建教育出版社 2011 年版。

[183] 霍福广等:《信息德育论——大学生信息素养与思想政治教育信息化研究》,人民出版社 2008 年版。

[184] [美]保罗 · A.萨缪尔森、威廉 · D.诺德豪斯:《经济学》(下),高鸿业译,中国发展出版社 1992 年版。

[185] [美]欧文 · 拉兹洛:《系统哲学引论——一种当代思想的新范式》,钱兆华等译,商务印书馆 1998 年版。

[186] [德]恩斯特 · 卡西尔:《人论——人类文化哲学导引》,甘阳译,上海译文出版社 2017 年版。

[187] [英]安东尼 · 吉登斯:《现代性与自我认同》,赵旭东、方文译,生活 · 读书 · 新知三联书店 1998 年版。

[188] [美]阿历克斯 · 英格尔斯:《人的现代化:心理 · 思想 · 态度 · 行为》,殷陆君译,四川人民出版社 1985 年版。

[189] [英]维克托 · 迈尔-舍恩伯格、肯尼思 · 库克耶:《大数据时代》,盛杨燕、周涛译,浙江人民出版社 2013 年版。

[190] [美]丹尼尔·黑德里克:《追溯信息时代》,崔希芸等译,河北教育出版社2016年版。

[191] [美]罗斯扎克:《信息崇拜——计算机神话与真正的思维艺术》,苗华健、陈体仁译,中国对外翻译出版社1994年版。

[192] [美]马克·波斯特:《信息方式——后结构主义与社会语境》,范静哗译,商务印书馆2000年版。

[193] [加]马歇尔·麦克卢汉:《理解媒介——论人的延伸》,何道宽译,商务印书馆2000年版。

[194] [美]罗杰·菲德勒:《媒介形态变化:认识新媒介》,明安香译,华夏出版社2000年版。

[195] [英]查德威克:《互联网政治学:国家、公民与新传播技术》,任孟山译,华夏出版社2010年版。

[196] [美]曼纽尔·卡斯特:《认同的力量》(第二版),曹荣湘译,社会科学文献出版社2006年版。

[197] [美]阿尔伯特·班杜拉:《思想和行为的社会基础——社会认知论》(上册),林颖译,华东师范大学出版社2001年版。

[198] [法]古斯塔夫·勒庞:《乌合之众——大众心理研究》,冯克利译,中央编译局2004年版。

[199] [英]丹尼斯·麦奎尔:《受众分析》,刘燕南等译,中国人民大学出版社2006年版。

[200] [美]彼得斯:《交流的无奈——传播思想史》,何道宽译,华夏出版社2003年版。

[201] [美]威尔伯·施拉姆、威廉·波特:《传播学概论》,陈亮等译,新华社出版社1984年版。

[202] [美]沃纳·塞弗林、小詹姆斯·坦卡德:《传播理论:起源、方法与应用》,郭镇之等译,华夏出版社1999年版。

[203] [美]特里·K.甘布尔、迈克尔·甘布尔:《有效传播》(第七版),熊婷婷译,清华大学出版社2005年版。

[204] [美]罗伯特·西奥迪尼:《影响力》,闾佳译,万卷出版公司2010年版。

[205] [美]菲利普·津巴多、迈克尔·利佩:《影响力心理学》,邓羽等译,人民邮电出版社2009年版。

[206] [美]罗伯特·西奥迪尼等:《说服力》,冯银银译,天津教育出版社2011

年版。

[207] [美]凯文·霍根:《说服心理学:如何影响他人按你的方式思考》,邱宏译,天津社会科学院出版社2010年版。

[208] [美]卡尔·霍夫兰等:《传播与劝服:关于态度转变的心理学研究》,张建中等译,中国人民大学出版社2015年版。

[209] [法]阿莱克斯·穆奇艾利:《传通影响力操控、说服机制研究》,宋嘉宁译,中国传媒大学出版社2009年版。

[210] [波兰]彼得·什托姆普卡:《信任:一种社会学理论》,程胜利译,中华书局2005年版。

[211] [美]休梅克:《大众传媒把关》,张咏华译,上海交通大学出版社2007年版。

[212] [美]马克斯韦尔·麦库姆斯:《议程设置:大众媒介与舆论》,郭镇之译,北京大学出版社2008年版。

[213] [美] 罗伯特·斯考伯、谢尔·伊斯雷尔:《即将到来的场景时代》,赵乾坤、周宝曜译,北京联合出版公司2014年版。

[214] 上官苗苗:《学生思想政治教育内容的系统研究》,博士学位论文,东北师范大学,2017年。

[215] 张一璠:《高校思想政治理论教育内容与组织形式研究》,博士学位论文,东北师范大学,2017年。

[216] 徐瑾:《大学生思想政治教育的说服传播研究》,博士学位论文,复旦大学,2013年。

[217] 景天魁:《时空压缩与中国社会建设》,《兰州大学学报》(社会科学版)2015年第9期。

[218] 吴元梁:《论精神系统和精神文明建设》,《中国社会科学》2002年第4期。

[219] 樊浩:《中国社会价值共识的意识形态期待》,《中国社会科学》2014年第7期。

[220] 成长春等:《意识形态自觉与价值理性认同》,《中国社会科学》2018年第2期。

[221] 项久雨:《新时代美好生活的样态变革及价值引领》,《中国社会科学》2019年第11期。

[222] 刘荣军:《社会生活的层级结构与美好生活需要的多种样态》,《马克思主义研究》2020年第6期。

[223] 李合亮:《意识形态·意识形态控制力·思想政治教育》,《马克思主义研

究》2011 年第 8 期。

[224] 王树荫:《论思想政治教育形式、内容与效果的辩证关系》,《马克思主义研究》2008 年第 7 期。

[225] 孙其昂:《思想政治教育发展的多维探析》,《马克思主义研究》2008 年第 11 期。

[226] 赵跃先:《新形势下的思想政治教育创新探索》,《马克思主义研究》2012 年第 6 期。

[227] 王习胜:《当前思想政治教育的主要矛盾与发展趋向》,《马克思主义研究》2015 年第 9 期。

[228] 刘建军:《论思想政治教育的科学化》,《教学与研究》2011 年第 3 期。

[229] 李东坡:《思想政治教育复杂性及其创新发展》,《教学与研究》2018 年第 2 期。

[230] 向征:《论思想政治教育的公信力》,《马克思主义与现实》2013 年第 1 期。

[231] 叶方兴:《精神世界的政治呈现——思想政治教育的精神本性初论》,《思想理论教育》2018 年第 10 期。

[232] 蔡成效:《关于思想政治教育基本结构的哲学思考》,《甘肃社会科学》2008 年第 2 期。

[233] 王朝庆、王刚:《问题与思路:社会主要矛盾变化下思想政治教育的新路向》,《学校党建与思想教育》2018 年第 7 期。

[234] 王永益:《问题与思路:新时代社会主要矛盾变化下的思想政治教育》,《湖湘论坛》2018 年第 2 期。

[235] 项久雨:《中国思想理论建设的发展历程与基本经验》,《人民论坛》2019 年 36 期。

[236] 张毅翔:《改革开放 40 年思想政治教育基本经验的实践理路》,《马克思主义与现实》2018 年第 5 期。

[237] 李斌雄:《新中国成立 70 年来党的思想政治教育的历史经验和科学价值》,《学校党建与思想教育》2019 年第 17 期。

[238] 陈勇等:《新时代社会主义意识形态的思想引领和社会认同论析》,《思想理论教育导刊》2019 年第 12 期。

[239] 刘建军:《论思想舆论领域"三个地带"划分及应对策略》,《马克思主义与现实》,2019 年第 3 期。

[240] 李忠军:《用习近平新时代中国特色社会主义思想铸魂育人》,《中国高校社

会科学》2019 年第 3 期。

[241] 项久雨:《利益 · 情感 · 精神:个体第一需要与德育认同的三重逻辑》,《南京师范大学学报》(社会科学版)2021 年第 4 期。

[242] 周琪:《思想政治教育的图像化转向》,《思想理论教育》2017 年第 1 期。

[243] 王升臻:《思想政治教育效益简论》,《理论月刊》2011 年第 5 期。

[244] 潘一坡、项久雨:《思想政治教育时空论》,《思想理论教育》2010 年第 11 期。

[245] 孙飞争:《思想政治教育时间的内涵及表现形式》,《思想教育研究》2019 年第 2 期。

[246] 吴满意、王丽鸽:《从精准到智慧:思想政治教育创新发展的根本态势分析》,《马克思主义与现实》2019 年第 4 期。

[247] 徐艳国:《以精准思维深入推动新时代高校思政改革》,《中国高等教育》2019 年第 1 期。

[248] 李辉、孙晓辉:《精准思政:必要与可行》,《思想教育研究》2020 年第 6 期。

[249] 王立仁、白和明:《关于大中小学思想政治理论课课程内容一体化建设的构想》,《思想理论教育》2019 年第 11 期。

[250] 万美容、陈迪明:《内容:大中小学思政课一体化建设的核心要素》,《北京工业大学学报》(社会科学版)2020 年第 1 期。

[251] 谢守成、程仕波、张森:《关于构建大中小学思想政治教育一体化建设沟通机制的思考》,《思想理论教育》2020 年第 1 期。

[252] 胡鹏:《论新时代思想政治教育内容的"变"与"不变"》,《思想政治教育研究》2022 年第 2 期。

[253] 金林南、石晓岩:《关于思想政治教育内容结构研究的理论基础的思考》,《思想理论教育》2019 年第 9 期。

[254] 张建晓、孙其昂:《论思想政治教育内容结构的形态》,《思想教育研究》2019 年第 1 期。

[255] 陈念、金林南:《论思想政治教育内容结构的分化与重构》,《思想教育研究》2018 第 10 期。

[256] 刘建军:《论思想政治教育内容的基本形态》,《思想理论教育导刊》2020 年第 9 期。

[257] 张伟、张茂聪:《价值引领视域下思想政治教育内容的构建逻辑与实施策略》,《黑龙江高教研究》2018 年第 8 期。

[258] 徐菲、戴锐:《思想政治教育内容变迁的社会动力研究》,《思想教育研究》2018 年第 7 期。

[259] 陈双泉等:《个人、社会与学科发展:思想政治教育内容建构的三维审视》,《贵州社会科学》2018 年第 3 期。

[260] 季海菊:《大数据时代高校思想政治教育的内容结构优化》,《学海》2017 年第 6 期。

[261] 臧宏、上官苗苗:《系统视域下学生思想政治教育内容的审思与优化》,《东北师大学报》(哲学社会科学版)2017 年第 4 期。

[262] 王立仁、姚菁菁:《系统化维度的大学生思想政治教育内容、方法、实效论说》,《东北师大学报》(哲学社会科学版)2017 年第 4 期。

[263] 上官苗苗、王立仁:《学生思想政治教育内容发展的系统思维路径》,《马克思主义理论学科研究》2017 年第 3 期。

[264] 卢岚:《思想政治教育内容发展的若干问题研究——基于"四个全面"战略布局的视角》,《思想理论教育》2016 年第 9 期。

[265] 代玉启:《新时期思想政治教育内容与方法面临的挑战与发展要求》,《思想教育研究》2015 年第 12 期。

[266] 刘云林:《思想政治教育内容的形态及其功能向度》,《学校党建与思想教育》2015 年第 19 期。

[267] 李林伟:《谈教师对思想政治教育内容的科学性的把握》,《教育探索》2014 年第 7 期。

[268] 万美容、曾兰:《"90 后"大学生精神生活优化与思想政治教育内容体系创新》,《思想理论教育》2014 年第 6 期。

[269] 王立仁、张小秋:《思想政治教育内容体系的整体建构》,《思想理论教育》2014 年第 3 期。

[270] 熊建生:《思想政治教育内容的逻辑建构》,《思想理论教育》2014 年第 2 期。

[271] 孙其昂、韩兴雨:《"去政治化",抑或"再政治化"?——关于思想政治教育内容现代转型的理性思考》,《理论导刊》2013 年第 12 期。

[272] 郑敬斌:《思想政治教育内容衔接:一个亟待深入研究的重要问题》,《思想理论教育》2013 年第 9 期。

[273] 李书吾:《大众文化发展与思想政治教育内容创新》,《思想理论教育》2012 年第 21 期。

[274] 黄小华:《思想政治教育“内容”理论形成阶段轨迹研究》,《探索》2012 年第 4 期。

[275] 刘基、闫立超:《思想政治教育内容的反思与重构》,《求实》2011 年第 12 期。

[276] 熊建生、张振华:《论思想政治教育内容说服力的结构形态》,《江汉论坛》2010 年第 7 期。

[277] 董艳:《大学生思想政治教育内容合力论》,《学校党建与思想教育》2010 年第 17 期。

[278] 闫艳、王秀阁:《现代思想政治教育内容新探》,《思想教育研究》2008 年第 4 期。

[279] 周湘莲:《试论思想政治教育内容整体构建的历史经验》,《理论探讨》2005 年第 6 期。

[280] 熊建生、孙颖:《论思想政治教育内容的结构关系》,《学校党建与思想教育》2005 年第 5 期。

[281] 李月玲、王秀阁:《从“新供给”视角看思想政治教育有效性》,《理论导刊》2016 年第 7 期。

[282] 袁莉莉:《论高校思想政治教育资源的有效供给》,《思想理论教育》2011 年第 21 期。

[283] 耿加进:《高校思想引领“供给侧”改革省思——兼论高校思想政治教育的内容选择与系统优化》,《江苏高教》2017 年第 5 期。

[284] 邹国振:《需求识别 · 精准供给 · 数据治理:网络思想政治教育供给侧改革之道》,《湖北社会科学》2019 年第 10 期。

[285] 张雷声:《思想政治理论课的思想理论性资源供给研究》,《理论与改革》2020 年第 1 期。

[286] 万美容、吴倩:《新时代思想政治教育内容有效供给论析》,《马克思主义理论学科研究》2020 年第 1 期。

[287] 夏德元:《“互联网+”内容供给创新与文化创意产业的若干问题再思考》,《新闻爱好者》2017 年第 3 期。

[288] 叶蓁蓁:《人民日报“中央厨房”打造内容供给新模式》,《传媒》2016 年第 18 期。

[289] 欧阳开宇:《从内容端加强国际传播的“有效供给”——以中新社对外报道为例》,《新闻战线》2016 年第 15 期。

[290] 苏宏元、倪璐瑶:《回归内容为王:挑战、机遇以及生态重构》,《中国编辑》2019年第12期。

[291] 张显峰、张婧:《重提“内容为王”》,《青年记者》2018年第4期。

[292] 李涛、闫成俭:《全媒体融合视阈下高校思想政治教育创新路径探析》,《思想理论教育导刊》2019年第5期。

[293] 李利娟、元林:《媒介条件下的思想政治教育传播话语过程管理中的问题与对策》,《北京交通大学学报》(社会科学版)2014年第1期。

[294] 黄世虎:《思想政治教育传播中的信息污染及其治理》,《广西社会科学》2011年第9期。

[295] 黄冬霞:《场景化传播驱动思想政治教育创新的时代价值和实践策略》,《思想理论教育》2022年第11期。

[296] 王贤卿:《论传播学受众理论与思想政治教育创新》,《思想政治教育研究》2009年第11期。

[297] 郭理:《分众:马克思主义“化”大众的当代近路》,《安徽师范大学学报》(人文社会科学版)2011年第4期。

[298] 苗伟:《确立分众化普及方法——推进当代马克思主义大众化的重要途径》,《理论月刊》2016年第9期。

[299] 李晓阳、张明:《新中国70年来主流意识形态感性传播的发展历程及其启示》,《理论导刊》2019年第10期。

[300] 秦在东、张静:《长征时期中国共产党革命形象传播的经验与启示》,《中国井冈山干部学院学报》2017年第10期。

[301] 朱潇潇、左皓劼:《优化传播语言　推动马克思主义大众化》,《学术论坛》2010年第1期。

[302] 方兴东、钟祥铭:《“守门人”范式转变与传播学转向——基于技术演进历程与平台治理制度创新的视角》,《国际新闻界》2022年第44期。

[303] 陈先红、宋发枝:《“讲好中国故事”:国家立场、话语策略与传播战略》,《现代传播》2020年第1期。

[304] 张欣、蒋雪莲:《传播学视阈下思想政治教育者可信度及其结构》,《成都理工大学学报》(社会科学版)2016年第4期。

[305] 李向民:《新时代:加速崛起的精神经济时代》,《新华日报》2018年1月10日。

[306] 王伟明:《人工智能时代的意识形态工作怎么做》,《学习时报》2019年7月

8 日。

[307] 贾康:《从"新供给"研究的视角看供给侧改革》,《光明日报》2016 年 1 月 6 日。

[308] 侍旭;《高校思政教育也应有"供给侧改革"思维》,《光明日报》2016 年 3 月 16 日。

[309] 李晓骏:《精准宣传提升舆论引导能力》,《光明日报》2016 年 7 月 24 日。

[310] 宫晓燕:《运用精准思维做好新时代高校思想政治教育工作》,《中国社会科学报》2018 年 4 月 16 日。

[311] 丁科:《精准供给:新时代思想政治教育提质增效的"硬核"》,《中国社会科学报》2019 年 12 月 11 日。

[312] 刘强:《精准识别:立树人之本,把育人之脉》,《中国社会科学报》2019 年 12 月 11 日。

[313] 叶本乾:《精准施教:将思想政治教育做到学生心坎里》,《中国社会科学报》2019 年 12 月 11 日。

[314] Niklas Luhmann, *Trust and Power*, Hoboken: John Wiley & Sons, 1979.

[315] Katherine Miller, *Communication Theories: Perspectives Processes and Contexts*, New York: McGraw-Hill, 2004.

[316] Mccombs, *Setting the Agenda: The Mass Media and Public Opinion*, Hoboken: John Wiley & Sons, 2004.

[317] Wendy Wood, "Attitude Change: Persuasion and Social Influence", *Annual Review Psychology*, Vol.51, No.8, 2000.

[318] Ben Kisby, James Sloam, "Citizenship, democracy and education in the UK: towards a common framework for citizenship lessons in the four home nation", *Parliamentary Affairs*, Vol.65, No.1, 2012.

后　　记

又到写后记的时候了，可依然是迟滞、卡顿……这种熟悉的无措，居然就轻而易举地将我带回到博士学位论文完工时的场景。那是一个新年伊始的早上，漫无目的地游荡了许久之后，我终于提笔写下："看着桂中路法国梧桐叶隙间洒落下的冬日温柔的光，走在我日夜蛰伏此刻却静谧无声的三号楼走廊，我突然就知道，今日可成"的字句，以及随后如星河洒落般的长串篇章。可在今日它终于有机会随着正文一起付梓面世的时候，我却只想将其掩卷安放——感性的东西，一遍，就好。已经安放好的，就让它静静待在属于它的地方吧。刚好，我也可以因此放下"后记恐胜正文"的忧虑不是？

学术研究对十足理想主义却又禀赋不足、学艺不精的人来讲，果真是不太友好的。博士这一路，我深深感受到了来自它的碾压与搓磨，而且，愈到最后愈强烈，甚至并没有因为博士学位论文的完结或者出版而感到雀跃或轻松。我深知在一些同行专家学者的眼里，它还很稚嫩青涩，离导师的期望也相去甚远。但同时，它却又是自己学术研究道路中一段全心而入的过往，这一点却是无法否认和改变的。因此，出版，于他人，能引发思考和批判；于自己，是总结、见证、对照，一定程度也不全是无用之举了。思及此，心方稍安。

回首过往，那些曾经念念不忘的经历和片段，那些感谢了一遍又一遍的师友和家人，温暖了我的过去，也照亮着我的未来。感谢他们出现，感谢他们带给我的光亮！

最后，特别感谢留给华中师范大学的张耀灿教授、万美容教授，中南大学的曹清燕教授，以及人民出版社的马长虹编审、汪逸责编，没有他们的鼓励、支持、帮助以及独到、专业、细致的修订，就没有今天摆在大家面前的这本书。这样的感谢，好像无论说多少遍，都不足矣。于是只能在心里默默感慨：人生得此，何其幸哉！唯有前行以慰！

窗外是夏日的余晖，可为什么充斥着我整个脑海的却是与当下场景毫无关联，甚至是绝然迥异的"绿蚁新醅酒，红泥小火炉。晚来天欲雪，能饮一杯无"的念想和画面？

我果真还是不太像一个科研工作者，而更像一个文人。

吴　倩

二〇二四年夏于长沙兰亭湾畔

责任编辑：汪　逸
文字编辑：吴广庆
封面设计：徐　晖　王欢欢

图书在版编目(CIP)数据

新时代思想政治教育内容有效供给研究 / 吴倩著.
北京 ：人民出版社，2024. 9. -- ISBN 978-7-01-026811-8

Ⅰ. D64

中国国家版本馆 CIP 数据核字第 20247E2X62 号

新时代思想政治教育内容有效供给研究

XINSHIDAI SIXIANG ZHENGZHI JIAOYU NEIRONG YOUXIAO GONGJI YANJIU

吴　倩　著

人民出版社 出版发行
（100706　北京市东城区隆福寺街 99 号）

北京九州迅驰传媒文化有限公司印刷　新华书店经销

2024 年 9 月第 1 版　2024 年 9 月北京第 1 次印刷
开本:710 毫米×1000 毫米 1/16　印张:14. 25
字数:209 千字

ISBN 978-7-01-026811-8　定价:59. 00 元

邮购地址 100706　北京市东城区隆福寺街 99 号
人民东方图书销售中心　电话（010）65250042　65289539